김정은 시대의 북한 경제

사금융과 돈주

* 이 도서의 국립중앙도서관 출판예정도서목록(CIP)은 서지정보유통지원시스템홈페이지
(http://seoji.nl.go.kr)와 국가자료공동목록시스템(http://www.nl.go.kr/kolisnet)에서
이용하실 수 있습니다. CIP2016017861

* 이 저서는 2015년도 경남대학교 극동문제연구소 연구비 지원으로 수행된 연구입니다.

김정은 시대의
북한 경제

사금융과 돈주

| 임을출 지음 |

North Korea Economy in the Kim Jong Un Era
Private Financing and Masters of Money

한울
아카데미

차례

들어가며 6

제1장 서론: 북한 사금융 연구의 필요성과 유용성 ——————— 13

제2장 사금융 개념과 북한에서의 적용 ——————————— 19
　　　　1. 북한 경제에서 금융 개념 20
　　　　2. 북한 금융의 의의 및 특성 25
　　　　3. 금융 체계 및 금융 기관 35
　　　　4. 북한의 금융법 개편 54
　　　　5. 사금융 개념과 북한에서의 적용 59

제3장 북한 사금융의 형성과 발전 양태 ——————————— 63
　　　　1. 사금융 활성화의 동기와 원인 64
　　　　2. 사금융 거래의 형태 130
　　　　3. 사금융의 주체: 돈주 144

제4장 사금융(돈주) 확산의 영향과 함의 및 전망 ——————— 167

1. 사금융(돈주) 확산의 다양한 영향 168
2. 사금융 발전의 한계와 전망 201

제5장 사금융 확대에 따른 현대식 금융 관리 시스템의
구축 시도와 과제 ——————————————— 215

1. 북한 당국의 금융제도 개선 시도 216
2. 현금 카드, 외화 카드, 전자 상거래의 등장과 함의 223
3. 시장화와 금융 개혁의 과제들 231

제6장 결론: 김정은 체제의 미래 전망 ——————— 247

참고문헌 256
찾아보기 262

들어가며

이 책의 원고를 마무리하려는 시점에 북한의 제4차 핵실험과 장거리 로켓 발사가 이루어졌다. 역사상 가장 강력한 것으로 평가되는 대북 제재결의가 유엔안전보장이사회에서 채택되었다. 이번 결의는 대량살상 무기(WMD)를 넘어 북한경제 전반에 영향을 미칠 수 있는 조치를 상당수 담고 있다. 제대로만 이행된다면 북한의 수출과 김정은의 통치 자금에 상당한 타격을 줄 듯하다. 북한은 2013년 2월 제3차 핵실험 이후에도 국제 사회가 부과한 강력한 경제 제재를 받았다. 하지만 이런 제재 아래에서도 북한 경제는 위축되기는커녕 오히려 성장세를 보여주었다. 물론 제4차 핵실험 이후의 대북 제재는 범위와 강도에서 이전과는 차이가 많이 난다. 일각에서 점치고 있듯이 북한 경제는 큰 타격을 입게 되는 것일까.

2015년 이전까지만 해도 북한을 방문하고 돌아온 이들은 이구동성으로 '평양의 변화'를 말했다. 과연 이 변화의 내용과 본질은 무엇인가. 평양의 변화, 아니 평양뿐 아니라 북한 전역의 변화는 단지 허상(虛像)인가. 무엇이 이런 변화를 불러오고 있는가. 이 같은 변화는 일시적인 현상인가, 아니면 어느 정도 지속 가능한가. 이른바 '붉은 자본가'의 탄생도 가능한가. 대체 북한에서는 어떤 일들이 일어나고 있는 걸까. 북한의 시장과 금융 현실은 어떻고, 돈주들은 과연 누구일까. 북한에서는 어떤 사적 기업활동이 이루어지고 있고, 당국과는 어떤 관계를 맺고 있는 걸까. 북한 경제는 어디를 향해 달려가고 있는 걸까. 북한판 붉은 자본가라고 할 수 있는 돈주들의 성장은 북한 체제의 미래에 독이 될까 득이 될까. 한국은 물론 국제 사회는 이와 같은 북한의 새로운 현실을 어떻게 이해하고, 새로운 관계를 설정해야 할까.

이 책은 이런 여러 가지 궁금증에 답하고자 한다. 우리는 과거와 확 달라진 북한의 현실을 좀 더 객관적이고 종합적으로 이해할 수 있으며, 한국을 비롯해 국제 사회가 어떻게 북한 주민의 삶의 질 향상과 북한 사회의 긍정적인 변화를 이끌어낼 수 있을지에 대한 안목과 통찰을 얻을 수 있을 것이다.

북한이 '김정은 시대' 들어 경제개선 조치들을 잇달아 시행함으로써 국제 사회의 핵실험 제재 국면에도 불구하고 오히려 경제 상황을 호전시켰다는 분석이 많다. 평양의 변화상은 김정은 노동당 제1비서의 집권 이후 활기가 돌고 있는 북한 경제의 현실을 어느 정도 반영하고 있다는 풀이가 있다. 실제로 북한 경제는 김정은 집권 이후 3년째 성장세를 이어가고 있다. 농작물과 공산품 생산도 증가세다. 태풍과 수해의 피해를 입지 않는 등 날씨 영향도 가세해 1990년대 중·후반 고난의 행군 이래 김정일 전 국방위원장을 괴롭혀왔던 '먹는 문제'만큼은 김정은 체제 들어 어느 정도 나아진 것 같다.

김정은 체제가 적극 도입한 제도들, 즉 농업에서의 포전담당제, 공장이나 기업소에서의 자율경영 체제가 경제 활력을 제고하는 데 일정 부분 긍정적인 영향을 미친 것은 분명해 보인다. 북한 경제가 활기를 띠는 데는 김정은이 집권 이후 실험적으로 도입한 '6·28방침'과 이를 확대한 '5·30조치' 같은 경제관리 개선조치의 영향이 크다는 평가가 나온다. 아버지의 와병으로 속성 훈련 끝에 집권한 김정은은 취약한 권력 기반을 다지기 위해 민생 분야에서 가시적인 성과를 보일 필요가 있었다. 한정된 재원을 쏟아붓기 어려운 상황에서 김정은은 생산현장 개혁조치를 통해 생산성을 올리는 방안을 채택한 것 같다.

그렇지만 정부가 주도하는 이런 경제 정책만을 북한 경제가 호전된 원인으로 설명하기에는 한계가 있다. 또 다른 내부의 신동력에 주목해야 한다. 그렇다면 그 동력은 무엇일까. 시장의 활성화, 그리고 이에 따른 사금융과 돈주의 성장을 우선순위로 꼽지 않을 수 없다. 지금 북한에는 풀뿌리 자본주의의 바람이 거세다. 특히 2012년 김정은 정권이 출범한 후 북한에서는 장마당이라 불리는 시장이 하루가 다르게 늘어나고 있다. 한국 정부의 추정에 따르면 북한의 장마당 수는 꾸준히 증가해 현재 380~400개 정도에 이른다. 이런 수치는 위성 촬영 같은 각종 자료를 토대로 분석한 것이다.

이와는 별도로 한국의 정보 당국은 장마당을 이용하는 북한 주민의 수를 하루 100만~180만 명 정도로 추산했다. 약 2500만 명인 전체 북한주민의 4~7%가 매일 장마당을 이용하는 셈이다. 그러나 탈북자들을 대상으로 한 조사 결과에 따르면 실제 장마당 이용객은 이보다 훨씬 많은 듯하다. 2014년 북한을 떠나 온 탈북자 146명을 대상으로 서울대학교 통일평화연구원이 2015년에 실시한 설문조사 결과에 따르면 이들 중 77%가 시장에서 장사를 했던 경험이 있다. 의류구매 횟수를 묻는 질문에는 52%가 '계절마다 한두 벌' 36%가 '1년에 한두 벌'이라고 답했고, 의류구매 장소로는 90%가 시장이라고 응답해 상당수 북한 주민이 생필품 구입을 장마당에 의존하고 있음을 보여주었다. 장마당 이용은 이미 북한 주민의 삶에서 보편적인 현상이고 장마당은 주민들의 삶의 터전으로 확고히 자리 잡고 있다.

이제 북한의 내수 시장도 급속하게 성장하면서 소비 주도층이 약 100만 명에 이르는 것으로 추정된다. 함경북도 청진시 수남시장, 양강도 혜산시장의 경우 시장 이외의 지역과 노점까지 합하면 운영 중인 매대는 4000개 이상이라고 한다. 또한 개인 투자 활성화로 새로운 장사 아이템 ─ 햄버거와 피자, 정육, 애완견, 손세차, 자전거 판매, 태양광(전력 수요의 증가에 따른 대체 에너지) 판매 ─ 이 속출하고 있다.

이런 변화를 주도하고 있는 이들은 바로 북한의 신흥 부유층인 '돈주'이다.

이들이 유통 시장, 부동산, 금융, 임대, 고용 시장의 성장을 주도하고 있다고 해도 과언이 아니다. 시장과 돈주의 형성 및 발전은 사적 재산의 축적을 불러오고 자연스럽게 다양한 사금융 거래의 활성화로 이어진다. 자영업자, 사기업도 생겨나고 있다. 사기업은 형식적으로는 국영 기업에 소속되어 있지만 실제로는 개인 혹은 가족 단위로 경영된다.

중국 기업과의 합작으로 이런 사기업 활동은 더욱 활기를 띠고 있다. 사금융은 개인은 물론이고 사기업들과 긴밀한 연계를 맺으며 성장하고 있다. 돈주라고 불리는 신흥 부유층은 사적 재산을 토대로 국유 기업과 긴밀한 연계를 맺으며 북한의 건설, 제조업, 서비스업 활성화를 주도하고 있다. 실제로 국유 기업과 돈주의 민관 파트너십은 자본주의의 그것을 빼닮았다. 지난 4년간 김정은 정권의 상징적인 개혁 조치로 평가받고 있는 '우리식 경제관리방법'은 사금융을 더욱 확장시켰고, 돈주들을 경제 발전의 원동력으로 성장하게 했다.

돈주나 사금융은 체제 전환이나 경제 개발의 초기 단계에 있는 국가들에서 발생하는 필연적 현상이다. 통상적으로 금융 개혁은 대부분의 체제 전환국들이 시장경제 체제로 경제 개혁을 추진하는 첫 단계이기 때문에, 북한이 본격적으로 금융 개혁을 추진한다면 경제 개혁을 알리는 상당히 의미 있는 신호가 될 것이다. 북한의 사금융 실태는 북한에서 확산되고 있는 시장경제 메커니즘이 소비 분야에서 시작해 점차 생산과 금융 분야로까지 확대되고 있음을 보여준다. 북한의 돈주나 사금융 확산은 사회주의 시스템을 근본적으로 바꾸는 시발점이 될 수 있다.

북한 사금융의 다양한 양태는 북한 경제가 이미 상당 부분 시장경제 메커니즘에 의해 움직이고 있을 뿐 아니라, 북한이 다른 구사회주의 국가들이 경험했던 체제 전환의 초기 과정을 답습하고 있다는 것을 보여준다. 사금융의 발생 원인이나, 시장의 확산 과정에서 자본이 투자되면서 확대 재생산되는 과정은 구사회주의 국가들에서 나타났던 공통적 현상이다. 시장의 확산으로 자본을 축적할 수 있는 공간과 기술, 기회가 점차 증가함으로써 자본을 확대 재생산하는 방식 또한 점차 다양해지는 것이다. 이는 북한이 지속 가능한 경제 발전을 꾀하기 위해서는 구사회주의 국가들이 도입했던 금융 개혁을 추진하는 것이 불가피하다는 점을 시사한다.

1990년대 경제위기 이후 북한 경제의 시장화가 본격적으로 진행된 지 20여 년이 넘었다. 시장화 초기에는 북한 경제의 실태를 단편적으로 파악할 수밖에 없었으며, 정책 변화를 둘러싼 갑론을박이 이어졌다. 북한 경제의 시장화가 계획경제의 변화 및 체제 전환을 가져온다는 입장과 북한 당국의 선별적 조치로 계획경제가 유지된다는 입장이 대립했다. 20여 년이 흐른 현재의 관점에서 본다면 2002년 7·1조치로 대표되는 경제 개혁과 더불어 북한의 계획경제에 대대적인 변화가 일어난 것은 사실이다. 하지만 북한 당국의 의도는 계획경제 정상화를 목표로 시장화를 선별적으로 수용하는 것이었기 때문에 북한의 체제 전환은 아직도 요원해 보인다.

그럼에도 불구하고 분명한 사실은 북한의 의도가 어떠하든 간에 북한 경제의 시장화와 사유화가 사실상 진전되고 있다는 점이다. 시장화는 제도적 변화로서의 시장 경제화를 추동하여, 북한에서도 시장경제 체제에서 볼 수 있는 기업적 ─ 영리를 목적으로 생산, 판매, 서비스 같은 사업이 조직적으로 이루어지는 ─ 현상이 나타나고 있다. 1990년대의 자발적이고 방임적인 시장화를 거쳐 2000년대에는 시장경제 및 자본주의 원리에 따라 비교적 조직적인 경제 활동이 나타나고 있는 것이다.

북한 내 사적 자본에 의한 기업적 현상의 사례는 북한 이탈주민의 증언 및 북한 내부소식을 전하는 전문 매체들의 보도를 통해 전해지고 있다. 사적 자본을 가진 돈주의 등장, 국영 기업에 대한 사적 자본의 대부 투자, 국가 기관의 명의 대여, 불법 생산, 고용과 임노동 관계에 관한 실례가 들려온다. 이는 북한 내 새로운 경제활동 유형을 시사하며 북한의 사회변화 일면을 조명하고 있다.

단언컨대, 비즈니스는 한반도의 평화 정착과 북한의 긍정적 변화를 이끄는 중요한 수단이 될 수 있다. 적지 않은 전문가들은 북한에서 늘어나고 있는 개인 사업이나 개인 자본이 참가하는 사업에 투자를 모색하는 것이 반드시 필요하다고 지적한다. 이를 위해 한국과 국제 사회가 지혜를 모아 좀 더 효과적인 협력 방안을 마련해야 한다. 이 책의 독자들이 관련 정보와 지식을 공유하면서 함께 고민해본다면 좀 더 생산적이고 의미 있는 성과를 도출할 수 있을 것이다. 아무쪼록 이 책이 김정은 정권 아래 일어나고 있는 변화의 본질을 파악하고, 향후 북한의 시장이 진화하는 방향을 가늠하는 데 조금이라도 기여했으면 한다.

마지막으로 필자가 북한 연구에 전념할 수 있도록 여러 배려를 아끼지 않으신 경남대학교 박재규 총장님에게 각별한 고마움을 전하고 싶다. 또한 북한 문제에 대해 깊이 있고 폭넓은 시각을 갖는 데 많은 도움을 준 윤대규 부총장님, 이관세 석좌교수님에게도 진심으로 감사드린다.

2016년 7월
임을출

* 일러두기

  사금융의 실태를 파악·분석하기 위해 선행 연구를 비롯해 북한의 공식 문건, 탈북자 면담 결과,
  북한전문 매체의 보도 가운데 사금융과 관련한 내용을 선별적으로 참조했으며, 이 책에 도움이
  되는 관련 논문과 정보를 재구성함으로써 최대한 연구의 객관성을 높이고자 했다.

제1장 서론: 북한 사금융 연구의 필요성과 유용성

북한 경제는 긴 침체 이후 2011년부터 플러스 성장으로 돌아섰다. 한국은행이 매년 발표하는 추정 결과에 따르면 북한의 실질 국내총생산(GDP)은 김정은 정권이 공식 출범한 첫해인 2012년 1.3%, 2013년 1.1%로 각각 증가했다.[1] 이는 2012년 김정은 정권의 공세적인 경제관리 개선조치에 따라 공장·기업소·협동농장 같은 경제 주체들의 자율성이 크게 확대되는 가운데 시장의 역할이 증대되었기 때문으로 분석된다. 이와 더불어 광물 수출과 북한 근로자의 해외 송출 급증, 외국인 관광 유치 활성화 같은 각종 외화벌이 사업 확대에 따른 자금 유입과 소비품 수입 증가도 경기 호전에 기여한 것으로 평가되었다. 이 같은 경제 성장을 반영하듯 북한 매체에서도 김정은 정권 출범 이후에 새로 건설된 고급 아파트와 다양한 문화오락 시설, 식당이나 상점 같은 크고 작은 상업 및 서비스 시설들을 소개하면서 주민들의 소득 및 소비 향상 실태를 잇달아 보도했다.[2] 물론 신흥 부유층을 중심으로 벌어지고 있는

<hr />

1)　한국은행, 「2013년 북한 경제성장률 추정결과」(보도자료, 2014.6.28).
2)　대표적인 위락 시설인 문수물놀이장에는 안마실, 자외선 치료실 같은 각종 편의 시설과 서양 요리를 즐길 수 있는 고급 식당도 들어섰다. 북한 일반 노동자 월급의 3~4배나 할 만큼 비싼 햄버거를 파는 패스트푸드점도 등장했다. 구찌, 프라다, 폴로, 아디다스, 나이키 같은 해외 유명 브랜드 소비도 크게 늘고 있고 아파트를 고급 인테리어와 가구로 꾸며놓고 사는 주민들의 생활상도 심심치 않게 들린다. ≪한국경제≫, 2014년 12월 2일 자.

현상으로 추정되지만 이전과 확연히 다른 것만은 분명해 보였다.

　국제 사회의 강력한 제재에도 불구하고 어떻게 이런 역설적인 현상이 벌어질 수 있는 것일까. 필자는 북한에서 확산되고 있는 사경제와 이에 따라 생겨난 신흥 부유층 '돈주', 그리고 이와 같은 새로운 변화들을 추동하는 실질 동력인 사금융의 확대 발전이 이 역설적 현상을 가능하게 만들었다고 주장한다. 사금융의 작동 메커니즘을 고찰하는 것만으로도 김정은 시대의 북한 경제는 물론 북한 주민의 의식 변화와 북한 사회의 문제점을 심층적으로 파악할 수 있다. 북한 사금융의 형성과 발전에 대한 역사적·경험적·실증적 연구가 절실한 이유가 바로 이 때문이다.

　합법적 시장이든 비합법적 시장이든 시장이 확대되면 화폐 유통량이 증가하고, 나아가 신용과 금융의 역할도 커질 수밖에 없다. 물론 오늘날 북한에서 금융 시장은 공식적으로 존재하지 않는다. 최근 들어 감지되고 있는 금융 거래의 증대는 대부분 비공식 시장에서의 거래이며 동시에 사금융이라 해도 과언이 아니다. 개인적으로 돈을 빌려주고 높은 이자를 받는 고리대금업도 불법으로 규정되어 있으나, 사경제 활성화가 이어지면서 사금융 거래 규모는 갈수록 커지고 있는 것으로 파악된다. 사금융 확산은 기본적으로 북한의 은행이 국가에 의해 관리·통제되고 개인의 재산을 믿고 맡길 수 있는 안전한 곳이 아니라는 인식과 연관이 있으며, 북한 당국에 의한 민간 재산권 침해 및 간섭 우려로 사적 자본이 지하경제로 퇴장하기 때문에 생기는 현상이기도 하다. 고리대금업과 같은 서민 착취형 사금융이 갈수록 성행하자 북한 당국은 지속적인 단속을 펼치고 있다. 다른 한편으로는 시장에 분산된 사금융을 공식 금융기관으로 집중시킴으로써, 시장경제에 대한 은행 통제를 강화하고 국내 자금을 동원해 경제 발전을 도모하려 하고 있다. 사금융을 공적 금융으로 전환하려는 시도와 관련해 가장 주목할 대목은 최근 김정은 정권이 외화 정기예금, 외화 카드, 외화 상점의 이용 확대 및 전자 상거래 도입을 추진하고 있는 점이다. 금융 분야에서 일어나고 있는 이런 변화들은 체제 이행론적 관점에서 좀 더 엄밀한 관찰과 분석을 요구하는 연구 과제이다.

사금융의 형성과 발전에 대한 연구는 김정은 시대의 경제정책 변화와 특징, 공식/비공식 경제의 실태, 체제 이행론적 변화를 모두 포괄할 수밖에 없다. 이런 검토 결과는 북한 내 사금융이 공식/비공식 경제의 성장과 향후 경제체제 변화에 어떤 영향을 미칠지 전망하는 토대가 될 것이다. 따라서 이 책에서는 북한 사금융의 형성과 발전 과정에 초점을 맞추되, 김정은 시대의 경제 정책 및 제도 변화와 이에 대응하는 공식/비공식 경제의 실태를 세밀하고도 풍부하게 설명할 것이다. 그리고 이와 연관된 다양한 사금융 거래의 양태를 기술하면서 이를 토대로 사금융이 북한의 체제 변화에 미치는 각종 영향과 함의도 고찰한다. 또한 북한 당국이 고려해야 할 정책 과제들도 제시할 것이다. 본격적인 분석에 들어가기 앞서 자본주의 시장경제 국가들과는 다른, 북한에서의 사금융과 관련된 개념과 법 제도 등도 함께 검토할 것이다. 사금융을 이해하기 위해서는 우선 북한 공식금융의 전반적인 실태를 파악해야 한다. 따라서 이 책에서는 북한 금융의 의의 및 특성을 비롯해 금융 체계와 금융 기관들을 비교적 상세히 소개하고자 한다.

사실 사회주의 국가에서의 개혁은 기존에 국가 소유였던 생산 수단과 경제관리 방식을 둘러싸고 이루어지는데, 이때 재산권의 재할당(reassignment)이 핵심이다.[3] 이러한 변화는 밑으로부터의 요구와 위로부터의 정책이 혼재되어 나타나는데, 이를 제대로 파악하기 위해서는 법적(de jure) 측면뿐만 아니라 실질적(de facto) 측면을 함께 살펴봐야 한다.[4] 이 책에서는 사금융의 다양한 양태를 보여주기 위해 많은 실제 사례를 제시한다. 또한 각종 사금융

---

[3]   임강택·김성철, 『북한 재산권의 비공식 이행』(서울: 통일연구원, 2003), 1, 12쪽.

[4]   Edella Schlager and Elinor Ostrom, "Property-Rights Regimes and Natural Resources: A Conceptual Analysis," *Land Economics* Vol. 68, No. 39(Aug 1992), p. 254.

주체의 생존 전략을 규명하고 더불어 사금융의 양면성에 대한 북한 당국의 이중적 대응과 향후 전망도 살펴본다. 이를 통해 김정은 시대의 경제 운영 메커니즘을 파악하고 향후 진로를 예상할 수 있을 것이다.

이 책의 결론에서는 북한 사금융 확산이 사회주의 금융 시스템을 근본적으로 바꾸는 시발점이 될 수도 있음을 강조하며, 북한도 체제를 유지하고 지속 가능한 경제 발전을 해나가려면 사금융 자금을 양성화해 경제 개발에 동원하기 위한 정상적 금융 시스템을 구축할 필요가 있음을 강조하고, 이를 위한 과제를 시론적 차원에서 제시한다. 북한 내 사적 자본에 의한 여러 현상을 단편적으로 거론한 선행 연구[5]는 몇몇 있지만 사금융만을 주제로 집중 분석한 연구는 거의 없다는 점에서 이 책의 의미는 작지 않다.

사금융의 실태를 파악하고 분석하기 위해 선행 연구를 비롯해 북한의 공식 문건, 탈북자 면담 결과, 북한전문 매체의 보도 가운데 사금융과 관련한 내용을 선별적으로 참조했으며, 이 책에 도움이 되는 관련 논문과 정보를 재구성함으로써 최대한 연구의 객관성을 높이고자 했다. 탈북자들과의 면담 과정은 북한의 사경제 현황에 대한 폭넓은 경험의 장이었으며, 그들이 제공한 사금융 정보는 이 책에서 필자가 주장하는 바의 신뢰성을 높이는 데 큰 도움이 되었다.

---

5)　북한 내 사적 자본에 의한 현상들을 다룬 연구로는 다음을 참조. 이종겸, 「북한 신흥상업자본가의 출현에 관한 연구」, ≪북한학연구≫ 제4권 2호(2008); 이종겸, 「북한의 신흥상업자본가에 관한 연구」(동국대학교 석사학위논문, 2009); 김보근, 「북한 상인 계층과 자본의 형성」(북한연구학회·통일연구원·고려대학교 북한학연구소 공동학술회의: 한반도, 전환기의 사색, 2008.12.4); 김영희·김병욱, 「사회적 신분에 따른 북한관료들의 사경제 활동 연구: 관계자본의 축적을 중심으로」, ≪통일문제연구≫, 제20권 2호(2008); 공용철, 「북한의 노동시장 형성에 관한 연구」(북한대학원대학교 석사학위논문, 2010); 윤인주, 「북한내 사적 자본에 의한 기업적 현상 연구」, 『2012 북한 및 통일 관련 신진연구 논문집』(서울: 통일부, 2012); 김직수, 「'돈주'의 형성과정에 대한 연구」(북한대학원대학교 석사학위논문, 2012).

제2장 사금융 개념과 북한에서의 적용

1. 북한 경제에서 금융 개념
2. 북한 금융의 의의 및 특성
3. 금융 체계 및 금융 기관
4. 북한의 금융법 개편
5. 사금융 개념과 북한에서의 적용

1. 북한 경제에서 금융 개념

자본주의 국가에서 금융(finance)이란 '이자를 받고 자금을 융통해주는 것'을 지칭한다. 즉, 일정 기간을 설정하고 미래에 이루어질 원금 상환과 이자 변제에 대해 상대방을 신용하여 자금을 이전하는 것을 말한다.[1] 결국 금융 거래는 돈을 빌려주고 빌리는 행위이다. 금융 거래가 이루어지는 곳이 금융 시장이고 여기서 자금의 수요자와 공급자를 연결시켜주는 자금중개 기능이 이루어진다. 이자율 등은 금융 시장의 수요와 공급에 의해 결정된다. 그런데 북한에는 이런 금융 시장이 없다. 다만 은행과 같은 금융 기관은 존재한다. 그것도 예금과 대출 업무를 취급하는 은행과 매우 제한된 기능만을 수행하는 보험 회사가 있을 뿐이다.

한국 사회에서 통상적으로 쓰는 '예금'이라는 단어는 북한에서 '저금'을 가리킨다. 기관이나 기업소가 계좌에 입금시키는 것을 '예금'이라고 하고 개인이 여유 자금을 은행에 예치시키는 것을 '저금'이라고 한다. 기관·기업소의 '예금'에는 이자가 없다. 기관·기업소·단체의 예금은 원래 통화성 예금으로 이자가 지불되지 않는 것이다. 즉, 예금은 기관·기업소·단체가 화폐 거래를

---

1)   경연사, 『경제학사전』(서울: 경연사, 2011), 10쪽.

위해 은행에 개설된 계좌에 맡겨놓은 일시적인 유휴 자금이다. 기관·기업소·단체의 예금은 은행의 신용 기능과는 무관하고 무현금 결제와 같은 화폐 유통 기능과 원에 의한 통제 기능과 관련이 있다. 그러나 2012년 7·1경제관리개선조치 이후 통화성 예금 외 저축성 예금 계좌를 따로 개설하도록 조치했고 이로부터 화폐 수입과 지출을 반영하는 기본 계좌와 예금 계좌로 이원화되었다. 최근 들어 기관·기업소·단체는 중앙은행에 외화 예금계좌를 개설할 수 있게 되었다. 이를 뒷받침하기 위해 조선중앙은행에 외화를 취급하는 '외화자금과'가 신설되었다.

개인들의 '저금'에는 3% 공식 이자가 있다. 그러나 이 저금 이자가 너무 낮기 때문에 북한에서는 이자를 바라고 저금하는 사람은 사실 없다고 봐야 한다. 하지만 2006년 '상업은행법'이 제정되면서 적어도 법 규정상으로는 변화가 생기게 되었다. 예컨대 동법 제20조를 보면 "거래자의 예금에 대한 비밀을 철저히 보장하고 원금과 이자를 제때에 지불해야 한다"고 규정되어 있다. 이 거래자에는 기관·기업소와 개인이 모두 포함된다. 북한에서는 예금을 해도 돈을 꺼내 쓰기가 아주 어려워서, 북한 주민들은 가능한 한 현금을 보유하려는 경향이 높다. 북한에도 한국처럼 통장이라는 게 있지만 저금소(은행 분점)에 가면 직원이 모든 출입금 상황을 손으로 써서 도장을 찍어준다.[2]

보통 원금을 은행에 넣어두면 출금이 자유롭고 이자가 나오는 게 상식이지만 북한에서는 이자는 고사하고 원금조차 꺼내 쓰기가 어렵다는 게 탈북자들의 증언이다. 자기 돈을 맡겨놓고도 찾지 못하는 상황인데 돈이 급해서 인출을 해야 한다면 은행 직원에게 원금의 20~50%가량의 뇌물을 주어야 한다고 한다. 북한 당국은 '상업은행법' 제정으로 이런 관행이 바뀔 것으로 기대했다. 심지어 '상업은행법' 제54조 제2항에는 "거래자 요구대로 지불하지

---

2) 「은행이란 동맥이 막혀버린 북한」, 자유아시아방송, 2013년 1월 17일 자.

않았을 경우에 (은행) 업무를 중지시킨다"라고까지 규정했으나, 실제 상업은
행이 설립되지 않아 이 법규 조항이 적용된 사례는 없다.

또한 한국에서 대출이란 '돈이나 물건 따위를 빚으로 꾸어주거나 빌려줌'
으로 규정된다. 통상 은행에서 돈을 빌리는 것을 대출이라고 한다. 그런데
대출은 북한에서 일반적인 용어가 아니다. 물론 북한에 대출이란 말이 아예
없는 것은 아니다. 도서관에서 책을 빌릴 때 사용하기는 한다. 북한에서는
개인이 은행에서 돈을 빌리는 것은 상상할 수도 없는 일로 간주되어왔다.

은행에서 돈을 빌릴 때 제시하는 담보물에 따라 대출은 여러 가지로 나뉘
는데 가장 많은 것이 부동산 담보 대출이다. 이것은 개인이나 기업이 소유하
고 있는 부동산, 즉 건물이나 토지, 아파트 등을 담보로 제공하고 담보물의
가치에 따라 몇 퍼센트를 현금으로 돌려받는 것이다. 부동산 담보 대출은 한
국에서 가장 많이 사용하는 대출 방법이다. 하지만 북한에서는 고리대라고
해서 법에 위배된다. 특히 개인이 돈을 빌려주고 이자를 받는 것은 범법 행
위에 해당되어 돈을 압수당하는 것은 물론이고 교도소행을 면치 못한다.

한국에서는 부동산 담보 대출 외에 신용 대출도 있다. 이는 빚을 갚을 수
있는 능력과 의지에 따라 담보 없이 대출을 해주는 것이다. 다만 부동산 담
보 대출에 비해 신용 대출의 이자는 높다. 신용 대출에도 여러 가지가 있는
데, 가령 직장인 신용 대출을 비롯하여 학자금 대출 등 돈을 빌려 쓸 수 있는
여러 장치들이 마련되어 있다. 하지만 북한의 은행에서는 이런 신용 대출을
취급하지 않는다.

다만 채무자(돈을 빌려간 사람)를 믿고 담보나 보증 없이 돈을 빌려주는 신
용 대출의 경우, 2004년 이후 호주의 마라나타신탁회사가 평양에서 대출 사
업을 벌인 적이 있으나 지금도 지속하고 있는지는 확인되지 않고 있다. 이
신탁 회사는 2004년부터 주로 북한의 자영업자들에게 평균 2000유로, 미화
로 2400달러의 소규모 대출을 제공해왔다. 이자는 1년에 약 12% 정도로, 10

만 원을 꾸었다면 1년 뒤에 1만 2000원의 이자를 붙여서 11만 2000원을 갚는 셈이다.[3)]

개인들 사이의 재정적인 업무가 그리 많지 않은 북한 사회에서 '보증'이란 단어는 정치적인 개념을 내포했다. 예를 들면 당 간부가 자신이 속한 조직 내 노동자의 불미스러운 일에 대해 그의 정치적 생명을 끝까지 보증해준다는 식이다. 보증이란 말이 북한에서는 이렇게 정치적 의미로 쓰이는 반면 한국에서는 재정적·경제적 의미를 지닌다. 사전적 의미에서 보증이란 주채무자(主債務者)가 채무를 이행하지 않을 경우에 2차적으로 제3자(보증인)가 그 채무를 부담하는 것이다.

한국 '민법'은 먼저 주채무자에게 채무 이행을 청구한 다음 보충적(2차적)으로 보증인에게 변제를 청구할 수 있도록 규정하고 있다. 주채무가 무효나 취소, 불성립 등으로 없어지면 보증인이 보증 채무가 없다고 주장해도 되고, 주채무자보다 먼저 변제하라는 요구를 받을 경우 보증인은 1차로 주채무자에게 변제 청구를 한 뒤라야 2차적으로 변제하겠다고 하거나 주채무자의 재산이 있는 한 못 갚겠다고 거절할 수 있다. 이렇게 자본주의 시장경제 사회에서 보증은 아주 중요한 일이다.

북한에서는 조선노동당에 입당할 때 입당 보증을 서는 보증인이 필요한데 이는 한국에서 돈을 빌릴 때 보증인이 필요한 것과 비슷하다. 북한에서 돈을 꾸어주면 제때에 받지 못해 애를 많이 먹고, 또 돈을 빌릴 때 한국에서처럼 지인끼리 보증을 서기도 하지만 빚 보증에 법적 구속력이 없기 때문에 보증이 그리 중요하지 않다.

신용 카드는 상업·금융 기관 또는 신용판매 회사가 일정한 자격을 갖춘 고객에게 발행하는 카드를 지칭한다. 또한 카드를 발행하는 업자와 가맹점

---

3)   「알기 쉬운 남북경제생활: 신용 대출」, 자유아시아방송, 2006년 10월 27일 자.

〈표 2-1〉 북한의 예금과 저금

	은행과 기업의 관계	은행과 개인의 관계
	예금	저금
원천	국가 공급 및 대부 자금(무현금), 자체 자금	개인 소득(현금)
화폐유통 형태	무현금 유통	현금 유통
유동성	통화성 예금	저축성 예금

자료: 김영희, 「북한의 체신기관 및 금융서비스 운영현황」(내부 세미나 발표 자료, 2015.10.16), 15쪽.

이 사전에 계약을 체결하여 소비자가 결제 수단으로 이용할 수 있도록 발행하는 증명서를 가리키기도 한다. 신용 카드가 본격적으로 보급되기 전에는 백화점이나 호텔에서 하우스 카드(자체 건물 안에서만 사용하는 카드)를 발행하여 상품판매 촉진과 서비스 강화를 위해 이용했다. 신용 카드는 신분 증명서와 같은 역할을 하고 결제 기능과 신용공여 기능을 기본 기능으로 하며 유가증권은 아니지만 그와 동등한 기능을 가지고 있다.

한국에서 신용 카드는 일반적으로 소비자가 급히 필요로 하는 물품이나 서비스를 현금 대신 구입하고 나중에 갚거나 변제하는 기능을 한다. 신용 카드는 사회·경제·문화 분야에서 근대화가 추진됨에 따라 신의나 신뢰에 기초한 경제 윤리를 확립해야 할 요구와 필요성에 따라 생겨난 매매거래 방법이며 업무처리 방법이라고 할 수 있다. 신용 카드는 업무 효율성을 높이고 업무처리 속도를 보장하고, 소비자 입장에서 많을 돈을 들고 다녀야 하는 수고와 번거로움을 덜 수 있다. 하지만 북한에서는 현금을 내지 않으면 물품을 구입할 수 없기 때문에 거액의 상품을 구입할 때는 돈을 대량으로 운반해야 한다. 이에 따라 전자결제 카드가 등장했다.

아직은 북한에서 신용 카드가 보편화되어 있다고 보기 어렵지만, 상거래에서 '신용(credit)'[4]이라는 개념이 폭넓게 활용되고 신용 카드의 사용이 보편

---

4) '신용'이란 빌려 쓴 돈을 약속한 날짜에 갚을 수 있는 능력이다.

화된다면 그 시점이 북한 경제에서 자본주의화 이행이 시작된 것이라고 보아도 좋을 것이다. 그러나 현재 상황의 전자 상거래 확대와 전자결제 방식의 도입도 북한이 자본주의 시장경제 체제로 나아가고 있음을 보여주는 사례로 평가하기에는 충분해 보인다.

북한에서도 1990년대 들어서면서 사회 전역에 자본주의적 생활 방식이 퍼져나가 사람들이 돈을 굴린다는 이야기가 많이 돌았다. 재테크란 쉽게 말하면 잉여 자금으로 돈을 굴리는 것이다. 그런데 오늘날 북한에 개인이나 기업이 여유 자금을 가지고 최대 이익을 창출해내는 재테크가 성행하고 있다. 이 책에서 설명하는 사금융의 다양한 실태는 재테크 문화가 광범위하게 확산되고 있음을 보여주는 사례들이다.

2. 북한 금융의 의의 및 특성

1) 금융의 의의와 화폐

북한에서는 사회주의 금융을 "국가은행을 중심으로 하여 화폐 자금을 계획적으로 융통하는 과정에서 이루어지는 경제 관계"[5]라고 정의하고 있어 일반적으로 "경제 주체 간에 이루어지는 자금의 융통"이라고 정의되는 자본주의 사회에서의 금융과는 기본 개념에서부터 차이가 있다. 또한 북한은 "국가은행을 중심으로 이루어지는 자금의 융통"만을 금융에 포함시키고 있으며 이러한 관점에서 기관·기업소 또는 개인들 간의 직접적인 자금 거래를 제도적으로 금지하고 있다. 그리고 "계획적인 자금의 융통"만을 금융이라고 정의

---

5)　　조선사회과학출판사, 『재정금융사전』(평양: 사회과학출판사, 1995), 242쪽.

하고 있다. 따라서 북한에서는 자금 융통이 국가계획에 의해서만 이루어진다. 결국 북한에서의 금융은 독자적인 경제 활동이라고 보기 어려우며 국가의 경제 계획을 수행하는 데 필요한 자금을 조달하고 분배하는 기능을 담당하는 재정의 일부분이라 할 수 있다.[6]

이에 따라 과거 북한의 '재정법'은 기관·기업소가 화폐 자금을 사전에 책정된 재정계획 범위 내에서만 이용하도록 규정되었다. 이는 기관·기업소에 생산 의욕과 판매수익 제고에 대한 인센티브를 제공하지 못한다는 의미였다. 구법 제29조는 "기관·기업소·단체는 화폐 자금을 재정 계획에 예견한 대로 써야 한다. 재정 계획에 예견한 범위를 초과하여 화폐 자금을 쓸 수 없다"라고 규정하고 있다. 이 '재정법'은 2004년 4월 개정되어 화폐 자금을 경영활동의 개선과 복리에 쓸 수 있도록 규정함으로써 판매수익 제고의 이해관계를 제공하게 되었다. '재정법' 개정에서는 "기관·기업소·단체는 화폐 자금을 생산경영 활동, 인민적 시책 같은 목적에 합리적으로 써야 한다"로 수정되었다. 기업을 운영해서 벌어들인 자금 가운데 사전에 책정된 국가 납부금을 바치고 남는 돈을 지배인(사장)의 판단에 의해 자체적으로 사용하는 등 경영활동의 자율성이 부여된 것이다.[7]

사회주의 국가에서는 마르크스 이념에 따라 화폐, 가격, 금융 체계 등이 희소성이나 경쟁력을 반영하지 못하게 되고 생산 동기를 자극하지 못해 단지 회계의 단위 및 제도 정도로만 기능하게 되었다. 북한도 비슷한 특징을 갖고 있다. 우선 화폐와 상품 간 호환성이 보장되지 않았다. 화폐는 계산 단위로는 사용되었으나 지불 수단으로서의 기능은 계획에 의해 제한받았다.

---

6) 윤덕룡 외, 『체제전환국 사례를 통해본 북한의 금융개혁 시나리오』(서울: 대외경제정책연구원, 2002), 24쪽.

7) 김영희, 「북한 상업은행법 제정의 의미와 평가」(제117회 북한법연구 월례발표회, 2007.5.23), 4~5쪽.

기업은 남는 재원이 있다 하더라도 계획 이상으로 생산 재료를 구입할 수 없었을 뿐만 아니라 구입을 원해도 계획된 수준 이상의 원재료 공급이 보장되지 않았다. 이는 소비품에서도 마찬가지였으므로 일반 가계의 소비도 이와 유사한 방식으로 제한받는 것이 상례였다.

둘째, 외화와 국내 상품시장에서의 호환성은 더 큰 제한을 받았다. 역내 화폐의 호환성은 계획된 규모 이상으로 공급되는 것이 제한을 받았지만 외화의 경우는 국내 시장에서의 사용 자체가 금지되는 게 일반적이었다. 사회주의 국가에서는 국제 거래가 국가의 독점사업 분야로 지정되어 있기 때문이다. 무역은 국가에서 중앙 집권적으로 관리하고, 특히 자본 거래는 더 강력한 관리 아래 두었다. 따라서 국내에 합법적으로 들어온 외화라 하더라도 일반 거래에서 사용하는 것은 금지되며, 외화전용 시장에서 쓰거나 외화를 국내 화폐로 환전한 후에 사용이 가능했다.

셋째, 가치저장 기능이 제한되었다. 지불 수단으로서의 화폐 기능은 당연히 가치저장 수단으로서의 기능까지 보장되는 것이 전제다. 그러나 지나치게 낮은 예금 이자율과 현금으로의 제한적 전환성, 상품에 대한 제한적 사용가능성은 가치저장 수단이라는 화폐적 기능을 제한하게 된다.[8] 결국 저축 유인이 약화되고 화폐는 암시장으로 유출되는 결과를 초래한다.

넷째, 상대 가격들은 자원의 희소성을 충분히 반영하지 못한다. 단지 국가가 계획한 목표의 결과를 보여주는 지표에 머문다. 당연히 자본의 가격인 이자율도 이러한 현상을 반영하는 것에 불과하다. 인플레이션이나 투자의 위험도 혹은 금융 자원의 희소성을 반영하는 지표로서의 기능은 전혀 수행하지 못한다.

다섯째, 일원적 은행 제도나 예금 은행들은 제한된 범위에서만 예금과 대

---

8)   실질 이자율은 마이너스가 되는 경우가 많다.

출을 이어주는 매개 역할을 수행한다. 그 이유는 예금과 대출이 서로 독립적인 결정 기구에서 이루어지기 때문이다. 지나치게 낮은 이자율은 북한 주민들의 저축에 대한 유인을 감소시키고 투자가에게는 자금을 효율적으로 사용하기 위해 노력할 필요가 없게 만드는 요소가 된다.

전체적으로 앞서 열거된 특징들 때문에 북한과 같은 사회주의 국가들에 초래된 화폐 기능의 장애는 화폐를 통한 자원의 수급 조절을 불가능하게 만들었다. 그 결과 정부의 계획은 실수를 낳고, 수요의 변동 및 암시장에서의 자본 축적이 증가하며 현금 시장과 비현금 시장 간의 불균형이 심화되었다. 이러한 현상은 거시 경제적 측면에서 국가의 재정 부족을 초래했다. 그러나 재정 부족을 보전할 수 있는 세원 개발이나 자금 시장의 활용이 가능하지 않기 때문에 강제로 저축을 강요하는 방안을 선택하게 된다. 정부가 임금의 일정 부분을 억지로 저축시키거나 예금 인출을 허용하지 않으며, 경우에 따라서는 대부분의 임금을 예금하도록 하는 경우도 발생하는 것은 이와 같은 상황을 반영하고 있다.

2) 금융의 구분

북한은 금융을 국내 금융과 국제 금융으로 구분하고 있다. 국내 금융은 다시 자금 공급, 신용, 화폐 유통의 세 가지로 나뉜다. '자금 공급'은 기관·기업소의 경제 활동에 필요한 자금 가운데 고정 자산(건물 및 생산 설비)의 구입 및 개수·보수 자금 등을 국가 예산에서 지원하는 것이며 '신용'은 유휴화폐 자금을 동원하여 기관·기업소에 자금을 빌려주는 것으로서 기관·기업소의 재정 계획 등을 기초로 작성된 은행의 대부 계획에 의해 이루어진다. '화폐 유통'은 사회적 생산물의 거래를 매개하는 화폐의 흐름을 의미하는 것으로서 현금 유통과 무현금 유통으로 이루어진다.

3) 금융의 기능

북한에서 금융의 기능은 첫째, 인민경제에 대한 국가적 지도와 통제, 둘째, 인민경제 계획을 수행하기 위한 자금 보장, 셋째, 화폐 유통의 안정 공고화, 넷째, 외화 거래의 합리적 조직 및 외화자금 보장의 네 가지로 구분할 수 있다. 북한에서는 이러한 금융 기능 중 첫 번째 기능인 통제 수단으로서의 기능을 가장 중요시하고 있다. 금융의 통제 기능이란 국가은행 기관이 기관·기업소로부터 수입금을 받아들이거나 이들에게 자금을 공급하는 과정에서 기관 및 기업소의 경영 활동 타당성, 재정 계획과의 적합성 등을 점검하는 기능이다. 이러한 관점에서 북한의 금융 기관은 기관·기업소의 필요 자금을 보장하면서 경영 활동을 재정적으로 통제하는 국가 기관이라고 할 수 있다.

또한 화폐를 매개로 한 통제라는 점에서 법적·행정적 통제와 구별되며 원에 의한 통제 또는 자금에 의한 통제라고 불린다. 나머지 세 가지 기능은 금융을 구성하는 요소 각각의 기능으로 두 번째는 자금 공급과 신용, 세 번째는 화폐 유통, 네 번째는 국제 금융의 기능을 말한다. 원에 의한 통제는 국가가 재정 은행을 통해 수익금을 받아들이고 자금을 공급하는 과정에서 화폐를 통해 기관·기업소의 경영 활동을 통제하는 것이다. 원에 의한 통제는 화폐를 통해 물자를 무계획적이고 불합리하게 이용하거나 낭비하는 현상을 방지하기 위한 장치이다. 북한은 기관·기업소에서 원에 의한 통제를 한층 강화함으로써 설비, 자재, 원료의 사장과 낭비, 과잉 생산, 계획과 계약에 없는 불법적 거래, 기관·기업소 간의 불합리한 유통을 없애려 하고 있다. 이 업무를 조선중앙은행이 담당한다. 북한의 조선중앙은행은 화폐 발행과 통화 조절 등 중앙은행 업무뿐 아니라 공장·기업소에 대출을 해주는 것 같은 상업적 기능도 담당한다. 북한에서는 공장·기업소의 경영 활동에 필요한 모든 자금을 국가가 책임지고 공급하는 '유일적 자금공급 체계'가 구축되어 있다.

원에 의한 통제는 북한이 단일 은행 제도를 통해 국가 자금과 기관·기업소에 대한 자금 공급을 단일 구좌로 관리하고 통제하기 때문에 가능하다. 중앙은행은 기관·기업소에 대해서 뿐만 아니라 임금 인출도 일정한 규칙 아래 관리하고 있기 때문에 소비생활까지 통제해왔다.

4) 재정과 금융(은행)

북한은 기본적으로 중앙 집권적 계획경제 국가이므로 모든 경제 활동이 계획에 의해 추진되고 수행된다. 이러한 경제에서 금융 기능은 자금 흐름을 통해 실물 계획의 진행 상황을 점검하고 그 실현을 보장한다. 실물 부문의 생산 계획이 작성되면 재정 계획이 함께 작성되고 그 재정 계획을 뒷받침하기 위한 현금 계획과 신용 계획이 만들어진다. 이런 맥락에서 북한에서의 금융은 국가의 경제 계획을 수행하는 데 필요한 자금을 조달하고 이용하는 재정의 일부분으로 규정된다. 조선중앙은행은 국고대리 업무를 수행하면서 재정 수입을 받아들이고 지출하는 역할을 담당한다.

북한에서는 재정을 북한 내에서 행해지는 거의 모든 경제 활동을 포괄하는 개념으로 사용하고 있다. 일반적으로 정의되고 있는 재정은 "국가 및 기타 공공단체의 경제"를 의미하지만, "국가 및 기관·기업소가 자기 기능을 수행하는 데 필요한 화폐 자금을 조성하고 분배하고 이용하는 과정에서 이루어지는 경제 관계"라고 정의하고 있어 국가경제 전체를 포괄하는 개념으로 사용하고 있다. 국가 예산도 개념상으로는 "나라의 기능을 수행하는 데 필요한 화폐자금을 중앙 집중적으로 형성하고 분배하는 국가의 기본 재정계획"이라고 정의하고 있어 일반적인 의미의 국가 예산과 유사하지만 구체적인 내용을 살펴보면 시장경제에서의 국가 예산보다 훨씬 포괄적인 개념으로 사용하고 있다. 모든 생산 수단이 국가의 소유로 되어 있고, 중앙 집권적 경제 체제인 북한에서는 재정 계획과 예산 제도를 통해 국가가 직접 자원을 배분하고 있는 것이다. 따라서 이자율과 수익률, 환율 등을 매개로 금융 시장에서 자원배분 기능을 수행하는 자본주의 아래의 금융 기관과는 본질적으로 다를 수밖에 없다.

독립채산제 기업소의 경우에는 생산 수단에 해당하는 고정 재산(자산)의 건설 및 개수·보수에 필요한 자금이 국가 예산에서 지원되며, 생산 활동에 필요한 원자재 등의 유동재산(자산) 구입자금은 부족한 경우에 한해 '대부' 형식으로 은행에서 지원을 받게 되어 있다. 그리고 예산제 기관·기업소는 모든 자금이 국가 예산에서 지원된다. 이처럼 국가 예산에서 기관·기업소에 지원하는 자금지출 행위는 금융의 '자금 공급'과 동일하며, 은행의 '대부' 역시 기관·기업소의 재정 계획을 실현하기 위한 자금보장 수단의 하나에 불과하다.

결국 북한의 금융은 인민경제 계획을 성공적으로 수행하기 위하여 경제 계획에 필요한 자금을 지원하는 행위로서, 재정 활동의 일부분이라고 볼 수 있다. 기관·기업소에 대한 자금을 국가 예산에서 지원한다는 측면으로 본다면 '국가재정'의 한 형태이고, 은행을 통하여 기관·기업소의 경영 활동에 필요한 자금을 지원한다는 의미에서는 '금융'의 한 형태로 볼 수 있다.

북한의 경제 계간지 ≪경제연구≫는 2014년 제3호에서 은행 경영활동의 통제 기능을 강조했는데 이를 통해 재정과 금융의 긴밀한 관계를 다시 한 번 확인할 수 있다. 이 잡지에 실린 논문인 「은행의 역할을 높이는 것은 경제강국 건설에서 나서는 중요한 요구」에서는 은행의 역할을 이렇게 밝히고 있다. "사회주의 은행은 모든 기관·기업소들이 은행에 돈자리(계좌)를 두고 화폐 거래를 주로 은행을 통해 진행하는 유리한 조건을 이용해 상대적 독자성을 가진 기업소들의 경영 활동을 통제한다."

또한 논문에서 북한의 은행 기능에 대해 말하기를, 공장이나 기업소에서 경영 활동을 하는 과정에 국가 자금이나 자체 자금이 부족한 경우 은행이 기업과 주민의 수중에 남아 있는 유휴화폐 자금(여유 자금)을 동원해 기관·기업소에서 모자라는 자금을 보장해주는 것이라고도 했다. 중앙은행의 역할에 대해서는, 화폐의 구매력을 높이고 그 원활한 유통을 보장하기 위한 통화 조절을 진행하는 것이라면서 "중앙은행이 발권과 통화 조절 사업을 잘해야 한다"고 지적하기도 했다.

북한이 최근 공장·기업소의 자율성을 적극 장려하는 것과 같은 시장화 조치를 취하는 와중에도 은행을 통한 경영 활동의 통제를 강조하는 것은 북한 당국의 독자경영체제 도입 이후 기업 간 격차가 심해져 이를 은행을 통해 완화하려는 의도가 있는 것으로 보인다. 실제로 자재 수입과 생산, 판매, 노동자 월급과 복지 같은 경영권을 개별 기업에 더 부여한 독자경영체제 시행 이후 북한에서는 능력 있는 공장의 노동자와 생산 실적이 낮은 공장의 노동자 간 월급이 100배 이상 차이가 날 만큼 기업 간 격차가 매우 심해졌다고 한다.

이를 "은행의 원에 의한 통제를 통해 기업들이 골고루 성과를 내도록" 조정하고, "이익을 많이 내는 기업의 여유 자금을 은행이 흡수해 이를 자금이 부족한 기업에 배분"하는 방법으로, 즉 은행의 기업경영활동 통제로 해소하려 한다는 것이다. 사실 은행들이 기업에 대한 재정과 금융 통제를 강화하고 유휴 화폐를 최대한 동원해 이를 필요한 기업에 융통함으로써 인민경제를 발전시켜야 한다는 원칙과 기능은 북한에 사회주의적 금융 제도가 도입될 당시부터 계속 강조되고 지켜져 오던 원칙이다. 북한에서는 '1기관, 1은행, 1계좌 원칙'에 따라 모든 기관이 은행을 통해 재정적 통제를 받고 있다고 할 수 있다.[9]

---

9) 「북한 은행은 서비스가 아닌 통제기관」, 자유아시아방송, 2014년 8월 25일 자.

5) 기업과 금융

북한에서는 국가소유제에 기반을 두고 중앙 행정당국이 의사결정 권한을 갖고 계획에 의해 자원을 배분하는 중앙 집권적 계획 제도가 확립되었다. 북한에서 기업이 활용하는 자금은 국가 예산에서 지급되는 자금, 내부 유보자금, 은행 신용의 세 가지로 나눌 수 있다. 일반적으로 생산 수단에 대한 자금은 국가 예산에서 지급되거나 내부 유보자금을 통해 투자되고, 기업의 운영자금은 은행의 신용 공급을 활용하는 경우가 많다. 중앙은행이 기관·기업소·단체에 제공하는 대표적인 금융 서비스는 '대부'이다. 은행 기관이 유휴 화폐 자금을 동원하여 자금이 모자라는 기업소들에게 빌려주고 기일이 되면 원금과 이자를 상환받는 것으로 자금의 보장과 이용에 대한 통제를 실현한다. 대부를 통해 맺어지는 은행과 기업 간 경제 관계는 동지적 협조와 방조의 관계로 일컬어진다.[10] 북한의 기관·기업소에 대한 대부 종류는 〈표 2-2〉와 같다.

그러나 기업에서 쓰는 자금이 그 이름만 다를 뿐 최종 책임은 모두 국가가지고 있다. 따라서 사회주의 국가의 기업은 굳이 자체 수입을 확대하기 위해 노력할 필요도 없고 예산 제약에 구속을 받지 않아도 된다.

마찬가지로 은행도 기업에 대한 적절한 대출 규모, 타당성 등을 판단할 수있는 대출 심사 기능이 없다. 그 결과 은행과 기업 모두가 비효율적으로 자본을 사용하게 되었다. 그럼에도 불구하고 은행은 파산당하는 경우가 없어서 비효율성이 극대화될 수밖에 없었다. 헝가리의 경제학자 야노스 코르나이(Janos Kornai)는 이를 연성 예산제약(soft budget constraint)의 문제라고 규정한 바 있다. 물론 북한은 1970년대부터 계획경제의 모순된 누적에 따른 생

---

10) 김영희, 「북한의 체신기관 및 금융서비스 운영현황」, 10쪽.

〈표 2-2〉 북한의 기관·기업소에 대한 대부 종류

구분	내용	이자율
계획 대부	정상적인 생산 활동을 위한 계획상의 대부	
조절 대부	생산계획 추가 등 객관적으로 타당한 요인 아래 발생하는 추가적 자금에 대한 대부	6개월 20%에서 3개월 20%로 변경 (2004년 1월 김정은 지시 내용)
보충 대부	계획을 제대로 이행하지 못했거나 경영 활동을 잘못해서 발생하는 추가적 자금에 대한 대부	

산성 하락을 극복하고자 기업 개혁을 추진했다. 1973년 7월 연합 기업소 창설을 통한 산업관리 방식의 개편, 1973년 9월 독립채산제의 제도화, 1984년 8월 8·3인민소비품운동을 통한 지방 공업의 자율적 생산 장려 등이 추진되었다.

그러나 이처럼 부분적으로 시도되었던 개혁 조치들은 별다른 경제 성과를 가져오지 못하고 1990년대 9년 연속 마이너스 성장을 기록하는 침체가 지속되었다. 북한은 7·1조치를 통해 북한 경제의 계획 부문에 대한 개혁을 시도했으며 이에 따라 기업 부문의 개혁이 추진되었다. 지배인 권한 강화, 공장·기업소의 경영 자율권 확대, 기업 구조조정 및 부실기업 정리, 시장화와 소규모의 자발적 사유화 진전이 이루어지면서 금융 역할도 변화하게 된다.[11] 이전에는 북한의 공장·기업소가 생산에 필요한 원료와 자재를 국가의 공급 계획에 따라 배분받았으며 이 과정에서 중앙은행을 통한 무현금 거래가 이루어졌다. 국영 기업소는 사회주의 계획경제가 좀 더 직접적으로 적용되어 국가계획위원회가 제시한 계획 지표에 따라 부과한 물량 지표를 자체 생산해서 국가에 현물 납품하는 방식으로 운영되었다. 일반 연합 기업소는 '원에 의한 통제' 원칙에 입각해 '액상(금액) 지표'를 국정가격 기준으로 현금 납부한다. 국영 기업소나 연합 기업소 모두 국가로부터 토지와 설비, 자재, 전기를

---

11) 이해정, 「북한 지역의 토지·주택·기업 사유화에 관한 연구」(이화여자대학교 박사학위논문, 2015), 90~94쪽.

제공받고 현물이나 현금으로 국가에 납부하고 국가는 정해진 기본 월급을 지급했다.[12] 그러나 2002년 7·1경제관리개선조치로 시장 기능이 활성화되면서 현금 거래의 폭과 유통량이 지속적으로 증가해왔다. 에너지난, 원자재난이 가중되면서 공장·기업소 생산에 필요한 원료와 자재 등을 다른 기업소나 물자교류 시장을 통해 현금으로 구입할 수 있게 된 것이다. 공장·기업소에서 생산한 생산물의 30%까지는 공식적으로 자체 현금판매가 가능해졌다.[13]

3. 금융 체계 및 금융 기관

1) 금융 체계[14]

북한에서 금융 기관은 "화폐 자금의 운동을 전문적으로 매개하고 조직하는 기관"으로 정의된다.[15] 이전의 인식이기는 하지만 북한은 자본주의 사회의 금융 기관을 '금융 자본가들의 자본주의적 착취 기업'이라고 질타했다. 자본주의 사회에서 금융 기관의 목적은 화폐 자금의 운동을 매개하는 과정에서 이자, 수수료, 기타 형태로 조성되는 이윤을 획득하는 것인데, 이런 것들이 착취 기업의 속성을 갖고 있다는 것이다. 북한에서 금융 기관의 핵심 역할은 국가의 자금 계획을 수행하고 집행하는 것이다. 대표적인 금융 기관은 은행이다. 북한의 은행은 모두 국가은행이고 자금 융통의 매개체이다. 기관이나 기업을 위해 자금을 융통하는 것이 핵심 기능이다. 그러나 자금을 통용

---

12) 「기업소 지배인의 '수입병'은 왜 생겼나?」, 통일뉴스, 2015년 1월 13일 자.
13) 김영희, 「북한 상업은행법 제정의 의미와 평가」, 1~2쪽.
14) 조선사회과학출판사, 『재정금융사전』, 243~244쪽.
15) 같은 책, 243쪽.

하는 은행 간 시장이나 민간 자금을 활용하기 위한 자본 시장은 존재하지 않는다.

2012년 9월 만들어진 조선민주주의공화국 투자환경 소개자료에 따르면, 북한의 발권은행은 조선중앙은행이며 이 은행은 전국의 도시군(道市郡)에 지점을 두고 있다. 그리고 외국환자은행은 조선무역은행이다. 이 외에 외환 업무를 하는 전문 은행으로서 조선대성은행(당 39호실 산하), 고려상업은행, 고려은행(당 38호실 산하), 창광신용은행(군수경제), 동북아시아은행(당 조직지도부 산하), 대동신용은행, 조선통일발전은행이 있다. 이들 은행은 이른바 '당 경제'가 확대되면서 생겨난 부문별 은행이다. 이들 은행이 출현하게 된 목적은 늘어나는 대외 무역의 결제업무 분담에 있기도 하지만, 특수 기관 및 경제 단위가 따로 내각이나 무역은행의 통제를 받지 않고 자유롭게 무역 활동을 보장받기 위한 데도 있었다.16)

외국인 투자 기업들도 원칙적으로 이들 은행에 외환 계좌를 개설할 수 있으며 필요한 자금을 대부받을 수 있다. 대부 대상은 생산 공정의 현대화를 비롯하여 경영 활동에 필요한 외화 항목이 포함된다. 대부 이자률은 대체로 국제 표준을 기준으로 정해진다. 하지만 이런 북한의 안내에도 불구하고 실제 외국인 투자 기업들이 북한의 은행에서 대부를 받은 사례는 거의 없는 것으로 알려지고 있다.

이른바 '은행의 은행'이라 할 수 있는 중앙은행은 일반적인 중앙은행과 시중 은행의 기능을 함께 수행함으로써 한국의 중앙은행인 한국은행과는 성격이 다르다. 즉, 조선중앙은행은 화폐를 발행하고 통화량을 조절하며 국고금을 출납하는 일반적인 중앙은행의 기능도 수행하고 일반 주민을 대상으로 한 저금과 기관·기업소에 대한 여수신 등 한국의 시중 상업은행이 하는 업무

---

16) 김광진, 「북한의 외화시스템 변화연구」(북한대학원대학교 석사학위논문, 2007), 75쪽.

〈표 2-3〉 북한의 은행 및 이자율

> 2) 은행
> - 발권은행은 조선민주주의인민공화국 중앙은행이며 전국의 도(직할시), 시(구역), 군에 자기의 지점을 가지고 있다.
> - 외국환자은행은 무역은행이다. 이밖에 조선대성은행, 고려상업은행, 고려은행, 창광신용은행, 동북아시아은행, 대동신용은행, 조선통일발전은행 등이 있다.
> - 은행리자률은 예금리자률이 3~4.5%/년, 대부리자률은 8~12%/년이다.

자료: 북한 법률출판사, 『조선투자법 안내: 310가지 물음과 대답』(북한 법률출판사, 2007).

도 함께 담당하고 있어 모든 국내 금융을 전담하고 있다고 볼 수 있다.

이런 의미에서 북한의 금융 체계는 '단일 은행 제도(mono-banking system)'에 기반하고 있다. 이 제도는 중앙은행이 중앙은행의 고유 업무는 물론 일반 상업은행의 업무까지 모두 담당하는 것이다. 반면 '이원적 은행 제도(two-tier banking system)'란 중앙은행과 상업은행이 분리되어 중앙은행은 발권, 통화 조절 같은 중앙은행의 고유 업무만을 담당하고 상업은행은 민간인을 상대로 여수신 업무를 맡는, 즉 자본주의 시장경제 국가들이 대부분 채택하고 있는 제도이다.

북한은 중앙은행이 발권, 통화 조절, 지급 결제 등 중앙은행의 고유 업무는 물론 국가 자금의 지급 및 수납과 대출, 예금, 보험 등 각종 상업 금융기관의 업무도 담당하고 있다. 다만 대외결제 업무는 '조선무역은행'이 맡고 있고 나선(나진·선봉)경제무역지대의 금융 업무는 '황금의삼각주은행'이 담당하고 있으며 농촌 금융은 '협동농장신용부'를 중심으로 이루어지고 있다. 북한이 투자 유치를 위해 만든 법 규법을 통해 스스로 공개한 은행 현황은 〈표 2-3〉과 같다.

중앙 집권화된 북한 경제는 내각의 국가계획위원회가 경제 전 분야에 걸쳐 노동당의 정책을 계획하고 그 집행을 감독하고 있다. 즉, '계획의 일원화'가 이루어지고 있는 것이다. 이런 맥락에서 북한의 금융도 국가은행 중심으로 화폐 자금을 계획해서 융통하는 것은 당연하다고 할 수 있다. 또한 북한의 금융은 국가와 기업에서 요구하는 화폐 자금을 조정하고 분배하고 이용하기 위한 국가재정 계획이 원활히 수행되도록 뒷받침하는 역할을 한다. 따라서 북한의 금융 기관은 행정 기관과 기업을 결합시킨 형태이며 기업이면서 정부의 행정 기관이기도 하고 국가의 재정 자금을 효율적으로 배분하는 기구이다.

북한은 다른 구사회주의권 국가와 마찬가지로 경제 계획의 지원과 중앙집권제 원칙에 기초한 '단일 은행 제도'를 기본 축으로 하고 있으며 '원(북한 돈)에 의한 통제'로 이루어져 있다. 이 제도는 중앙은행의 기능과 상업은행의 기능을 동시에 수행하는 하나의 대형 은행만이 존재하도록 한다는 의미로서 북한 내에서 이루어지는 기본적인 금융 업무는 모두 조선중앙은행이 담당하게 된다. 모든 은행은 돈자리(계좌) 설치를 통해 통화 조절과 자금 유통 면에서 조선중앙은행의 지도와 통제 아래 놓이게 된다.[17]

또한 북한은 단일 은행 제도를 보완하기 위하여 '전문화 원칙'에 따라 조선중앙은행 이외에 대외금융 업무를 담당하는 전문 은행을 두고 있다. 원에 의한 통제란 화폐 흐름과 실물의 움직임이 일치한다는 전제하에 화폐 흐름을 은행에 집중시켜 통제함으로써 기업의 경영 활동을 통제하는 것이다.

2) 금융 기관

북한의 금융 기관은 조선중앙은행을 중추로 한 은행 체제를 갖추고 있으며 첫째, 대내 담당 금융기관, 둘째, 대외 담당 금융기관, 셋째, 합영 금융기관, 넷째, 기타 금융기관으로 구분할 수 있다. 대내 담당 금융기관에는 조선

---

17)   윤덕룡 외, 『체제전환국 사례를 통해본 북한의 금융개혁 시나리오』, 28쪽.

중앙은행(1946년 10월 설립)과 조선중앙은행을 대신하여 저금 업무만을 담당하는 저금망 체계 — '은행 기관 저금망 체계(저금소 등)'와 '체신 기관 저금망 체계(우편국, 체신소 등)' — 가 존재한다. 저금소는 중앙은행 지점마다 설치된 작은 단위로서 전문적으로 저금 출납만을 담당한다. 조선중앙은행은 북한의 국내 금융을 담당하는 중앙은행으로서 화폐 발행, 통화 조절의 역할뿐 아니라 여수신, 정책자금 지원, 국고, 보험, 국가재산 등록 등 다양한 업무를 수행한다.

대외 담당 금융기관에는 조선중앙은행의 업무를 보완하여 대외금융 업무를 전담하는 조선무역은행과, 무역결제 업무를 분담하고 있는 부문별 외환 전문 은행이 있다. 북한의 대외 거래·결제 은행으로 대표적인 조선무역은행은 1959년 11월에 창립되었으며 1963년 7월부터 대외 경제거래가 확대되는 추세에 맞춰 서방권 은행들과도 대외 거래를 시작했다. 조선무역은행은 평양의 본점 외에 각 도(직할시)에 지점을 두고 있으며 프랑스, 호주, 쿠웨이트, 마카오, 홍콩, 베이징에 해외 지점과 사무소도 두고 있다. 조선무역은행이 전담하고 있는 주요 기능은 외국환 은행으로서의 외화 관리와 거래 업무가 있는데, 이를테면 환율 결정, 원 태환권인 '외화와 바꾼 돈표' 발행, 외국 은행과의 협정 체결 등을 들 수 있다. 외화 예금·대부 등 다양한 업무를 수행한다.

부문별 외환전문 은행에는 당 39호실이 운영하는 조선대성은행, 재미 교포의 자본 유치를 목표로 하는 고려상업은행·고려은행, 유럽과 아시아를 대상으로 국제금융 업무를 수행하는 조선창광신용은행·동북아시아은행·대동신용은행, 노동당 산하 오산덕총국과 홍콩의 루비홀딩사가 합작 설립한 조선통일발전은행, 비사회주의 국가와의 거래를 주로 담당하는 금강은행, 대외투자 유치와 귀금속 판매를 취급하는 조선신용은행이 있으며 이들 은행은 대외무역 결제 외에 외국 은행과의 환거래 계약, 결제 업무를 수행한다. 북한 대외보험총국 산하로 알려진 동북아시아은행의 새로운 본점 건물은 신축 중이다. 이 은행은 2005년 북한에서 처음으로 IC 현금카드 서비스를 시작했다. 노동당 조직지도부 산하에 있는 대외보험총국은 현재 대외적으로는 '조선국영보험회사'라고 불리고 있다. 이들은 해마다 보험 보상금으로 적지 않은 외화를 벌고 있는 것으로 전해진다.

또한 북한은, 기존에 평양의 조선합영은행에서만 가능했던 외국과의 외환 거래가 지방 도시에서도 가능하도록 지방은행을 처음으로 개설했다.[18] 그동안 지방 도시에 있는 외화벌이 기관들은 외국과의 외환 거래 때마다 불편을 감수해왔다. 그러나 이제, 예를 들면 청진에 있는 '청진국제호텔'에 중국 등 외국과의 금융 거래가 가능한 국제은행 창구가 개설되는 등 평양의 조선합영은행을 모체로 외국과의 금융 거래가 가능한 지방은행이 개설되었다. 북한전문 매체의 보도에 따르면 1990년대 초에는 평양에 국제 송금이 가능한 '무역은행'과 '합영은행'이 있었으나 조총련계 교포들이 보내는 송금이 이들 가족에게 제대로 전달되지 않는 문제가 생기면서 무역은행이 합영은행에 통폐합되었다. 한때 일본 오사카에 있는 '조선신용은행'에서 북한 교포들에게 보내는 개인 송금이 몇 백 만 엔에 이르기도 했지만 북한 당국은 국가 경제가 어렵다는 이유로 교포들에게 전체 액수의 1/10만 지급하고 나머지는 모두 분기별로 나눠 돈표(외화 교환권)로 지급해왔다. 그동안 국가은행의 신용이 땅에 떨어져 일본과 미국 등지로부터 개인 송금이 전무한 상태였지만 이런 분위기를 개선하고자 외환 거래가 가능한 지방은행 창구를 개설해 외화벌이 기관이 중국에서 벌어들인 돈을 끌어들이려는 의도가 있는 것으로 북한 내부 소식통들은 전하고 있다.

≪로동신문≫ 등 북한 매체들도 지방은행 설립과 관련된 보도를 2015년 12월 중순부터 하기 시작했다. ≪로동신문≫은 2015년 12월 14일, 전날 열린 제3차 전국 재정은행 일군대회 소식을 다루면서 "함경북도은행 총재 리광호

---

18) 「북, 외환거래 가능한 지방은행 설립」, 자유아시아방송, 2016년 1월 31일 자.

가 토론자로 나섰다"고 밝혔다.[19] 북한의 지방에는 국영인 조선중앙은행 지점들이 설치되어 있으며 보통 '중앙은행 ○○도은행'이나 '중앙은행 ○○지점'으로 불린다. 실제로 ≪로동신문≫이 전한 일군대회 토론자 중에는 '중앙은행 함경남도 정평지점 과장', '중앙은행 평양시 대성지점 지배인' 등 중앙은행 지점 간부들이 포함되어 있었다. 따라서 기사에 인용된 '함경북도은행'은 중앙은행 지점이 아니라 새로운 지방은행 조직으로 추정된다. 특히 '함경북도은행 총재'라는 직함은 상당한 독립성을 인정받는 자리라는 점에서 주목할 만하다. 북한이 지방은행을 설립하기 시작한 것은 내부 시장이 급속히 활성화되면서 장사로 큰돈을 버는 사람들이 많이 생기자 이들의 잉여 자금을 은행으로 끌어들여 개발 자본으로 활용하려는 의도로 보인다.

하지만 최근 설립 중인 북한의 지방은행은 청진국제호텔에 개설된 외환 거래가 가능한 은행과는 달리 외환 거래를 할 수 있는지 여부가 명확하지 않다. 북한 내부 소식통들은 "북중 국경초소(해관)에서는 현금으로 인민폐 1000위안 이상은 소지할 수 없지만 은행 창구를 이용하면 수십만, 수백만 위안의 거액도 움직일 수 있다"며, 다만 "은행 창구를 이용한 해외 송금은 주로 북한 외화벌이 기관과 개인 무역업자들에게만 해당되는 것"이라고 설명하고 있다.[20]

한편 북한의 수도 평양에도 현금 자동 입출금기(ATM)가 설치된 것으로 알려져 눈길을 끈다. 2016년 1월 한 외국인이 자신의 인스타그램에 "고려호텔 인근의 창광 외국인 숙소에서 처음으로 ATM을 보았다"며 사진을 게재해 외부에 알려졌다. ATM을 운용하는 곳은 '류상은행(柳商銀行, Ryugyong Commercial Bank)'이다. 이 은행에 대해 알려진 바는 없지만 류경이 평양의 옛 이름인 점으로 미루어 북중 합작은행일 가능성이 높다. 이 외국인이 밝힌 바에

---

19) 「북한에도 '지방은행' 속속 등장… 中 개혁개방 초기와 유사」, 연합뉴스, 2016년 1월 28일 자.
20) 「북, 외환거래 가능한 지방은행 설립」, 자유아시아방송, 2016년 1월 31일 자.

따르면, ATM에서 북한 원화를 제외한 다양한 외화를 교환할 수 있고 이용자 대부분은 해외로부터 송금을 받는 용도로 사용한다.[21]

또 이 외국인은 다른 포스팅을 통해 '광복지구상업중심'카드의 사진을 게시하고 "포인트 적립 및 구매도 가능하다"고 소개했다. 아울러 이 카드는 북한에서 통용되고 있는 '나래'카드와도 유사하지만 광복상업지구에서만 통용된다고 덧붙였다. 또한 북한에서 상품 홍보를 목적으로 수입 상품 등을 할인 판매하고 있지만 국영 상점에서 할인하는 경우는 없다고 전했다. 한편 인스타그램 외에 다른 소셜 네트워크 서비스(SNS)에는 북한의 환율과 평양 풍경 등이 거의 실시간으로 올라오고 있어 폐쇄된 북한 이미지도 과거에 묻히게 되었다.

재정과 은행의 일체화를 도모해온 북한은 다시 재정은행 사업의 정상화를 위해 노력하고 있다.

우선 김정은 시대에 접어들어 중앙은행의 기능과 역할이 확대된 것으로 보인다. 유엔안전보장이사회 산하 북한제재위원회의 전문가 패널이 2014년 3월 6일 공개한 연례 보고서에 따르면 조선중앙은행과 동북아시아은행의 본점 건물이 새로 건설되었다.[22] 북한이 은행 건물들을 신설하는 것은 북한 체제가 새로운 경제 조치를 추진하는 과정에서 금융 분야를 정비하려는 움직임과 무관하지 않다. 또 북한이 2015년 12월 13일 제3차 전국 재정은행 일군 대회를 개최한 점도 주목할 만하다. 북한이 25년 만에 이 대회를 연 것은 무엇보다 당국의 통제에서 벗어난 시장화가 확산됨으로써 금융 기능 정상화의 필요성이 커졌기 때문인 것으로 보인다. 특히 김정은 체제 출범 이후 시행된

---

21) 「평양에 '류상은행' 현금자동입출금기 등장」, 통일뉴스, 2016년 1월 26일 자.
22) 보고서에 실린 사진을 살펴보면 조선중앙은행 본점 건물은 외형이 거의 마무리 되었고, 10층이 넘는 현대식 건물로 그 위치는 평양 보통강 근처인 것으로 전해진다. 연합뉴스, 2014년 3월 23일 자.

'우리식 경제관리방법'으로 기업의 자율성이 확대되는 상황에서 금융 시스템을 재정비할 필요성도 커졌다. 재정은행 사업은 "화폐 자금을 수단으로 하여 나라의 살림살이를 계획적으로 꾸려나가며 국가 경제기관·기업소들의 관리 운영을 규제하고 조절 통제하는 중요한 경제 사업"으로 정의되고 있다. 김정은 국방위원회 제1위원장은 일군대회 앞으로 서한을 보내 기업체들의 재정 관리와 화폐유통사업 개선, 금융 정보화 수준 강화 등을 지시했다.[23] 김정은 위원장은 "오늘 사회주의 건설의 모든 전선에서 비약의 열풍, 결사 관철의 기상이 나래치고 있는 현실은 재정은행 사업에서 새로운 전환을 일으킬 것을 요구하고 있다"며 "국력이 강하고 모든 것이 흥하는 인민의 낙원을 일떠세우자면 자체의 믿음직한 재정 원천이 마련되어야 한다"고 지적했다. 또한 "재정은행 사업을 개선 강화해야 강성국가 건설에 필요한 자금 수요를 자체로 보장할 수 있을 뿐 아니라 사회 생산물을 분배 이용하는 과정을 통하여 사회의 균형적이고 지속적인 발전을 이룩할 수 있으며 인민들의 물질문화 생활 수준을 끊임없이 높여나갈 수 있다"고 덧붙였다. 이어 "나라의 재정 토대를 튼튼히 다지고 화폐 유통을 공고히 하여 당의 선군혁명 영도와 사회주의 강성국가 건설을 재정적으로 믿음직하게 담보하는 것이 재정은행 부문 앞에 나서는 총적 과업"이라고 과업을 지시했다. 또한 국가가 통일적이고 계획적으로 재정 관리를 지도하고 "국가 예산을 정확히 세우고 어김없이 집행하며 기업체들의 재정 관리와 화폐유통 사업을 개선하고 금융 정보화 수준을 높일 것"을 강조했다.

결국 북한이 재정은행 사업을 개선 강화하려 하는 것은 국제 사회의 제재로 외자 유치가 어려운 상황에서 민간의 자금을 은행에 끌어들여 경제 발전을 도모하려는 의도로 보인다. 김정은 위원장은 재정은행 일군대회에 보낸

---

23) 「제3차 전국 재정은행 일군대회가 13일 인민문화궁전에서 진행」, 조선중앙통신, 2015년 12월 13일 자.

서한에서 재정은행 사업을 개선 강화하는 것은 강성국가 건설을 위한 필수적 요구라며 자체의 믿음직한 재정 원천이 마련되어야 한다고 강조한 바 있다. 김천균 조선중앙은행 총재가 2015년 2월 3일에 재일본조선인총연합회의 (이하 재일총련) 기관지인 ≪조선신보≫와 인터뷰한 내용은 북한 당국의 의도를 적나라하게 보여주었다.[24] 그는 국가의 전반적인 화폐 유통을 책임지고 은행에 대한 금융 지도와 관리를 담당하는 조선중앙은행의 역할을 소개하면서 최근의 변화상을 설명했다. 북한이 주민들이 축적한 자본을 끌어들여 경제 개발을 추진한다는 목표 아래 각종 예금·적금 상품을 개발하고 주민들의 직불카드 이용을 추진하며 금융 시스템에 새로운 변화를 예고한 것이다.

김 총재는 "현재 나라의 경제 건설에서 제기되는 자금 수요를 국내 자금을 원활하게 회전시키는 방법으로 충족시켜나가는 데 주력하고 있다"며 "그 일환으로 새로운 금융 상품의 개발, 인민생활 영역에서 카드 이용 등을 추진하고 있다"고 말했다. 주민들이 돈을 은행에 예치할 수 있도록 다양한 예금·적금 상품을 개발하고 물건을 구매할 때도 카드를 이용하게 함으로써 은행을 거치도록 하기 위한 대책이 마련되고 있음을 시사한 것이다. 국제 사회의 제재로 외자 유치가 어려운 상황에서 주민들이 소유한 자금을 은행에 끌어들여 경제개발 자본으로 활용하기 위한 의지가 읽히는 대목이다. 그는 "우리식 경제관리방법이 확립되는 데 맞게 금융사업 방법도 개선하고 경제 기관과 기업체들이 벌이는 주동적이며 창발적인 기업 활동에 금융 조치들을 따라세우고 있다"고 밝히기도 했다.

박찬모 평양과학기술대학 명예총장은 북한의 대표적 IT 연구기관인 조선콤퓨터쎈터(KCC)의 연구원들이 구글 월렛이나 페이팔 같은 전자 결제 시스템에 큰 관심을 표시한 바 있다고 밝혔는데, 이는 페이팔이나 알리페이처럼

---

24) "김천균 조선중앙은행 총재와의 인터뷰", ≪조선신보≫, 2015년 2월 3일 자.

간편한 금융 결제로 대표되는 '핀테크(금융, IT 융합기술)' 열풍 속에서 북한도 모바일 결제·송금 기술에 상당한 관심을 가지고 있다는 징표로 해석된다.[25] 물론 북한은 아직 유엔 등 국제 사회로부터 금융 제재를 받고 있는 데다 자체적인 금융 기반도 미비해 관련 기술을 실제로 적용하기 힘든 상황이다. 어쨌든 현재 북한 당국은 외화 정기예금과 외화 카드, 전자 상거래 도입과 같은 각종 금융조치를 취하는 등 은행 기능을 활성화하는 데 적지 않은 노력을 기울이고 있다.

3) 합영·합작 금융기관

합영 금융기관은 일반 합영은행과 투자 기관으로 구분할 수 있다. 일반 합영은행은 '합영법' 제정 이후 외국인 투자 기업들의 원활한 기업 활동을 보장하기 위하여 설립된 금융 기관으로 조총련의 합영사업추진위원회와 북한의 조선국제합영총회사가 공동 출자한 조선합영은행, 고려상업은행, 화려은행이 있다. 화려은행은 북한 조선중앙은행과 중국 인민은행의 베이징과 칭다오 분행(지점)이 4 대 6 비율로 5000만 달러를 투자해 1997년 11월 평양에 본점을 설치한 것으로 알려졌다. 화려은행은 개인·법인 예금, 개인 외화예금, 신용장 개설, 외환 업무, 신용 조사 및 컨설팅, 중국 위안화 예금과 대리보관 업무 등을 맡고 있다.

이 외에 네덜란드의 금융보험 그룹인 ING는 ING-동북아시아은행을 설립함으로써 나선지대의 외국 기업을 대상으로 한 금융 업무를 겨냥했으나 1995년 평양지점을 설치한 후 성과를 거두지 못하다가 1999년 폐쇄하고 말았다. ING-동북아시아은행은 북한의 조선국제보험회사와 합작으로 설립되

---

25) 박찬모 평양과학기술대학 명예총장의 단독 인터뷰, ≪매일경제≫, 2014년 12월 15일 자.

기 이전부터 평양에 있는 호텔에 연락 사무실을 설치하고 회사명을 드러내지 않은 채 사업을 준비했었다. 이 회사는 그간 북한에 진출한 외국 기업과 국제 원조단체들의 송금 업무와 관련한 달러 유통이 늘어나면서 한동안 영업량이 확대되는 듯했지만 결국 예상보다 사업이 부진해 1999년 문을 닫았다. 홍콩의 페레그린도 당 39호실이 운영하는 조선대성은행과 페레그린-대성은행을 설립해 1996년 2월에 평양지점을 개설했지만 페레그린의 파산으로 투자가 이루어지지 않았다. 한편 조선무역은행과 이집트의 오라스콤텔레콤이 합작으로 운영하는 오라은행이 2008년 12월 16일 평양에서 문을 열었는데,[26] 지금도 운영되고 있다.

북한의 이동통신 사업과 호텔건설 사업에 이어 은행 운영에까지 진출한 오라스콤 기업은 이집트를 대표하는 기업이자 아랍권에서도 손꼽히는 기업 중 하나다. 오라스콤텔레콤은 2008년 북한에서 처음으로 3G 이동통신 서비스를 본격 개시한 바 있다. 2008년 1월 최장 25년간 서비스를 제공할 수 있는 사업권을 획득한 오라스콤텔레콤은 처음 3년간 북한에 4억 달러를 투자해 이동통신 서비스를 제공할 계획을 세웠는데 주로 수익금 송금을 위해 은행을 설립했던 것으로 알려지고 있다.

투자 기관은 일종의 종합 금융회사로서 합영·합작 사업, 무역 회사 및 교포가 운영하는 회사에 대한 투자·융자 업무를 주로 담당한다. 조선락원금융합영회사, 고려금융합영회사, 조선제일신탁금융합영회사가 설립되었으나 현재는 조선제일신탁금융합영회사만 남아 있다고 전해진다. 북중 합작은행인 고려은행에서는 2011년 전자결제 카드 '고려'를 출시한 바 있다.

제일신용은행은 싱가포르와의 합작은행으로 알려져 있다. 외국인 관광객에 의해 2012년 인터넷에 이 은행이 공개되었다.[27] 공개된 제일신용은행의

---

26) 「오라은행개업식 진행」, 조선중앙통신, 2008년 12월 16일 자.
27) 「북 제일신용은행, 신용 있을까?」, 자유아시아방송, 2012년 5월 31일 자.

외화 저금 안내문에는 보통예금과 정기적금의 두 가지 방식이 소개되었다. 연 이자율은 보통예금이 1%, 정기적금이 가입 기간에 따라 2.5%부터 많게는 9%까지 다양했다. 북한 전문 블로그 '노스 코리언 이코노미 와치(North Korean Economy Watch)'에 소개된 제일신용은행 안내문에는 다음과 같은 문구가 적혀 있었다. "이름 그대로 경영 전략과 자금 관리에서 신용을 제일 생명처럼 여기고 있으며 개인의 저금 잔고를 절대로 남에게 보여주거나 알려주지 않습니다." "저금자들은 저금하는 날 혹은 저금 만기 전 임의의 날에 이자를 먼저 찾아 쓸 수 있으며 저금 만기일이 아니어도 언제든지 필요하면 저금한 돈을 전부 되찾을 수 있습니다."

미국이나 유럽 등 자본주의가 발달한 나라에서는 은행 서비스를 이용하기 위한 안내문에서 가입 조항이 수십 개에 달한다. 반면 이와 대조적으로 제일신용은행 안내문에 소개된 조항은 3개뿐이었다. 북한돈이 아닌 외화를 예금하는 제일신용은행의 저금 상품에는 평양 시민 외에 비거주 외국인도 가입할 수 있는 것으로 전해졌다. 이 때문에 달러, 유로, 엔, 파운드 같은 외화로 예금을 들 수 있었다고 한다. 싱가포르와 50년 계약을 맺고 운영되는 제일신용은행처럼 북한에는 대동신용은행이나 동북아시아은행 같은 합영은행이 몇 개 있지만 실제로 영업이 활발하게 이루어지는 곳은 거의 없다고 전해진다.

4) 기타 금융기관

기타 금융기관으로는 협동농장신용부와 보험 기관, 나선지대의 금융 업무를 전담하는 황금의삼각주은행이 있다. 황금의삼각주은행은 조선무역은행 나진지점으로 출발했고 1995년 2월 이름을 바꿔 나선지대에서 외국환 은행의 역할을 수행해왔다. 저축 기관이나 보험 기관 같은 비은행 금융 기관은 중앙은행 지점들이 저축 및 보험을 함께 다루고 있기 때문에 은행 기관의 보조적 업무만을 수행하고 있다. 그 외 중국이 나선경제특구에서 위안화를 공식 결제화폐로 사용하기 위한 은행을 설립한 바 있다.[28] 중국이 북한에 세운 첫 단독 투자은행인 중화상업은행이 북한 중앙정부의 비준을 받아 나선경제특구에 정식으로 설립되었다. 중국의 다롄유한공사가 설립한 이 은행은 인민폐를 이용한 결산 업무와 인민폐의 해외 송금을 위한 신용증, 환어음, 보증서, 담보 처리를 담당하며 예금 및 대출 업무와 금융 재정의 관리 업무도 취급한다. 훈춘 시 런푸위(任璞玉) 부시장은 개소식에서 "중화상업은행의 설립은 북한과 중국 양국이 체결한 '나선경제특구 공동 개발·관리 합의'라는 중요한 조치를 시행하고 양국의 금융 협력 및 무역 거래를 확대해 경제 발전을 촉진하는 역할을 할 것"이라고 말했다. 북한 정부는 중국 기업을 유치하고 중국과의 교역을 확대하기 위해 황금평·위화도경제특구, 나선경제특구에서 북한 원화와 중국 위안화의 통용을 추진해왔다.

은행을 다시 소속 기관별로 구분하면 〈그림 2-1〉과 같다. 정부 내각이 가장 많은 은행을 보유하고 있고 당과 군부가 운영하는 특수 은행이 존재한다. 하지만 당과 군부에 소속된 은행은 핵실험에 따른 각종 제재를 받으면서 대외 활동을 거의 하지 못하고 있는 것으로 추정된다. 한국 언론이 추적한 바에 따르면 미국과 중국의 제재를 받아 2년 전 공식 철수발표까지 났던 은행들, 예를 들면 조선광선은행, 조선하나은행 등은 장소를 옮겨 영업 활동을 하고 있는 것으로 확인된다.[29]

북한 지도자는 통치자금 관리를 목적으로 은행과 밀접한 연관을 맺고 있다. 당의 핵심 조직들은 지도자의 통치 자금을 관리하는 여러 은행들을 각 기관에 소속시켜놓고 있다. 〈그림 2-3〉은 김정은 시대의 당 조직들이 어떤

---

28) "위안화 공식 결제화폐 사용", KOTRA 해외시장진출정보, 2013년 2월 5일, http://www.exportcenter.go.kr/common_board/weeklytrade/(검색일: 2015년 12월 3일)

29) 「단둥의 북 은행, 장소 옮겨 영업 재개」, KBS 9시 뉴스, 2015년 12월 25일 자.

〈그림 2-1〉 당정군 소속별 금융 기관

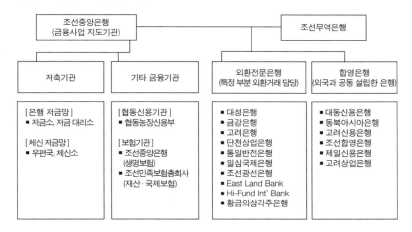

주: 괄호 안은 담당 업무.
자료: 박석삼, 「북한의 화폐금융제도 및 가격관리체계」, 『북한 경제백서』(서울: 대외경제정책연구원, 2002).

〈그림 2-2〉 북한의 금융기관 체계

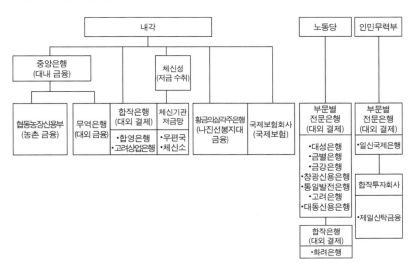

자료: 이제경, 「금융과 보험 통화과정의 리스크와 보험」, 이상만 외, 『이제는 통일이다』(서울: 헤럴드경제·한반도개발협력연구네
트워크, 2014), 71쪽.

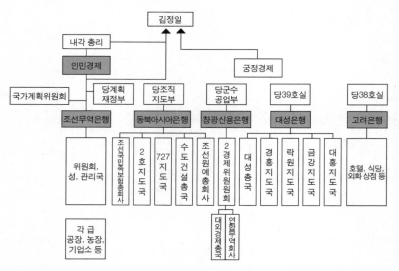

〈그림 2-3〉 김정일 정권에서 외화 자금을 담당하는 은행

자료: 김광진, 「북한 외화관리시스템의 변화와 외화의존도의 증대」, 《수은북한 경제》, 2008년 봄호, 25쪽.

산하 은행과 기업을 두고 있는지 잘 보여준다. 예를 들면 당 조직지도부는 동북아시아은행을, 당 군수공업부는 창광신용은행을, 당 39호실은 대성은행을, 당 38호실은 고려은행을 각각 산하에 두고 있다. 하지만 이 은행들은 북한의 핵과 미사일 실험으로 제재를 받으면서 이름을 바꾼 채 활동해왔다. 창광신용은행은 1980년대 후반부터 무기 매각으로 얻은 이익을 중동과 아프리카 등지에 숨겨왔다. 2006년 이후 이 은행은 국제 사회의 제재 대상에 올랐고 이름을 '단천상업은행'으로 바꿨다. 평양에 본점을 두고 있는 단천상업은행은 북한의 탄도 미사일 개발 및 판매와 관련된 금융 서비스를 제공하는 회사이며 무기 수출을 담당하는 '조선광업개발무역회사'의 자회사라고 한다. 미국 정부는 2005년 6월 단천상업은행을 거래금지 대상으로 지정했으며 일본 정부도 2006년 10월 이 은행이 일본 국내에 개설한 외화 예금계좌를 동결한 바 있다. 대성은행도 2010년 11월 미국 재무부가 추가한 제재 대상에 올랐다. 이 은행과 밀접한 관계를 맺고 있는 대성무역총회사는 표면상 북한의 최대 무역회사로 행세하지만 실제로는 김정일 위원장의 비자금을 관리하는 당 39호실 산하 기업으로 지목되고 있다. 이 회사는 마약 밀매와 무기 거래, 위조지폐 제조 및 유포 같은 각종 불법을 일삼는 곳으로 국제 사회에 알려져 있다. 미국은 2010년 8월 재무부 행정 명령 13551호를 발표하면서 당 39호실과 정찰총국, 청송연합을 경제제재 대상으로 지정했으며 대성무역총회사는 2010년 11월 조선대성은행과 함께 미국 재무부의 추가제재 대상으로 지정되었다. 제재 대상에 포함될 경우 미국의 사법권이 미치는 범위에서 이들 기관의 자산은 모두 동결되며 이들 기관과 미국의 회사 및 개인 간의 거래도 일절 금지된다.

〈표 2-4〉는 유엔안전보장이사회 아래 있는 대북 제재 전문가 패널이 2014년 3월 6일 안전보장이사회에 최종 보고한 보고서의 부속 자료로 작성된 서류이다. 북한이 설립했거나 운영 중인 것으로 밝혀진, 또는 의심되는 은행들의 목록이다. 북한은 자국에서 운영 인가를 받은 은행 목록을 공개하지 않는다. 다른 국가에서는 통상적으로 은행 정보에 접근이 가능하지만 북한에서는 은행 정보를 국가 기밀로 간주한다. 노동당, 내각 정부, 기업, 무역 기구에 대해 공개된 정보를 바탕으로 일부 은행들에 대한 정보를 획득할 수 있다.

2016년 3월 3일 유엔안전보장이사회가 북한의 제4차 핵실험과 장거리 로켓 발사에 따라 북한 화물의 검색 의무화, 육해공 운송 통제, 북한 광물의 거래 금지 및 차단을 주요 내용으로 하는 '역대최강' 수위의 제재 결의 2270호를 채택함에 따라 북한에 대한 금융 제재가 대폭 강화되었다. 이 결의에 따라 취해진 조치들은 사실상 북한을 국제 금융 시스템에서 축출하는 것들로서, 앞으로 북한의 은행과 금융 발전에 어떤 영향을 미칠지 주목된다.

유엔의 대북 제재결의에 따라 우선 북한 정부와 노동당으로 유입되는 대량살상 무기(WMD) 관련 자금원이 차단되었다. WMD와 관련된 북한 정부

〈표 2-4〉 북한이 설립 및 운영 중인 것으로 추정되는 은행의 목록

기관	지정자	비고
Amroggang Development Bank 압록강개발은행	UN	·단천상업은행과 연관
Bank of East Land, Pyongyang 동방은행	UN	·동방경제그룹(유엔의 제재 대상에 지정된 북한 청송연합의 금융 자회사)과 연관
Tanchon Commercial Bank, Pyongyang 단천상업은행	UN	·제2경제위원회[유엔의 제재 대상인 KOMID(조선광업개발무역회사)의 금융 자회사
Central Bank of the D.P.R. of Korea 조선중앙은행		·지폐발행은행(조선하나은행그룹에 지분 있음)
Foreign Trade Bank of the D.P.R. of Korea 조선무역은행	미국	·국가의 외환 거래와 외교 계좌를 관리(2002년 중국 단둥에 지점 개설이 보고됨)
Chinese Commercial Bank, Rason 大華商業銀行 중국상업은행 나선지점		·2013년 1월 설립 ·황금의삼각주은행의 경쟁자
Credit Bank of Korea		·노동당 중공업부와 연관 ·First Credit Bank(제일신용은행)와는 다름
Daedong Credit Bank 대동신용은행	미국	·고려대성은행과 합작 투자 ·최근 주요 지분은 중국 회사인 나이스그룹이 보유 ·나이스그룹은 제너럴나이스그룹홀딩스로 보이며 자회사들은 석탄과 철광석에 집중
First Credit Bank 제일신용은행		·합작 투자 가능성 있음
First Trust Bank Corporation 조선제일신탁금융합영회사		·조총련 사업가들과 합작 투자해 러시아연방과 함께 북한 외국인 투자를 다룸
Golden Triangle Bank, Namsan 황금의삼각주은행		·2013년까지 나선자유무역지대에 있던 유일한 은행
Hana Banking Corporation 조선하나은행(전신 화려은행)		·북한 중앙은행과 중국 중앙은행을 연계하는 합영 회사 ·중국에 지점이 있고 인민폐로 거래 ·서울에 지점을 열려고 했으나 합의에 도달하지 못함
Ilsim International Bank 일심국제은행		·고려금성은행은 인민무력부와 연계된 것으로 보고
Hi-Fund Bank International Consortium Bank(ICB) 하이펀드은행국제컨소시엄은행		·Hi-Fund Bank(하이펀드은행)는 공식적으로 Malaysia Korea Partners Group of Companies: MKP(말레이시아한국파트너그룹컴패니) 자회사로 등록 ·MKP는 자은행명을 평양승리기념관의 국제컨소시엄은행으로 등록
International Telecom Bank, Pyongyang 국제통신은행		·체신성 ·더 이상 운영하지 않는 것으로 보임
Industrial Development Bank 산업개발은행		·지금은 존재하지 않는 태평국제투자그룹과 관련 ·운영 중인지는 불확실
The International Industrial Development Bank 국제산업개발은행		·운영은 국가개발은행에 의해 수행되고 있음 ·운영 중인지는 불확실

Korea Agricultural Investment Bank 조선농업투자은행		·10개년 계획을 수행하기 위해 설립
Korea Daesong Bank 대성은행	미국, EU	·당 39호실과 대성경제그룹의 일부 ·2004년 오스트리아가 폐점한 비엔나금성은행의 자회사
Korea Joint Bank, Pyongyang 조선합영은행		·고려국제합작투자회사와 조총련 상업·기업연합회가 합작 투자
Korea Kwangson Banking Corporation 조선광선은행	미국, EU	·Foreign Trade Bank(무역은행)와 연관 ·탄천상업은행 지원 ·단동에서 지점 운영 ·과거 명칭은 광선금융회사
Korea National Development Bank 국가개발은행		·10개년 계획을 수행하기 위해 설립
Korea United Development Bank, D.P.R. of Korea 통일발전은행		·내각의 지시를 받음
Koryo Commercial Bank 고려상업은행		·북한과 미국 시민권자들이 합작 투자로 설립 ·금강산국제그룹과 연관
Korea Commerce Bank 조선상업은행		·2006년 채택된 '상업은행법'에 의해 설립 ·보고된 바에 의하면 중앙은행에 의해 일부 기능이 다 루어짐
Koryo Credit Development Bank 고려신용개발은행		·고려은행과 합작 투자 ·외국인 파트너들이 라이선스 반납 ·운영 중인지는 불확실
Koryo Bank, D.P.R. of Korea 고려은행		·묘향경제그룹이 운영 ·고려-국제은행이 공동 투자 ·노동당 38호실과 연계
Kumgang Bank 금강은행		·봉화회사(내각 대외경제위원회 산하) ·평양무역회사와 연관 ·무역은행 창구
North East Asia Bank 동북아시아은행		·Korea National Insurance Corporation(조선국제보험 회사)과 연관
Orabank 오라뱅크		·이집트 오라스콤그룹이 설립

주: 이 목록에 언급된 은행들의 정보는 한국어 및 중국어로 제공된 것이며 다양한 정부, 언론, 사업체, 학술 기관 등으로부터 취합
했다. 또한 2014년 2월 1일까지 접근 가능했던 정보를 통해 작성되었다.

및 노동당 소속 단체에 대해 자산을 동결하고 자산 및 재원의 이전을 금지했
다. WMD 활동에 직접 관련된 북한 정부나 노동당 소속 단체가 돈을 조달한
뒤 이를 북한이나 제3국으로 옮겨 가는 것을 못 하도록 한 것이다. 북한 정부
와 노동당이 거명되면서 제재에 명시된 것은 처음이다. 새로운 제재는 북한
은행이 유엔 회원국에 지점 및 사무소를 신설하는 활동을 금지시켰다. 기존

에 있던 지점도 90일 안에 폐쇄하고 거래 활동을 종료토록 했다. 북한이 외국에 자국 은행의 지점을 열어서 돈거래 하는 것을 단절시켰다는 점에서 강도 높은 금융 제재로 평가되고 있다. 외국에 진출한 북한의 금융 기관은 중국을 중심으로 수십 곳에 달하는 것으로 파악되고 있다. 마찬가지로 유엔 회원국 금융 기관의 북한 내 활동도 엄격히 제한된다. 회원국 금융 기관은 북한에 지점, 사무소, 은행 계좌를 개설하지 못하고 90일 안에 WMD와 관련된 기존 사무소, 은행 계좌를 폐쇄해야 한다. 그러나 대북 인도적 지원, 유엔 활동, 비엔나 협약에 따른 외교관 활동에 대해서는 금융 제재에서도 예외를 인정했다.

4. 북한의 금융법 개편[30]

북한은 2004년 9월 최초로 '중앙은행법'을 제정한 데 이어 2006년 1월에는 일반 은행법에 해당하는 '상업은행법'을 제정함으로써 그동안 사회주의 계획 경제체제 아래에서 주로 국가의 재정 계획 또는 명령에 의존하던 중앙은행 중심의 단일 은행 제도로부터 이원적 은행 제도로의 전환을 시도한 바 있다. 이와 함께 북한은 2006년 10월에는 '자금세척방지법'을 제정하여 불법 자금·재산의 조성과 유통을 규제하고 2006년 11월에는 2002년 2월 개정된 '외화관리법'의 특별 하위규정으로서 '대외결제은행돈자리규정'을 제정하여 국내의 외화 관리를 강화하는 등 금융 법제의 정비를 추진한 바 있다.

사회주의 체제 아래 금융은 국가재정과 불가분으로 중앙 집권적 계획의 보조 역할을 하게 되는데 이러한 금융제도 개편에 앞서 북한은 이미 2003년

---

30) 신현윤, 「북한의 최근 금융법 동향: 대외결제은행돈자리 규정을 중심으로」(제 118회 북한법연구 월례발표회, 2007년 6월 28일) 참조.

〈표 2-5〉 북한 금융제도의 발전 과정

구분	일자	주요 내용
사회주의 금융 제도 도입기	1945.12.	조선은행 평양지점 내 '계산부' 설치
	1946.1.	소련군정에 의해 북조선중앙은행 설립
	1946.4.	북조선농민은행 설립
	1946.4.	고려화재보험주식회사 설립
	1946.8.	금융 기관의 국유화 단행(산업, 교통, 운수, 체신, 은행 등의 국유화에 관한 법령 채택)
	1946.10.	북조선중앙은행 설립
	1946.11.~ 1947.4.	신용개혁 추진(중앙은행 및 농민은행을 제외한 모든 금융 기관을 폐지, 은행을 통한 무현금 결제 의무화, 유일 돈자리 개설원칙 적용 등)
	1947.7.	고려화재보험주식회사를 국민공영고려보험주식회사로 개편
	1947.12.	제1차 화폐개혁 실시
	1950.1.	국립건설자금은행 설립
	1954.1.	국가보험제도 도입(조선보험주식회사 해산)
단일은행제도 확립기	1958.10.	북조선농민은행을 국가은행인 조선농업은행으로 개편
	1959.2.	제2차 화폐개혁 실시, 북조선중앙은행을 조선민주주의인민공화국 중앙은행(조선중앙은행)으로 개칭
	1959.7.	조선농업은행을 조선중앙은행에 통합
	1959.11.	조선민주주의인민공화국 무역은행 설립
	1964.4.	국립건설자금은행을 조선중앙은행에 통합, 산업은행 설립
	1976.	산업은행을 조선중앙은행에 통합(단일은행제도 확립)
대외 금융협력 모색기	1978.9.	조선금강은행 설립
	1978.11.	조선대성은행 설립
	1979.4.	제3차 화폐개혁 실시, '외화와 바꾼 돈표' 발행
	1980.	Golden Star Bank(조선대성은행 오스트리아 현지 법인) 설립
	1983.2.	조선룡악산은행 설립
	1984.9.	'합영법' 제정 및 공표
	1986.6.	국제신용은행 설립
	1987.5.	조선락원금융합영회사 설립
	1988.	고려금융합영회사, 고려상업은행 설립
	1989.4.	조선합영은행 설립
	1991.11.	조선통일발전은행 설립
	1991.12.	나선자유경제무역지대 지정
대외 금융개방 추진기	1992.7.	제4차 화폐개혁 실시
	1993.1.	조선민주주의인민공화국 '외화관리법' 제정 및 공표
	1993.2.	조선제일신탁금융합영회사 설립
	1993.	조선금성은행 설립

1993.11.	조선민주주의인민공화국 '외국투자은행법' 제정 및 공표
1994.6.	'외환관리법 시행규정' 제정 및 공표
1994.12.	'외국투자은행법 시행규정' 제정 및 공표
1995.2.	황금의삼각주은행 설립
1995.4.	'조선민주주의인민공화국보험법' 제정 및 공표
1995.12.	ING-동북아시아은행 설립
1996.2.	페레그린-대성은행 설립
1996.7.	'자유경제무역지대 화폐류통규정' 제정 및 공표
2002.7.	'외화와 바꾼 돈표' 폐지
2004.9.	최초로 '중앙은행법' 제정
2002.12.	국제 거래용 화폐로 달러화 사용 금지 및 유로화 지정
2003.5.	'회계법' 제정
2005.5.	'재정법' 개정
2005.7.	'국가예산수입법' 제정
2006.1.	'상업은행법' 제정
2006.10.	'자금세척방지법' 제정
2006.11.	'대외결제은행돈자리규정' 제정
2009.11.30.	제5차 화폐개혁 실시

자료: 박유환, 『북한의 금융제도와 남북한 금융협력방안 연구』(서울: 수출입은행, 1997)를 토대로 수정·보완했다.

5월 '회계법'을 제정하고 2004년 5월 '재정법'을 개정한 데 이어 2005년 7월 '국가예산수입법'을 제정했다. 이와 같은 일련의 재정 및 금융 관련법규의 제·개정 움직임은 1990년대 이후 지속되어온 경제적 어려움과 2002년 7·1 경제관리개선조치 이후 국가재정의 부족과 시장 기능의 확대에 따른 화폐·금융상의 문제점을 극복하고 부족한 외화를 효율적으로 관리 및 이용하기 위한 자구적 노력의 일환으로 보인다.

북한이 '상업은행법'을 제정하게 된 배경과 관련해서는 다음과 같은 해석이 가능하다. 우선 북한 경제에 변화가 일어나면서 금융 체제를 정비하지 않고는 거래하기가 어려운 상황으로 진전되고 있기 때문이다. 2002년 7·1경제관리개선조치 때 단행된 재정개혁 이후 기업들이 정부로부터 자금을 지원받지 않고 스스로 자금을 조달하고 있으며 자금이 부족한 경우에는 은행 대출로 처리하도록 되면서 후속 조치를 취하지 않으면 안 될 상황에 직면했다.

한편 2002년 7·1경제관리개선조치 이후 현금거래의 규모와 유통량이 증가하자 이에 대응하기 위한 목적도 있다. 7·1조치 때문에 시장경제 원리가 확산되면서 이로 인해 나타난 화폐금융 관련 문제를 해결할 필요가 있었던 것이다. 원래는 공장·기업소가 필요한 원자재를 직접 시장에서 구입할 수 없었지만 7·1조치 이후 물자교류 시장이 생겨나고, 이곳에서 현금을 주고 원자재를 구입할 수 있게 되었을 뿐 아니라 생산품의 30%를 시장에 내다 팔 수 있게 되었기 때문에 개인들뿐만 아니라 기관·기업소·단체도 현금 거래를 할 수 있게 됨으로써 종전보다 현금 거래의 규모나 유통이 커지게 된 것이다. 그리하여 북한 당국은 이를 관리하기 위해 '상업은행법'을 제정한 것으로 판단된다.

또한 지금까지 북한에서는 중앙은행이 예금과 대출, 화폐 발행 등 은행과 관련된 모든 업무를 담당해왔는데 중앙은행 기능의 문제점이 발생하면서 상업은행의 필요성도 대두되었다. 북한은 경제난을 겪으면서 위로부터 아래로 자재를 공급하고 생산품을 정해진 통로를 통해 나가도록 했지만 이것이 마비되면서 중앙은행 자체로서의 기능을 하지 못하게 되었다. 국가의 기업에 대한 재정 지원이 축소되자 기업 간 거래에서 물자 대금을 지불하지 못하는 현상이 발생했고 기업의 부족한 자금은 자체자금으로 보충하며 그마저도 자금이 부족하다면 은행 대출로 해결하도록 했다. 그러나 중앙은행의 자금이 부족해 대출이 제대로 이루어지지 않았다. 공장·기업소가 원활히 돌아가야만 국가 예산이 제대로 들어오는데 예산 자금의 부족은 자금 공급의 부족을 낳고 자금 공급의 부족은 공장·기업소의 생산 부족을 낳는 악순환을 만든 것이다.

게다가 중앙은행이 대출한도 범위에서 상환 능력을 고려하지 않고 기관·기업소에 대출을 실행한 결과 채무를 상환하지 못하는 기업소가 속출했다.

북한 당국은 부실 대출을 예방하고 우량 기업들에 대한 대출을 확대하기 위하여 금융 기관의 심사 기능을 확충하는 한편 대출 제도를 정비할 필요가 있다는 점을 인식했다. 기관·기업소의 현금 거래가 허용되면서 현금 판매의 규모를 파악하는 것과 중앙은행을 통제하는 것이 불가능해졌다. 탈북자들에 따르면 대부분 공장이 자체 생산한 생산물을 시장에서 팔거나 직매점에서 현금 판매하고 장부에 일부는 기입하고 다른 일부는 기입하지 않은 채 현금을 유통시키거나 종업원들을 위해 사용한다. 중앙은행은 주민들로부터 신뢰를 상실하여 시중의 유휴 화폐를 환수·유통시키는 본연의 기능을 수행하기 어려운 상황이다. 과거 중앙은행은 여러 차례의 화폐교환31) 과정에서 교환액 상한제를 실시했었고 이로 인해 상당수의 현금 보유자가 손해를 본 경험이 있다. 한편 은행 지점들의 현금 부족으로 개인이 예치한 저금을 인출하는 데 제한이 따르는 등 금융 기관에 대한 신뢰가 상실되었다. 저금 이자율이 낮고 자유로운 인출이 법적으로 보장되지 않아 주민들이 저금을 기피하고 외화로 저축을 시도하는 현상이 만연했다. 2002년 7·1경제관리개선조치와 관련하여 북한 당국이 주민들을 대상으로 실시한 강연 자료에는 개인이 보유하고 있는 현금이 국가 예산의 2배에 달한다고 지적한 내용도 나왔다.

7·1조치 이후에 매년 300~400% 정도의 극심한 인플레이션이 발생했는데 이는 금융 제도가 개혁되지 않으면서 나타나는 부작용이라고 볼 수 있다. 이런 부작용을 최소화하기 위해서는 재정 개혁뿐 아니라 금융 개혁이 필요하다는 인식이 대두했을 가능성이 있다. 북한 당국에게 금융 개혁은 거시 경제적 안정을 확보하고 내부 자금을 효율적으로 동원하기 위해서 피할 수 없는 과제로 부상했다. 북한 당국으로서는 통화의 유통 경로를 민간 시장에서 기관·기업소 중심으로 전환하고 민간에 과잉 누적된 화폐로 인한 인플레 압력

---

31) 한 차례의 화폐 개혁과 세 차례의 화폐 교환을 실시. 1992년 7월 화폐 교환을 통해 1인당 399원 한도에서 교환해주고 초과 유휴화폐는 은행에 저금시키도록 했다.

을 완화하기 위해서도 통화 흡수 메커니즘을 구축해야 한다. 김정은 체제의 핵심 국정과제가 민생 개선을 위한 경제 발전이라고 한다면 투자가 지속적으로 이루어져야 하고, 여기에 더해 필요한 자본을 축적하고 생산성과 부가가치가 높은 투자 대상을 선별하고 투자를 실행하는 금융 역할을 수립하기 위해서도 금융 개혁은 시급한 과제로 떠오르고 있는 듯하다.

5. 사금융 개념과 북한에서의 적용

사금융은 공인된 은행 같은 금융 기관을 통하지 않고 고리대금업자를 포함한 사채업자를 중심으로 금전 대부, 금융 중개 및 주선 등이 이루어지는 것을 지칭한다. 사금융을 넓은 의미로 해석하면 개인 간 자금 대여가 발생하는 개인 신용이나 전통적 신용 모임인 계 등도 포함된다. 그러나 좁은 의미로 해석하면 주로 전문적인 사채업자에 의해 자금의 공급과 상환이 이루어지는 것을 가리킨다.

공인된 금융 기관에서 저렴한 자금을 공급받기 어려운 상황, 즉 자금의 과소 공급과 과대 투자, 과다 소비의 수요가 있는 상태에서 기업이나 소비자들은 사채에 의존할 수밖에 없다. 자본주의 국가들에서 담보도 없고 신용이 나빠 제도권 금융 기관에서 돈을 빌리기 어려운 경우 대개 사금융에 의존한다.

원래 북한의 금융 제도하에 일반 주민들은 은행에서 대출을 받을 수 없고 주민 간 금전 거래는 금지되어 있었다. 다만 농민은 농촌 금융을 담당하는 '협동농장신용부'로부터 공식적으로 자금을 대출받을 수 있었다.[32] 물론 기관·기업소·단체는 은행에서 돈을 빌릴 수 있다('민법' 제225조). 이들은 빌린

---

32) 박석삼, 「북한의 사경제부문 연구: 사경제규모, 유통현금 및 민간보유 외화규모 추정」, ≪한은조사연구≫, 2002년 3호, 13~14쪽.

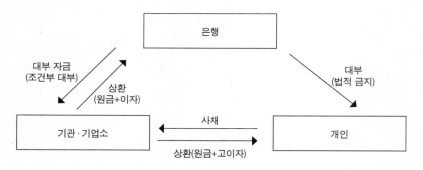

〈그림 2-4〉 은행의 기관·기업소와 개인 간 대부 관계

자료: 김영희, 「북한의 체신기관 및 금융서비스 운영현황」, 11쪽.

자금을 이용하고 원금과 이자를 은행에 반환할 의무를 진다('민법' 제226조). 대부를 받은 자는 정해진 기간 안에 은행 기관에 반환해야 하는데, 이 의무를 어긴 경우에는 기간이 지난 날부터 더 높은 비율의 이자를 물어야 한다('민법' 제229조).

북한에서는 "국가은행을 중심으로 이루어지는 자금의 융통"만을 금융에 포함시키고 있기 때문에 기관·기업소 또는 개인 간의 직접적인 자금 거래를 제도적으로 금지하고 있다. 그러나 국가재정이 파탄나고 은행이 제 기능을 수행하지 못하면서 주민 간 금전 거래는 법적 조치에 의해 허용되었다. 2007년 3월 20일 최고인민회의 상임위원회 정령으로 수정 보충된 '민법' 제221조에 따르면 공민들 사이에 돈이나 물건을 꾸어주고 꾸는 행위는 '꾸기(이하 대출) 계약'에 따라 할 수 있다.[33] 하지만 이자 또는 이자 형태의 물건을 주고받는 대출 계약은 맺을 수 없다고 되어 있다. 다만 돈을 빌린 사람은 돈을 빌려준 사람에게 액수가 같은 돈이나 물건을 갚을 의무를 진다('민법' 제222조). 공

---

[33]   장명봉 엮음, 『최신 북한법령집』(서울: 북한법연구회, 2011), 307쪽.

민은 꾼 돈이나 물건은 정한 기간 안에 갚아야 하고, 같은 물건이 없는 경우에는 상대방과 합의하고 다른 물건으로 갚을 수 있다('민법' 제224조).

또한 개인 간 금융 거래에서는 이자를 허용하지 않으나 기관·기업소·단체는 이자를 허용하고 있다. 그러나 법 규정과 달리 개인 간 금융 거래에서 고리대가 성행하고 있음은 2007년 10월 16일 최고인민회의 상임위원회 정령으로 수정 보충된 북한 '형법' 제118조 '고리대죄' 신설을 통해 확인된다.[34] 이 조항에 따르면 고리대로 대량 이득을 얻은 자는 2년 이하의 노동 교화형에 처해지고 이득 규모에 따라서 2년 이상 5년 이하의 노동 교화형을 받는다.

어쨌든 북한에서는 공식적으로 자본 시장은 물론이고 금융 시장도 존재하지 않는다. 금융 거래의 편의를 보장한다는 명분 아래 2006년 '상업은행법'을 채택하고, 국가는 상업은행이 경영 활동에서 상대적 독자성을 갖고 (독립)채산제로 운영하도록 했다('상업은행법' 제4조). 상업은행은 거래자의 요구에 따라 경영 활동을 개선하는 데 필요한 자금을 대부할 수 있다('상업은행법' 제23조)고 명시하고 있으나 주민 개인에게 대출을 할 수 있다고 명시한 내용은 없다. 다만 '상업은행법' 제20조를 보면 "거래자의 예금에 대한 비밀을 철저히 보장하고 원금과 이자를 제때에 지불해야 한다"고 규정되어 있는데 이 거래자에는 기관·기업소와 개인이 모두 포함되는 것으로 해석되고 있다. 하지만 실제 '상업은행법' 채택 이후 상업은행의 설립과 운영 사실은 확인되지 않고 있다.

따라서 오늘날 북한에서는, 특히 시장경제 활동영역에서는 공인된 금융 기관을 통하지 않고 사채업자 등을 중심으로 금전의 대부, 금융 중개·주선 등이 이루어지는 사금융 시장만이 존재하게 되었다. 물론 북한 당국은 독립채산제 기관이 필요로 하는 자금을 은행의 대부 자금으로 이용하도록 했으

---

34) 같은 책, 190쪽.

〈표 2-6〉 기관·기업소·단체에 대한 대부의 문제점과 사금융의 확산

구분	주요 내용	
문제점	· 대부 수요는 증가, 대부 능력의 감소로 대부 체계는 사실상 마비 · 대부심사체계 부재 · 개인에 대한 대부 금지	
원인	· 대부재원 부족, 제도적 대책 미흡	
대책	· 국가자금(국영 기업소 예금, 예산계좌 자금 등) 이용 등 대부재원 확대 · 대부종류(계획 대부, 조절 대부) 신설	
결과	· 대부 자금 미상환 기업 속출 · 불법적인 현금거래 확산	· 사금융 확산

자료: 김영희, 「북한의 체신기관 및 금융서비스 운영현황」, 12쪽.

나 은행이 제 기능을 하지 못하면서 기업을 비롯한 각 생산 주체는 사금융 시
장에 의존할 수밖에 없었다. 북한에서는 원래 사채라는 단어가 사용되지 않
았으나 북한 주민들이 한국 드라마를 워낙 많이 봐서 이제 '사채'라는 말도
낯설지 않다고 한다.[35]

---

35) 「북 사채업자, 연 60% 고리대 돈장사」, 자유아시아방송, 2014년 11월 20일 자.

제3장 북한 사금융의 형성과 발전 양태

1. 사금융 활성화의 동기와 원인

2. 사금융 거래의 형태

3. 사금융의 주체: 돈주

1. 사금융 활성화의 동기와 원인

그렇다면 북한에서 사금융은 왜 발전하고 있는 것일까. 사금융은 여러 원인에 의해 활성화되고 있는 것으로 분석된다. 시장 활동을 사실상 제도적으로 보장하는 경제관리 개선조치가 강화되었을 뿐 아니라 사적 경제활동으로 자본 축적이 가능해졌다. 또한 사적 투자에 따라 이익을 추구하는 경향이 심화된 것 등과도 연관이 있다. 좀 더 근본적으로는 재정 파탄과 공적 금융의 기능 상실이 사금융 활성화의 직접적 원인이라고 볼 수 있다. 화폐개혁 조치는 북한 은행의 안정성에 대한 신뢰도를 크게 추락시킴으로써 오히려 사금융 시장을 팽창시키는 결과를 초래했다. 공식 금융 시스템이 제대로 작동되지 않고 사금융 시장만 비정상적으로 번성하게 된 것이다.

1) 재정 파탄과 공적 금융의 기능 상실: 은행에 대한 불신

북한 경제가 배급제를 근간으로 하던 시기에 금융의 역할은 국가계획을 뒷받침하여 생산과 분배가 차질 없이 이루어지도록 하는 것이었다. 그러나 1990년대 중반부터 기관·기업소의 생산이 급감하면서 북한의 금융 기관은 제 역할을 하지 못하게 되었다. 배급을 대체하게 된 시장 중심의 사경제 활동이 활성화되면 금융도 사회적 수요에 따라 생산이 이루어지도록 자본을 공급할 수 있어야 하지만 그렇지 못했다.

국영 기업들은 생산에 필요한 자원을 공급받지 못했고, 가계는 소비에 필요한 식량과 생필품을 공급받지 못했다. 계획경제가 더 이상 작동하지 못하게 되면서 제도적 공백이 생겼고 이를 시장이 메우기 시작했다. 시장 확대에 따른 생산관계의 변화 때문에 기존 은행들이 역할을 하지 못하면서 사채업자 등을 중심으로 한 사금융 시장이 공적금융기관 기능의 일부를 떠맡게 된 것이다.

결국 사금융이 형성되고 활성화된 것은 국가가 자금을 융통하는 공적금융 기능을 상실한 탓이다. 심지어 기업, 협동농장과 같은 단체들까지 돈 많은 개인으로부터 돈을 빌리는 이유는 정부뿐만 아니라 은행, 국영 기업에 돈이 없고 개인에게 돈이 있기 때문이다. 특히 1995~2002년에 북한은 경제난으로 재정 규모가 축소되어 기업에 대한 국가의 재정자금 지원이 사실상 중단되었으며 이에 따라 자금 사정이 악화된 공장·기업소 등이 사금융에 의존하게 되었다.

사회주의 국가인 북한에서 금융은 국가은행을 중심으로 화폐 자금이 계획적으로 융통되어야 한다.[1] 정부는 은행을 통하여 생산재 및 소비재 생산 기업, 사회간접자본 확충처, 군사 분야 등에 화폐 자금을 계획적으로 융통하면서 나라의 경제 발전과 인민 생활의 향상을 위한 자금 수요를 충당해왔다. 생산과 유통을 자금 측면에서 보장하여 경제 건설을 도와주는 자원 배분적 기능을 수행하는 것이다. 이에 따라 북한의 은행은 모두 국가은행으로서 기관이나 기업을 위해 자금을 융통한다.

기존의 전통적인 화폐유통 구조 아래에서는 중앙은행에서 발행한 통화가

---

1) 조선사회과학출판사, 『경제사전(1)』(평양: 사회과학출판사, 1985), 294쪽.

<그림 3-1> 북한의 화폐유통 구조

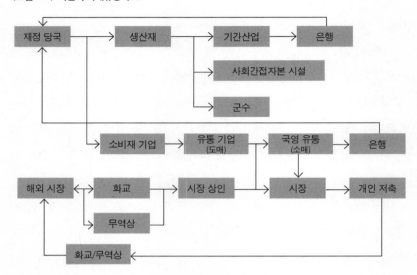

자료: 임을출, 「북한 사금융 실태와 전망」, 통일경제아카데미 강의 자료(2015년 11월 26일).

당국의 계획에 따라 기관·기업소에 공급되고, 이 현금은 임금이나 구매 대금 등의 명목으로 주민 개인에게 지급된다. 주민들이 국영 유통상점에서 상품을 구매함으로써 지불된 현금은 다시 중앙은행으로 환수되어야 한다. 그러나 국영 기업들의 상품공급 능력이 급격히 떨어지면서 주민들끼리 시장에서 생활 필수품 등을 거래하는 구조가 만들어졌다. 주민들에게 공급되는 화폐가 다시 중앙은행으로 환수되는 연결 고리가 끊어진 것이다.

북한은 1990년대 중반 이후 재정이 파탄나면서 국가은행을 통한 자금 융통을 대폭 축소하거나 중단하게 되었다. 중앙은행은 재정 수입을 받아들이고 지출하는 재정관리 역할을 수행하기 어렵게 되자 기업에 제공하는 자금을 예산에서 신용 대출로 전환했다.[2] 특히 독립채산제 기관은 필요자금을 은

---

[2] 윤덕룡, 「북한 금융시스템의 구축을 위한 단계적 접근 방안」, ≪금융연구≫, 제 13권 12호, 11쪽.

행의 대부 자금으로 이용하도록 했다. 그 결과 기업에 대한 자금 보장의 책임이 국가재정에서 기업과 은행으로 전환되었으나 이들이 제 기능을 하지 못하면서 기업을 비롯한 각 생산 주체는 비공식 시장에서 독자적으로 생존을 모색하기 시작했다. 또한 이 과정에서 통화가 거래 및 가치 저장의 수단으로 기능하면서 민간 부문의 통화량이 급속히 증가했고, 한편으로는 축적되면서 사금융이 활성화되었다.[3]

국가의 공급 체계가 붕괴되면서 주민들은 국영 상점망이 아니라 시장을 통해 생필품을 구매하게 되었다. 이에 따라 재정으로 화폐가 환류되지 않고 개인의 호주머니에 축적(저축)되면서 개인이 보유한 화폐가 증가한 것, 국가의 원자재 공급 체계가 흔들리면서 기업소 간의 비공식적 원자재 거래를 위한 현금 거래 및 보유가 늘어난 것, 국가 통제를 벗어난 외화 거래가 확대된 것도 사금융이 확산된 배경이었다. 시장화의 진전과 화교(華僑) 및 무역상 등을 중심으로 중국과의 교역이 확대되면서 화폐, 특히 외화는 이전의 가치저장 수단에 머물지 않고 교환(교역 및 투자) 수단으로 적극 활용되기 시작하면서 사금융이 활성화되기에 이른 것이다.

통화가 거래 및 투자의 수단으로 기능하면서 민간 부문의 통화량이 더 빠르게 증가했을 뿐 아니라 통화의 유통 속도도 빨라져 인플레 압력도 지속적으로 커졌다. 더구나 이전의 기업들 간 거래도 점차 현금거래 중심으로 전환되면서 화폐화(Monetization)가 진전되었고 이에 따라 사금융 거래의 비중도 높아질 수밖에 없게 된 것이다.

사경제가 활성화되기 이전에 일반 주민들은 배급제 생활을 했기 때문에 은행에 저금할 만한 여윳돈이 없었다. 그래서 은행을 이용한 경우가 적었던 것으로 보인다. 또한 경제적 여유가 있었던 재일 교포 등과 달리 보통의 북

---

3)   같은 글, 4~9쪽 참조.

<그림 3-2> 개인에 대한 금융 서비스: 저금 입금·인출 체계

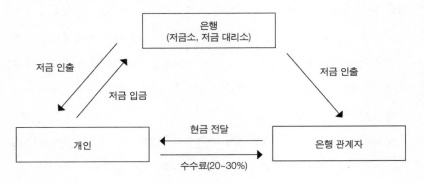

자료: 김영희, 「북한의 체신기관 및 금융서비스 운영현황」, 16쪽.

한 인민들은 은행에 저축할 경우 '수입 대 지출'에 맞지 않는 경제 규모 등으로 추궁받을 우려가 있어서 더 은행을 이용하지 않았다. "북한에서는 현재 불법적인 거래도 많은 상황이다. 예를 들어 마약 거래 등 위험한 장사를 해서 돈을 벌었을 경우 은행에 맡길 이유가 없다. 또 신용이 담보가 되면 가능하겠지만, 나라가 돈이 없는 상황에서 인민들에게 먼저 와서 돈을 맡기라고 해서는 신용이 생기기 어렵다." 북한에서 선주로 무역 활동에 종사했던 탈북자의 말이다.[4]

그렇지만 "김일성 주석 생존 시기에는 은행에 돈을 맡기고 찾기도 했다"는 증언이 있다. 당시에는 보통저금, 준비저금 등이 있었으며 이자까지 지급되었다고 한다.[5] 은행에서 저금을 찾기 어려워지자 "은행 직원, 간부 들이 중간에서 30~70%의 수수료를 떼고 저금을 찾아주기도 했다"는 증언도 있다.[6]

---

4)   「북한 남포시 사경제 활동현황」, ≪KDB 북한개발≫, 2015년 통권 제5호, 173쪽.
5)   1990년대 초반에는 계좌 번호를 추첨해서 1등 5000원, 2등 3000원 등의 상금을 주어 저금을 독려했다고 한다. 탈북자 김○○(재일 교포, 여, 2012년 탈북)와의 인터뷰, 2014년 9월 2일.
6)   탈북자 최○○(외화벌이, 남, 2012년 탈북)와의 인터뷰, 2014년 9월 4일.

한편 "간부들은 무이자 대출을 이용하고 은행의 월말 총화 전에 갚는 식으로 활용한다"는 증언도 있다.[7]

그러나 김정일 시대에 접어들면서 일반 주민들은 거의 은행 거래를 하지 않았다고 증언한다. 1990년대 중·후반 이후 고난의 행군을 거치면서 은행은 점차 기능을 상실하여 인민들에게는 '은행에는 돈을 맡겨도 찾을 수 없다'는 인식이 확산되었다. 따라서 불가피하게 돈을 직접 집에 보관하게 되었으며, 북한돈(내화)보다 가치가 높고, 화폐 개혁에도 안전한 외국돈(달러, 인민폐)을 선호하게 되었다. 1994년 이후 은행을 이용했다는 탈북자의 증언은 거의 없다. 여기에다 2009년 화폐 개혁과 같은 조치로 북한 주민들의 은행에 대한 불신은 극대화되었다.

2009년 화폐개혁 이후에 불안감이 높아지자 장사꾼이나 돈이 있는 주민들은 북한돈이 아닌 외국돈을 선호하고 보관하고 있다. 일반 인민들은 여전히 북한돈을 주로 사용하고 있으나 장마당 등에서 웬만한 물건 값은 달러로 매겨지고 거래 또한 달러로 이루어진다. 달러를 교환하는 '돈장'이 장마당 주변에 형성되어 있으며 장마당과 역전, 여관 등 사람들의 왕래가 많은 곳에서는 '돈데꼬'라는 돈장사꾼들이 배회하고 있다. 일반 장사꾼, 중국 등 해외로의 왕래가 잦은 사람들, 외화 상점과 개인 간의 외환 거래도 일상으로 이루어진다.[8]

---

7) 탈북자 김○○(장사, 여, 2012년 탈북)와의 인터뷰, 2014년 9월 6일.
8) 탈북자 최○○(외화벌이, 남, 2011년 탈북)와의 인터뷰, 2014년 9월 11일.

2) 시장경제 요소를 강화한 '우리식 경제관리방법'의 진화[9]

많은 탈북자들과 면담을 나눈 결과에 따르면 북한에서 사금융이 형성되기 시작한 시기가 1990년대 중반, 좀 더 구체적으로 1995년 전후라는 데는 이견이 없다. 1990년 중반 북한의 배급 체계가 붕괴 혹은 이완되면서 사경제 부문이 활성화되기 시작했고, 장사를 하거나 식량을 구입하기 위해 북한 주민들 사이에서 금전 거래를 하는 사례가 본격화되었다.[10] 1994년 김일성 주석 사망 이후인 고난의 행군 시기에 개인 장사, 장마당, 밀수 등이 늘어나면서 인민들의 사채(이자돈), 외환 등 사금융 관련 활동도 더불어 활발해진 것이다. 탈북자 인터뷰를 토대로 한 연구 보고서에 따르면 경제개혁 조치로 평가받고 있는 2002년 7·1경제관리개선조치 이후 시장 공간의 확산 현상과 함께 개인 영업행위가 증가하면서 사적 자본가들의 활동 공간도 확대되었다.

고난의 행군 이후에 자생적인 시장이 형성되었다. 과거에 농수산물 판매만을 허락하던 북한 당국은 2003년 5월, 시장 관리운영에 관한 내각 결정 27호에 따라 종합시장 운영을 합법화하여 공산품의 판매도 승인했다.[11] 이러

---

9) 북한은 1990년대 들어 외화 및 원유, 원자재 부족으로 공장 가동률이 떨어지고, 식량 부족과 연이은 자연재해 등으로 심각한 위기에 직면하면서 암시장이 번성하기 시작했다. 기존의 계획과 공급 시스템에 기반을 둔 북한 사회주의 가격제정 원칙과 국정 가격으로는 치솟는 인플레를 감당할 수 없었고 더 이상 국가의 재정적 통제와 자원 배분의 기능이 제 역할을 할 수 없는 상황이 되었다. 2001년 10월 3일 김정일은 당·경제 기관 일군들과의 담화를 통해 변화하는 현실에 맞게 경제관리 방법을 개선하라고 지시했다. 이를 계기로 2002년 7월 1일에 가격과 임금 인상안 등을 내용으로 하는 7·1경제 관리개선조치가 발표되었다. 그리고 10년 뒤 김정은 정권의 출범 첫해인 2012년 6월 28일에 6·28방침이라고 불리는 '우리식 경제관리방법'에 따라 일부 공장·기업소·농장 등에서 독자 경영이 시범 운영되어왔다. 기업·농장 등 경제 주체의 자율성을 점진적으로 확대시켜온 6·28방침은 2015년 5월 30일 북한 전역의 모든 공장, 기업, 회사, 상점 등에 자율 경영권을 부여하는 5·30조치로 이어졌다.
10) 박석삼, 「북한의 사경제부문 연구: 사경제규모, 유통현금 및 민간보유 외화규모 추정」, 13~14쪽.

한 시장의 형성은 2002년 7월 조치나 2003년 3월 종합 시장 상설화를 담은 내각 조치 24호를 통해 시장을 공식적인 국가 경제의 일부로 편입했다. 이후에 북한 정부는 생산과 유통에서 민간 참여를 허용하는 변화된 계획경제를 운영했다. 이러한 환경에서 자연스럽게 사적 자본을 축적한 '돈주[錢主]'들은 투자성 자금을 활용해 수익성이 있는 일에 참여하는 경우가 늘어났다.[12]

7·1조치 이후 시장에서 걷히는 세금 규모가 급격히 커졌다. 시장 자릿세는 7·1조치 이전, 이른바 '장마당' 시절에도 존재했다. 2000년대 초반 전국의 시장 관리소에서는 각 품목에 따라 시장 관리세 납부 규칙을 정하고 시장 상인들에게 자릿세를 받았다. 국수 장사는 하루에 10원, 두부 장사는 하루에 3원 식으로 자릿세가 부과되었다.[13]

7·1조치에 따라 2003년 말부터 종합 시장이 공식적으로 허용되면서 시장 자릿세는 더욱 체계화되었다. 국가가 허용한 종합 시장은 넓은 공터에 국가가 가건물을 지어 그 안에 매대를 만들어 자릿세를 받고 분양했다. 처음에는 그렇게 비싸지 않았는데 장사가 잘 되자 가격이 자꾸 올라갔다. 판매되는 물품 종류에 따라 매대별 하루 매출에 따라 시장 관리소에서는 자릿세를 매겼다. 현재 함경북도 회령시 남문시장의 자릿세는 신화폐 기준 매달 100원씩 책정된 것으로 전해진다.

---

11) 발송 연월일: 주체 92년(2003) 5월 8일, 회수 기일: 주체 94년(2005) 12월 31일로 되어 있는 6쪽 분량의 이 문건은 다음과 같이 시작되었다. "조선민주주의인민공화국 내각은 다음과 같이 결정한다. 1.시장 관리규정(잠정)을 채택한다. 2.상업성, 도시군 인민위원회와 해당 기관들은 이 규정을 집행하기 위한 대책을 세울 것이다. 3.주체 88년(1999) 3월 13일 내각 결정 23호 농민 시장 운영규정을 승인함에 대하여서는 효력을 없앤다."

12) 곽인옥, 「북한 시장의 실태 분석 및 변화과정에 관한 연구」, 『2013 북한 및 통일 관련 신진연구 논문집』(서울: 통일부, 2013), 57쪽.

13) 「'세금 없는 나라'에 살면서 '세금' 때문에 허리 휜다」, 데일리엔케이, 2010년 4월 1일 자.

자릿세와 별도로 장세가 붙는다. 장세는 매일 시장 관리인들이 걷어 가는데, 이는 자체 시장 관리비로 충당되기도 하고, 국가재정 수입원이 되기도 한다.[14] 시장에는 인민위원회 상업과 소속의 시장 관리소가 있고 소장이 임명된다. 시장장, 관리원, 경비원도 있다. 관리소는 장세를 걷고 매대를 관리한다. 시장에서 매대가 늘어나면 그만큼 장세도 많이 걷을 수 있어 당국의 수입이 많아지는 것이다. 예전에는 장세가 일괄 동일했지만 시장이 활성화되면서 크기뿐 아니라 이익을 많이 내는 매대가 장세를 더 받고 있다. 즉, 좋은 데서 장사하려면 돈을 더 내야 한다. 북한 시장에서의 장세는 상품 종류나 매대 크기에 따라 500원, 1000원, 1500원으로 나뉘고 길거리에 앉아 장사를 하는 장사꾼들은 매대 크기보다 상품 종류에 따라 장세를 내고 있다.[15] 장사에 대한 통제를 하지 않으면 시장 매대는 금방 늘어난다. 최근에는 유동 인구가 많은 기차역, 버스역, 도심에 노점상이 늘었다고 한다. 심지어 '한국의 아파트 단지 상가'에서처럼 주택이 밀집한 지역에 20~30개 정도의 노점상이 장사하는 경우도 있는 것으로 전해진다. 이런 '막매대'는 시장에 속한 것이 아니기 때문에 원칙적으로 장세를 내지 않아도 되지만 담당 보안원들은 정기적으로 막매대에 들러 일종의 '자릿세'를 받고 장사를 허용해주고 있다.[16] 시장 관리소 관리원들은 고정 매대 장사꾼들에는 아무 시간에나 장세를 받을 수 있지만 시장 밖에서 자리 없이 이동하면서 장사하는 주민들은 언제 오고 가는지를 알 수 없기 때문에 수시로 확인해 장세를 걷는다. 이 때문에 시장 관리소 관리원들은 오전 오후 두 차례 길거리 상인들의 장세를 걷는다고 한다.[17]

---

14) 같은 글.

15) 「北 장세, 매대 크기·상품에 따라 차등… 공산품 매대 1500원」, 데일리엔케이, 2015년 10월 6일 자.

16) 「北 시장화로 노점상 '막매대' 급증… 2km 노점 거리 이뤄」, 데일리엔케이, 2015년 7월 22일 자.

〈그림 3-3〉 북한의 유통 구조

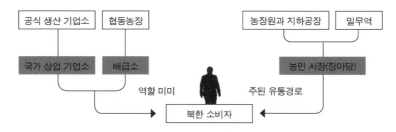

자료: ≪조선일보≫, 2013년 8월 5일 자.

〈그림 3-4〉 북한의 대표적 종합 시장

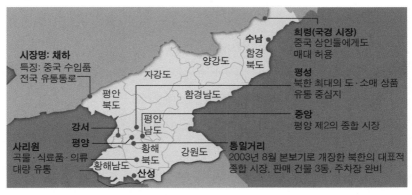

자료: ≪조선일보≫, 2013년 8월 5일 자.

종합 시장이 발전하면 그 주변에 장마당이 들어서고, 인력 시장까지 형성
된다. 자연스레 큰 도매 시장이 출현하게 되었다. 초기에는 주로 중국 상품
의 유입으로 시장이 확대되었다. 신의주의 신의주시장, 함흥의 사포시장, 나
진의 나선시장, 회령의 남문시장, 청진의 수남시장, 온성의 온성시장, 평성의
평성시장, 평양의 통일거리시장 등이 '8대 도매시장'으로 불린다. 이 8대 시
장 중 6개 시장이 국경 지역이나 중국 상인들이 들어오기 쉬운 항구를 끼고

---

17) 「北 장세, 매대 크기·상품에 따라 차등… 공산품 매대 1500원」, 데일리엔케이,
2015년 10월 6일 자.

있다. 소매 시장은 도매 시장에 없는 물건들을 취급하면서 자연스레 특화되기도 한다. 예를 들면 청진의 포항시장은 일제 중고품을 전문적으로 판매하는 식이다. 시장 주변에는 상인뿐만 아니라 환전해주는 돈데꼬, 날품팔이꾼, 감시인이 나타나는지 망을 봐주는 사람 등 다양한 사람들이 한데 어우러져 공생하고 있다.

북한 시장에서 물품의 유통은 주로 차들이꾼, 행방꾼, 달리기꾼, 되거리꾼, 데꼬, 메뚜기로 불리는 이들이 담당한다. 차들이꾼은 물건을 '차떼기'로 들여오는 사람들을 말한다. 그들은 물건을 중국 상인에게 받기도 하고 북한 내에서 구매하기도 한다. 함경북도 신포어시장에서 '배떼기'로 생선을 사서 전세 낸 냉동차로 넘기면 그 차는 원산을 거쳐 평양까지 날듯이 달려 싱싱한 생선을 평성도매시장에 푼다. 그렇게 하면 한꺼번에 꽤 많은 돈을 벌 수 있다. 행방꾼은 차들이꾼에게 받은 물건을 도매상에게 연결하는 사람들이다. 북한 내 유통 구조에서 최정상에 있는 차들이꾼과 행방꾼의 물건은 달리기꾼과 되거리꾼에게 넘어간다. 달리기꾼은 큰 도매 시장에서 중간급 도매 시장으로 물건을 넘겨주는 작고 민첩한 행방꾼이다. 되거리꾼은 물건을 소매상으로 넘기는 보따리상이다. 데꼬는 주로 (도시) 시장주변 길목에서 농촌에서 올라오는 소규모 보따리상의 물건을 사서 매대에 놓고 판다. 시장에 강냉이를 팔러 올라오는 농촌 사람들이 있는데 데꼬는 길목에 까맣게 앉아 있다가 강냉이를 사서 시장으로 넘기고 수수료를 챙기는 식으로 장사를 한다고 한다. 메뚜기는 장세를 못내 울타리 밖에서 장사하는 사람들이다.

최근에는 더 많은 이익을 남기기 위해 중간 유통을 거치지 않고 산지 생산자와 소비자가 직접 연결되는 사례가 많아지고 있다. 가령 행방꾼을 거치지 않고 직접 농촌에서 쌀을 사 와 도시에서 파는 경우도 있다. 운반 수단으로 택시가 이용되기도 한다. 북한에 택시가 많아지면서, 지방 장사꾼들이 택시를 상품운반 수단으로 활용하는 사례가 나타나고 있는 것이다.[18] 이에 따라 개인차를 가지고 시장 유통업을 하는 운전자들도 많아지고 있다고 한다.

북한은 2002년 '7·1경제관리개선조치'를 통해 공장과 기업소의 자율성을 높이는 독립채산제를 실시하고 농촌에서 개인 경작지를 늘리고, 임금과 물가를 인상해 현실화했다. 한마디로 사회주의 계획경제의 근간을 유지하면서도 시장경쟁 체제를 부분적으로 도입한 것이다. 2003년 이후 전국적으로 당구장과 노래방이 생겨났는데, 주로 화교와 같은 돈 있는 개인들이 당국의 허가를 받아 자기가 책임지는 각종 개인 영업체를 차리고 그에 대한 대가로 영업활동을 통해 나온 이윤과 상관없이 일정액을 당국에 바치는 개인 영업이 확산된 것이다

고리대금업이 본격적으로 성행하기 시작한 것도 이 시점이다.[19] 7·1조치 이후부터 평양과 평안남도 평성, 순천 등지에서 외화벌이 일군들을 중심으로 돈주가 속출했고, 이들이 수요에 비해 공급이 부족한 주택 거래에 본격적으로 참여하면서 주택 가격이 급등했다. 일부 부유층들은 뇌물을 주고 기관·기업소의 명의를 빌려 땅을 구입한 후 독자적으로 아파트를 건설하고, 이후 비싼 가격에 파는 집장사를 하는 등 부동산을 이용한 자본증식 현상도 나타났다.[20] 돈주들이 국가기관 명의로 무역 회사를 개설하고 밀거래를 하기 시작한 것도 이즈음이다. 돈주들은 외화벌이 사업으로 벌어들인 수익금 가운데 20~50%를 개인들끼리 착복하면서 경제 파탄을 가속화했다. 이들 돈주와 기업소 그리고 권력 기관들은 서로 돕고 도움을 받는 공생 관계를 만들면서 공식적·비공식적인 뇌물 공여 커넥션을 형성했다.[21]

2002년 7월부터 경제관리 개선조치를 실시한 북한에서 자금력을 갖춘 '큰

---

18) 「지방 北 장사꾼, 택시를 상품운반 수단으로 활용」, 데일리엔케이, 2016년 3월 3일 자.
19) 김영수 외, 「최근 북한 주민의 생활상 변화와 체제의 작동원리 분석」(통일부 용역 보고서, 2006년 11월 10일), 51~57쪽.
20) 같은 글, 76~77쪽.
21) 같은 글, 80쪽.

손'들이 나타나 사채업에 이어 유통업까지 진출한 사례는 사단 법인 '좋은 벗들'이 발행한 ≪오늘의 북한소식≫을 통해 상세히 소개되기도 했다.[22] 장사를 통해 자본을 축적한 개인들이 크게 늘어나면서 일반 주민을 상대로 장사 밑천을 빌려주는 '돈주'가 생겨 이자가 월 30%에 달하는 고리대금업이 성행하고 있음을 확인해주었다. 장마당 혹은 농민 시장에서 장사를 시작하기 위해서는 북한돈으로 최소 5만~10만 원(4만~8만 원, 이하 괄호 안은 한국 원)의 종잣돈이 있어야 하는데 통상 10만 원(8만 원)에 3만 원(2만 4000원)을 이자로 지급하고 있다는 것이다. 돈주로부터 자금을 빌리지 못한 주민들은 돈주나 그의 대리인(중간 상인)으로부터 물건을 받아 직접 시장에서 판매하는 소매상 역할을 해주고 판매 이윤을 나눠 갖는다.

특히 평안남도 평성시에는 현금으로 10만 달러(1억 1000만 원) 이상을 가진 돈주가 20~30명 존재하는 것으로 알려졌다. 외화벌이 기관이나 기업소가 이들 돈주로부터 자금을 빌리는 사례도 있으며 액수가 클 경우에는 금리가 월 3~5%로 낮아지기도 했다. 돈주들은 단순히 돈을 빌려주고 고율의 이자를 받는 데 그치지 않고 무역을 비롯한 유통업으로까지 영역을 확장했다. 큰손들은 5~6명 정도의 중간 상인을 모집해서 각지의 장마당 시세 및 중국 상품의 가격 동향을 파악한 뒤 중국 등지에서 물건을 대량으로 수입하기도 했다. 중간 상인들은 다시 5~10명의 소매상들과 연결되어 이들에게 물건을 공급하는 도매상 역할을 하고 있으며 트럭에 물건을 싣고 평양, 평성, 원산, 남포, 청진, 나선, 신의주 등 북한 전역을 누볐다. 통상적으로 판매 이익은 중간 상인과 소매상이 6 대 4 비율로 배분하는데 종종 중간 상인이 폭리를 취했다고 소매상이 당국에 신고하는 사례도 발생했다. 개성시 역전거리와 통일거리에서는 '돈장사꾼'으로 불리는 암달러상이 10여 명 활동했고, 미화를 비롯해 엔

---

22) 좋은 벗들, ≪오늘의 북한소식≫, 창간준비 3호(2004년 11월 16일).

화, 유로화, 위안화 등의 거래가 확인되었다.

한국은행이 2002년에 탈북자 84명을 대상으로 실시한 설문 조사를 연구한 자료에 따르면, 전체 북한경제에서 사경제가 차지하는 규모는 약 4% 정도로 그다지 큰 비중은 아니지만 북한 주민들에게는 매우 중요한 역할을 하고 있다. 더구나 2002년 7·1경제관리개선조치를 취한 지 12년이 지난 2014년 북한 사경제의 비중은 훨씬 높아졌기 때문에 사금융의 비중 또한 비례적으로 증가했으리라 짐작할 수 있다. 많은 주민들이 직장에서 받는 월급보다 장마당에서 더 큰 소득을 얻었다고 증언하고 있고, 최근 탈북자 대상으로 실시

〈표 3-1〉 장사 경험의 유무(2011~2014년)

장사 경험	조사 연도			
	2011	2012	2013	2014
있다	71.3	69.8	74.4	69.8
없다	28.7	30.2	25.6	30.2
합계(N)	101	126	133	149

자료: 장용석, 「북한사회의 시장화와 소득분화」(서울대학교 통일평화연구원 주최 설문조사: 북한사회와 주민의식 변화—김정은 집권 2년, 북한의 변화 어떻게 볼 것인가?, 2014년 8월 24일), 37쪽.

〈표 3-2〉 비공식 수입 규모

비공식 수입 (월평균)	조사 연도				
	2011	2012	2013	2014	
0원	18	21	32	33	
1000원 미만	6	0	3	4	
5000원 미만	7	2	0	2	
1만 원 미만	2	2	3	2	
10만 원 미만	18	25	9	26	
50만 원 미만	19	44	52	43	29.9%
100만 원 미만	6	8	10	17	11.8%
100만 원 이상	6	7	19	15	10.4%
무응답	23	18	2	2	
합계	105	127	133	144	

자료: 장용석, 「북한사회의 시장화와 소득분화」, 13쪽.

된 심층면접조사 결과들도 이를 재확인시켜주고 있다. 탈북자만을 대상으로 한 제한된 조사 결과만 해도 70% 수준의 주민들이 장사를 경험했고, 월급보다 비공식 수입의 비중이 훨씬 높았음을 〈표 3-1〉과 〈표 3-2〉를 통해 확인할 수 있다.

≪조선일보≫와 통일문화연구원이 2014년 1~5월 중국 단둥과 옌지 등에서 공동으로 실시한 심층 인터뷰를 보면 북한 주민 100명 중 70명은 북한에 살면서 장사를 해본 경험이 있다고 답했다. '북한에서 현재 장사나 자영업을 하는 사람이 어느 정도 될 것으로 보는가'라는 질문에는 '90% 이상'이란 응답이 37명, '80% 이상'이란 응답이 21명, '70% 이상'이란 응답이 15명이었다.[23] 인터뷰에 응한 북한 주민들은 "평양 등 일부 지역을 제외하고는 이미 배급제가 붕괴되었고, 직장 월급만으로는 생활이 어렵기 때문에 주민 대부분이 장사 등 자영업을 통해 생계를 꾸려간다"고 말했다. 중국에 일하러 나왔다는 한 주민은 "직장 노동자의 한 달 월급이 3000원 정도인데 그걸로는 쌀 1kg도 못 사기 때문에 장사하지 않으면 굶어 죽는다"면서 "출근하지 않으면 비판을 받으니까 일단 아침에 출근해서 도장을 받고 곧바로 장마당으로 장사하러 나선다"고 했다.

그러나 사금융이 가장 활성화된 계기는 2012년 김정은 정권이 공식적으로 출범하자마자 취한 새로운 경제관리 개선조치, 즉 '우리식 경제관리방법' 이라고 보는 것이 타당하다. 김정은 노동당 제1비서는 2012년 새로운 경제관리 체계인, 이른바 6·28조치를 실시하면서 주민들의 장롱 속 달러를 끌어내기 위해 "돈의 출처를 따지지 말고 투자하게 하고, 이윤도 보장해주라"는 지시를 내린 것으로 알려졌다. 이에 따라 돈주들은 저마다 지갑을 열어 버스도 구입하고 부동산업에도 투자해 적지 않은 부를 쌓기도 했다. 이에 따라

---

23) "중국 내 北 주민 100명 인터뷰했더니… '10년 내 통일된다' 56명", ≪조선일보≫, 2014년 7월 8일 자.

"돈 좀 있는 개인들이 여러 군데 투자하는 현상은 보편적인 일이 되었다".[24]

김정은 국방위원회 제1위원장은 2011년 말에 이 방향을 제시했으며, 경제 부문의 일군과 학자들이 개선안을 검토하고 일부 단위에서 시범 도입한 후 그 폭을 넓혀 오다가 2014년 5월 김정은 제1위원장이 '우리식 경제관리방법의 확립'에 관한 원칙적 문제들을 다 밝혀 주었다고 북한사회과학원 경제연구소 연구사인 리기성 교수는 밝히고 있다.[25] 이 방법에 따라 북한에서는 "내각책임제, 내각중심제가 강화되고 모든 기업체들이 기업 활동을 주동적이고 창발적으로 해나갈 수 있게 일련의 권한들(계획권, 생산 조직권, 제품 개발권, 노력 관리권, 재정권, 합영 합작권 등)이 조정되었다"는 주장이다.

재일총련 기관지 《조선신보》는 2015년 2월 11일 '광명성절 경축 재일본 조선 사회과학자들의 연구 토론회' 소식을 전하면서 "특히 2013년 8월 15일에 공업 부문과 농업 부문에 이미 도입된 새로운 경제관리 방법을 '사회주의기업책임관리제'로 정식화하고 이를 전면적으로 실시할 데 대한 방침이 제시된 것이 큰 전환점으로 되었다"고 보도했다. 김정은 제1위원장이 2014년 5·30담화에서 제기한 사회주의기업책임관리제가 2013년 8월 15일 정식화되고 전면 실시되었음을 확인해준 것이다.

재일본조선인사회과학자협회(사협) 중앙부회장인 박재훈 조선대학교 경영학부 부학부장은 이같이 전하고 사회주의기업책임관리제의 내용에 대해 △기업이 자기 실정에 맞게 독자적인 경영 활동을 벌릴 수 있도록 하며 △사회주의 분배를 옳게 실시하여 노동 의욕을 높임으로써 근로자들의 책임과 역할을 강화할 목적 아래 기업에 일정한 권한을 부여하는 것이라고 설명했다. 박재훈 부학부장은 이 같은 북한의 우리식 경제관리방법은 김정은 제1위

---

24) 「김정은 '투자 보장' 공안은 '투자 강탈'」, 자유아시아방송, 2016년 2월 1일 자.
25) "광명성절 경축 재일본 조선 사회과학자들의 연구 토론회", 《조선신보》, 2015년 1월 26일 자.

원장의 "직접적인 발기 아래 2011년 말부터 진행되어온 것"이라고 확인했다.

현재 북한의 대내 경제정책은 김정은 제1위원장이 당, 국가, 군대 기관 책임일군(간부)들과 2014년에 진행한 5·30담화에 집약되어 있다. 이 담화의 제목은 '현실 발전의 요구에 맞게 우리식 경제관리방법을 확립할 데 대하여'이다. 여기서 핵심은 '우리식 경제관리방법'이고, 이는 본문에서 '사회주의기업책임관리제'로 제시되고 있다.

김정은 제1위원장은 담화에서 "사회주의기업책임관리제는 공장·기업소·협동농장이 생산 수단에 대한 사회주의적 소유에 기초하여 실제적인 경영권을 가지고 기업 활동을 창발적으로 하여 당과 국가 앞에 지닌 임무를 수행하며 근로자들이 생산과 관리에서 주인으로서의 책임과 역할을 다하게 하는 기업관리 방법"이라고 규정했다. 기업체들은 "제품 개발권과 품질 관리권, 인재 관리권을 행사"하고, "근로자들이 담당책임제를 실정에 맞게 제시"하며, "일한 것만큼, 번 것만큼 보수를 공정하게 받도록" 하자는 것이다.

사회주의 원칙을 훼손하지 않는 한 기업소가 '실제적인 경영권'을 제품 개발에서 보수 분배까지 모두 행사할 수 있도록 큰 폭의 자율성을 부여한 것이 특징이다. 결국 '사회주의기업책임관리제'는 '독립채산제'와 '차별임금제'로 표현되고, '지배인책임경영제'로 실현되는 제도라고 볼 수 있다. 지배인이 자신의 기업소에서 일하는 근로자들에게 기본급 외에 얼마만큼의 수당(상금, 장려금, 가급금)을 보장해줄 수 있는지에 따라 능력 유무를 평가받게 된다.[26] 이 같은 5·30담화는 이전의 여러 경제관리 개선조치와 경제관리 방법의 실시 결과물을 평가한 토대에서 나온 조치라 할 수 있다.

북한은 2012년 초부터 농촌 부문에서 포전담당책임제를 실시했으며, 산업 부문에서는 12·1조치를 통해 기업소의 독립채산제 실시와 경제개발구 개

---

26) 「기업소 지배인의 '수입병'은 왜 생겼나?」, 통일뉴스, 2015년 1월 13일 자.

발을 추진하고 2013년 3·1조치를 통해 기업소들에 독립채산제를 확대 실시하고 협동화폐제를 도입했다. 12·1조치는 "기업소가 원자재 대금 등을 계약에 따라 지불하고 수입 중 토지 이용료와 설비 사용료, 전기료 등을 국가에 납부하고 남은 수익금을 성과급 중심으로 노동(공분)에 따라 분배한다. 일종의 '차등임금제'를 실시하는 것"으로 설명되고 있다.[27] 실제로 이 같은 독립채산제가 시범 실시된 기업소에서는 지배인이 임금을 결정하는데, 자주 모범 기업소로 소개되고 있는 '3·26전선공장'의 경우 2012년 8월부터 월급을 단계적으로 인상해 2013년 4월에는 종전과 비교했을 때 월급이 20~30배 증가하고, 일부 노동자는 100배 이상 뛰었다고 보도되기도 했다.

그러나 유의할 대목은 북한 당국이 2014년 본격 시행 중인 것으로 알려진 사회주의기업책임관리제(5·30조치)의 근간이 된 '김정은 노작'도 여전히 국가가 결정하는 국가계획 이외의 부분에서만 기업의 자율권을 인정하고 있다는 점이다. 구체적으로 예를 들면 기업이 생산 계획을 만들 계획권, 어떤 생산 조직으로 할지 결정하는 생산 조직권, 분배를 어떻게 할까 하는 분배권, 무역 또는 합영할 권리 등을 기업에 부여했다는 것이다. 다만 국가 전략에 관한 기본 계획, 국가계획은 국가가 결정하고 그 외에는 기업이 자유롭게 권리를 행사할 수 있다. 그러나 이 제도도 시장 기능의 확대에 상당히 기여할 것으로 보인다.

일본에서 손꼽히는 북한 경제 전문가 고마키 데루오(小牧輝夫)가 2013년 국산 내의를 생산하는 북한 공장을 견학했을 당시의 경험담은 주목할 만하다.[28] 그 공장에서는 국가계획을 초과 달성하고 그 외에 생산한 것은 자유롭게 처분할 수 있었다. 그리고 국가계획에 없는 제품도 평양 시내에 있는 백

---

27) 같은 글.
28) 「고마키 데루오 전 일본 고쿠시칸대학 교수와의 인터뷰」, 자유아시아방송, 2014년 12월 15일 자.

화점과 계약하고 따로 그 백화점을 위해서 생산하며 가격은 서로 상의해서 결정할 수 있었다. 다만 기업이 이처럼, 비록 부분적이나마 자율적으로 제품을 생산한 다음 처분하고 그 이윤을 자유롭게 분배함으로써 노동자들의 급여가 높아져서 결국 시장에서 물건을 살 수 있게 되는 등 시장 기능이 강화하는 데 기여한 것이다.

북한의 경제정책 흐름은 초기의 경제관리 개선 → 경제관리방법연구 완성 → 경제관리방법 확립으로 발전되어왔음을 확인할 수 있다. 이런 변화는 김정일 시대에 경제관리 개선을 거쳐 김정은 시대에 들어와서는 새로운 경제관리 방법에 대한 시범적 운영과 토의, 연구 과정이 마무리되고 우리식 경제관리방법이 전면적인 실시 단계로 진입하면서, 2015년 신년사에서 밝힌 대로 우리식 경제관리방법의 확립을 목표로 달려가고 있는 것으로 분석된다.

결국 김정은 시대에 더욱 적극적으로 채택되고 있는 독립채산제, 차별임금제, 지배인책임경영제 등은 기업소가 원자재를 비롯해 필요한 토지나 설비 등 물적 자원뿐만 아니라 인적 자원까지 스스로 구하지 않으면 안 되는 상황으로 몰아가고 있는 것이다. 지배인으로서는 기업소의 실적 제고를 위해 결국 외부로부터 필요한 것들을 공급받고자 사력을 다할 수밖에 없다. 지배인은 독립채산제에 기초한 경영 자율권을 부여받고, 원료의 조달과 생산물 제조와 판매, 심지어 대외무역 권한까지 갖게 되었지만 이에 상응하는 책임과 부담을 떠맡은 것이다.

김정은 체제가 내건 이런 새로운 경제관리 조치는 북한 돈주들의 사회적 지위와 역할을 더욱 강화시키는 결과를 불러왔다. 기업소의 당 비서나 지배인들은 돈주들을 끌어들여 기업소 곳곳에 배치해 중책을 맡기면서 사실상 돈주들이 기업과 경제를 주도하는 주역이 된 것이다. 김정은 정권이 경제 분야에 대한 자율권을 부여하면서 북한 경제는 자금력을 갖춘 시장 돈주들에 의해 대부분 좌지우지되고 있는 것이다.[29]

예를 들면 북한 내륙에서 무역업에 종사하는 40대 한 남성은 "지금 신의주 시에 주재하고 있는 무역 회사와 상품유통 회사들은 미화 수십만, 수백만 달러를 가진 돈주들이 대부분 장악하고 있다"면서 "이 사람들이 빠지면 사실상 국가 경제가 돌아가지 않는다"고 밝혔다. 이 돈주들은 노동당과 군부 산하의 무역 회사에 소속되어 북한에서 원자재 수출과 중국으로부터 완제품 수입까지 도매와 유통을 장악하고 있다는 것이다.[30]

북한 입장을 대변하는 ≪조선신보≫는 "우리식 경제관리방법을 연구 완성하는 사업이 추진되고 있다"며 "작년(2013년) 3월부터는 전국의 모든 생산 단위들이 경영 활동을 독자적으로 벌려나가도록 하는 조치가 취해졌다"고 보도한 바 있다.[31] 이러한 독자경영 체제의 도입은 "국가계획을 벗어난 생산을 자체의 결심으로 조직하고 판매하며 종업원들의 보수, 복리 후생 등도 자체

⟨표 3-3⟩ 우리식 경제관리방법의 내용

구분	우리식 경제관리방법(2012년 6월 28일 발표)
방향	·시장 활용 및 외자 유치를 통해 농업·경공업 정상화
농업	·분조 내에서 구획(포전) 중심으로 운영 — 구획 규모는 3~5명 수준
	·국가계획을 달성하면 작물을 자율 선택할 수 있음
	·초과 생산물에 대해서는 현물 분배 및 자율 처분을 허용 — 단, 국가가 500여 가지 생활 필수품을 공급하고 식량을 매입
기업	·초과 수익에 대해서는 자율 처분을 허용 — 국가 납부금을 낸 후에 남는 수익은 자율 처분 — 임금 현실화
	·국가계획을 달성하면 자체적으로 생산 판매를 할 수 있음
	·생산 조직(잉여인력 조정 요청), 무역, 합영·합작의 권한 부여
유통 가격	·국영 상점망 강화 — 주문제 상품 공급체계의 정립 — 계획 초과분, 계획 외 상품 취급
금융	·기업소 외화계좌 개설

---

29) 「북한 돈주, 경제 '좌지우지'」, 자유아시아방송, 2014년 12월 15일 자.

30) 같은 방송.

31) "우리식 경제관리방법을 연구 완성하는 사업 도입", ≪조선신보≫, 2014년 4월 4 일 자.

의 실정에 맞게 실시하도록 하는 내용"이라고 설명했다. 독자경영 체제가 2013년 3월부터 '전국의 모든 생산 단위들'에 실시된 것이 공식적으로 확인되었다. 이 같은 정책 변화가 사금융의 확대 발전에 적지 않은 기여를 한 것으로 판단된다. 각 경제 주체들의 자율 경영을 금융적으로 뒷받침할 수 있는 수단으로서 사금융이 존재하기 때문이다. 김정은 정권이 추진하고 있는 우리식 경제관리방법은 김정일 시대의 경제관리 개선조치와 비교하면 다음과 같은 점들에서 차별성을 나타낸다.

첫째, "경영 권한을 현장에 보다 많이 부여"했다.[32] 김정일 시대와 달리 지금은 공장·기업소에 "경영 전략"이라는 이름 아래 기업 스스로의 계획에 따른 원자재 거래, 생산 품목·가격·임금의 결정, 수익금의 사용 권한, 생산물의 자율판매 권한 등을 부여해주고, 기업소 자체의 현금·외화 구좌 개설도 허용하고 있다.

즉, 공장·기업소가 수행하는 국가계획 말고도 기업의 자체적인 계획 수행 및 업종 전환도 허용함으로써 이미 관행화되어 있는 공장·기업소의 시장 지향 경영활동을 수용하고 있다. 이는 1980년대 초반 중국이 기업의 자율성과 권한을 늘려주고 국가 납부금을 제외한 사내 유보 몫을 늘려 인센티브를 제고하는 개혁 조치와 상당히 유사한 것으로 평가받고 있다.

≪조선신보≫ 2013년 4월 24일 자는 지난해와 올해 여러 차례에 걸쳐 평양시에 자리 잡고 있는 '3·26전선공장'의 모범 사례를 통해 공업 분야에서의 '우리식 경제관리방법'의 시범운영 상황을 소개했다. 한마디로 계획 수립에서부터 생산, 제품 및 수익의 처분과 관련해 기업 권한을 크게 확대하는 방향으로 경제관리 개선조치가 진행되고 있음을 확인해준 것이다. 또한 계획을 수행해 벌어들인 수입의 일부를 국가에 납부하고, 나머지 기업 분배 몫에 대

---

32) "평양 3·26전선공장에서 보는 경제관리의 새 시도", ≪조선신보≫, 2013년 5월 10일 자.

〈표 3-4〉 우리식 경제관리방법 추진의 경과

과정	내용
2012.1.28.	· 김정은: 노동당 간부들과의 대화에서 경제 활성화를 위한 다양한 정책 모색을 지시
2012년 2월 초	· 2004년 '확대된 개선 조치'안을 작성한 상무조(노두철, 곽범기)를 중심으로 내각 상무조 구성
2012.4.6.	· 김정은 담화: 선군시대 경제건설노선 요구대로 국방과 공업에 선차적 힘을 넣으면서 강성국가 건설과 인민생활 향상을 총적 목표로 한 '변화', 즉 기존 경제정책의 계승과 변화 주문 · 7·1조치의 주역인 박봉주가 경공업부장으로 복귀
2012.6.28.	· 6·28방침: 새로운 경제관리체계 하달
2012.7.	· 새로운 경제관리체계가 일부 지역 및 협동농장, 기업소에서 시범적으로 추진되기 시작
2012.12.1.	· 12·1조치: 기업소 독립채산제 추진, 경제개발구 추진
2013.3.1.	· 3·1조치: 협동화폐제(기업소 외환계좌 개설 허용) 실시, 기업소 독자경영체제의 전면 실시
2013.3.31.	· 경제·핵무력 건설 병진노선 당중앙위원회 전원회의에서 채택
2013.4.	· 박봉주가 내각 총리로 복귀
2013.5.29.	· '경제개발구법' 제정
2013.8.15.	· 8·15방침: 사회주의기업책임관리제의 정식화, 전면 실시
2013.11.21.	· 13개 경제개발구 발표
2014.2.6.	· 전국 농업분조장대회 김정은 담화문: 분조관리제 안에서 포전담당책임제를 전면화하는 내용
2014.5.30.	· 5·30담화: 사회주의 원칙을 고수하면서 사회주의기업책임관리제를 공식 언급

해서는 설비 투자, 생활비 인상, 후방(사내 복지)시설 확장 등의 용도를 기업이 결정할 수 있게 했다. 게다가 확대 재생산과 관련된 계획과 수출 업무도 기업 스스로 결정할 수 있게 되었다는 점이 눈에 띈다.

둘째, 생산성을 높이기 위해 사회주의 분배 원칙에 따라 노동자들이 생산한 것(노동 성과)만큼 받아 가도록 임금을 현실화하고 있다. 기업의 생산 실적에 따라 기본급의 10배 이상(100배까지도) 지급하는 것을 허용함으로써 근로자들의 임금이 시장물가 상승에 조응하도록 하고 있다. 기업의 이윤 처분에 대한 권한이 확대된다는 것은 기업 경영의 자율성 및 인센티브의 확대를 의미한다. 게다가 3·26전선공장의 사례에도 나타나 있듯이 무엇보다도 기업이 자율적으로 노동 보수의 몫을 늘릴 수 있고, 개인당 임금의 상한도 규제되지 않는다면 노동자들에 대한 인센티브는 크게 확대될 수밖에 없다. 물론 개별 노동자의 임금은 자신이 소속된 직장 및 작업반의 실적과 연계되어 있다.

또한 ≪조선신보≫ 같은 기사에서 3·26전선공장이 2012년 8월부터 임금을 단계적으로 인상해 2013년 4월에는 이전보다 20~30배 수준으로 임금이 늘었다고 밝혔다. 북한사회과학원 경제연구소 연구사인 리기성 교수는 "지난 2년간 많은 기업체들에서 생산이 장성하고 그에 따라 종업원들의 생활 수준도 올랐고, 지방의 공장들에서도 생산자들에게 종전의 수십 배에 달하는 생활비를 보장하는 사례가 많다"고 했다. 특히 락원기계처럼 수출 제품을 가진 단위들에서는 인상 폭이 더욱 크다고 덧붙였다.[33]

여기서 주목할 대목은 북한이 경제관리 개선을 추진하면서 오르는 임금을 현금으로 지불하는 것이 아니라 물건으로 지불하는 점이다. 이는 인플레이션 발생을 우려한 대응 조치로서, 예를 들면 '우리식 경제관리방법'의 성공 사례로 북한 편의점인 '황금벌상점'의 경우 "'사회주의 기업체'는 국내에서 생산된 일용품과 식료품 등을 구입하여 노임의 일부로서 노동자에게 배급하고 있"기 때문에 (인플레이션을 막으면서) '황금벌상점의 선순환'이 이루어지게 된다는 것이다.[34] 이는 농업 부문에서도 마찬가지다. 황금벌상점과 같은 자금 순환의 구도가 가능한 것으로 "'포전담당책임제' 도입에 의한 생산 증가가 현저한 협동농장"을 꼽았다. 즉, 《조선신보》는 "눅은 가격의 상품들이 진열된 '구매소'가 있어 분배된 농산물과 교환할 수 있게 되어 있다"면서 "농민들이 농산물을 현금화하고 시장에 자금이 유출되는 것을 방지할 수 있다"고 보았다.

또한 이른바 국가 지표라 하여 국가계획의 지시를 받은 품목 이외의 새로운 제품과 품종에 대해서는 생산과 판매에 대해 기업 스스로 결정할 수 있게 되었다. 나아가 기업이 국가로부터 공급받은 원자재가 아니라 기업 스스로 원자재를 확보해, 즉 '자체적으로 원천을 찾아' 생산한 제품과 품종에 대해서

---

33) "북한사회과학원 경제연구소 연구사 리기성 교수와의 인터뷰", 《조선신보》, 2015년 1월 26일 자.

34) "북한 편의점 황금벌상점 소개 내용", 《조선신보》, 2015년 2월 22일 자.

〈표 3-5〉 김정일 시대의 경제관리 개선조치와 김정은 시대의 우리식 경제관리방법 비교

구분	김정일 시대 경제관리 개선조치		김정은 시대 우리식 경제관리방법
	2002년 7·1조치	2004년 6월 내각 상무조 개혁안	
정책 방향	· 당의 역할 축소, 내각의 권한 확대	· 내각이 경제정책 주도	· 내각이 경제사령부로서 정책 주도 · 당의 정책으로서 시행
공업 부문	· 기업경영지표: 생산량 → 번수입으로 전환 · 번수입의 자체 사용을 허용 · 세부계획 하부 경제단위 위임 · 독립채산제를 전 기업으로 확대 · 계획 외 생산품 30% 시장판매 허용 · 물자교류시장을 통한 원자재 거래 허용 · 가격결정 권한을 일부 이양 · 유일임금제 폐지	· 번수입 사용권한 확대 · 임금 상한선 폐지: 상금, 장려금 지불승인제 폐지 · 번수입 임금분배 허용 · 국가결정임금제 아래 차별임금 허용 · 국가 납부금 정액제로 전환 · 현물지표 축소, 금액지표 확대, 기업 자체지표 확대 · 현금 보유한도 확대 · 가격 결정 자율권 확대 · 원자재 현금거래 허용 · 인력운용 권한을 부분 부여	· 사회주의기업책임관리제 도입 - 국가계획과 자체계획 병행 - 중소 지방공장 자체계획 경영 - 설비·자재·전력 등 기업 간 자유거래 허용, 판매 수입 재투자권, 가격 결정권 부여, 생산물 시장판매 허용 - 국가와 기업소 수익 7:3 분할 - 생산 품목 결정권 부여: 업종전환 가능 · 일부 군수·국가기간부문 제외 사실상 독자경영체제로 전환 · 인력 관리 자율화, 임금 현실화: 특급 기업도 차별임금 허용 - 사실상 배급제 폐지, 월급제 도입 - 유일임금제 폐지, 임금 결정 자율화 · 외화계좌 개설 허용: 국가 납부금 외화로 납부 - 공장·기업소 외자 기업과 합영·합작 가능 및 국가지도 아래 대외무역 가능 · 지방공장 한정 개인투자 허용: 단, 당이 임명, 투자자 소속 기관에 입직 - 개인의 공장 신설은 불허
농업 부문	· 분조관리제 전면 확대: 분조규모 축소, 책임영농제 도입 · 수매가격 인상, 토지 사용료 제정 · 초과 생산물 자율처분 허용 · 작물 선택권 확대, 세부계획지표 권한 부여	· 포전담당제 시범 실시 · 협동농장에 분조규모 축소권한 부여 · 개인 경작지를 30평에서 400평으로 확대 · 국가 납부량 축소 · 분조단위 분배권한 확대 · 현물 분배에서 현금 분배로 전환 · 6개월 농사(부업밭) 허용	· 분조관리제 아래 포전담당책임제 실시 - 최종 분조 3~5명으로 분할 - 개인에게 1000평 내외의 토지 할당 - 수매가격 현실화: 시장 가격에 준해 계산 · 국가·작업 분조 간 7:3으로 현물 분배 - 초과 생산물에 대해서는 작업 분조에 처분권 부여 · 계획 외 경작권 부여: 특용 작물도 생산
유통서비스가격부문	· 국정 가격 현실화, 변동국정가격제 도입 · 원자재 교류 시장, 종합 시장(2003) 도입 · 국영상점 임대 허용	· 가격제 다양화: 시장 가격, 국가지도 가격, 합의제 가격 등 · 2005년 수입물자교류시장 도입 - 기업소 물자교류시장 내 현금거래 허용	· 국정 가격 현실화 조치 미시행 - 사실상 시장가격 거래 인정 · 대형 마트, 편의점, 백화점, 전문상점 형태의 다양한 유통망 개설 - 국가기관 직접 투자, 외자 합작, 돈주 투자 등 다양한 투자방식 허용 · 유통·서비스 기관의 개인투자 부분 합법화, 개인고용 허용 - 소속 상급기관 입직 조건 - 유통·서비스 기관의 자체 경영활동 허용, 사실상 계획지표 폐지 - 이윤의 10~20% 국가 납부 · 소비자주문제 허용

자료: ≪동아일보≫, 2012년 9월 25일 자 참고해서 저자 재작성.

〈사진 3-1〉서평양 기계공업성 직매점

자료: 최문(옌볜대학 교수).

는 생산자와 수요자가 합의
해서 가격을 정하도록 했다.
이 가격은 시장 가격이라 할
수 있다.

또 하나 관심을 끄는 현
상은 기업들의 수출 권한이
확대된 점이다. 국가적인 대
외 경제기관만이 아니라 지

방 행정기관들도 무역과 합영·합작 사업을 추진할 수 있다.[35] 북한은 내수
시장이 매우 협소하기 때문에 기업의 성장에는 한계가 있다. 따라서 개별 기
업의 입장에서 수출 권한을 가질 수 있다면 좀 더 적극적으로 해외 시장을 개
척할 것이고, 이는 곧 외화 수입의 확대를 가져오기 때문에 커다란 인센티브
가 되는 것이다. ≪조선신보≫는 구체적인 기업 사례를 전한 바 있는데, 예
를 들면 북한의 최대 화력 발전소인 북창화력발전련합기업소는 전력 생산의
연료인 석탄을 쓰고 남은 재탄을 다시 이용해서 수출 상품을 만든 경우이다.
즉, 석탄재에서 유가 금속을 추출한 뒤 새로운 연료 제품을 만들어냈고, 이
제품을 내수 시장에 판매했을 뿐 아니라 해외에도 수출했다는 것이다.

공장의 자율성 확대 현상을 보여주는 또 다른 사례는 공장 내 상점인 직매
점 설립과 공장의 독자적인 주택건설 분야이다. 예를 들면 ≪조선신보≫ 보
도에 자주 등장하는 3·26전선공장은 "로동자들이 상점이나 시장에 가는 노
동력을 줄이고 로동에 집중할 수 있도록 공장 부지 내에 상점을 개설하고; 그
들이 요구하는 식품이나 일용품을 공장이 책임지고 구해 오는 조치도 취했
다". 그런데 불법이긴 하지만 은행을 거치지 않고 중국 장사꾼들을 통해 직

---

35) "북한사회과학원 경제연구소 연구사 리기성 교수와의 인터뷰", ≪조선신보≫,
2015년 1월 26일 자.

접 원료와 자재를 구입하면 웬만한 공장들은 가동될 수 있어, 실제 다수의 공장·기업소는 이런 방식으로 운영을 하기 때문에 사금융 주체들의 개입 여지가 더욱 많아지는 것이다. 원료와 자재의 구입 단계에서부터 생산과 유통 등 거의 모든 단계에서 금융 조달이 가장 큰 과제로 지적되고 있다. 최근의 탈북자 대상 연구결과를 보면 오늘날 북한의 장사나 비즈니스에서 가장 큰 과제가 사업자금 마련임을 시사하는 내용이 적지 않다. 북한 주민들을 대상으로 이루어진 조사에서도 사업자금 마련이 대부분의 개인 장사꾼들에게 가장 애로 사항인 것으로 나타났다.

어쨌든 여기서 주목할 대목은 공장이나 국영 상점 등의 자율성 확대는, 곧

〈표 3-6〉 북한 주민들의 직업별 애로 사항

구분	사업 수완 부족	사업 자금 마련	상품, 원자재 확보	판매 경쟁	도로, 철도 사정	전기 사정	단속, 뇌물	기타	전체
소매 장사	9	71	15	2	10	3	12	0	122
	7.4%	58.2%	12.3%	1.6%	8.2%	2.5%	9.8%	0%	100%
개인 편의봉사	0	9	1	0	1	7	1	0	19
	0%	47.4%	5.3%	0%	5.3%	36.8%	5.3%	0%	100%
개인 (임)가공	0	2	1	1	1	5	1	0	11
	0%	18.2%	9.1%	9.1%	9.1%	45.5%	9.1%	0%	100%
식당, 상점 임대	0	3	1	1	1	0	0	0	6
	0%	50%	16.7%	16.7%	16.7%	0%	0%	0%	100%
되거리 장사	1	13	2	4	4	2	11	1	38
	2.6%	34.2%	5.3%	10.5%	10.5%	5.3%	28.9%	2.6%	100%
외화벌이	2	9	4	5	9	0	4	0	33
	6.1%	27.3%	12.1%	15.2%	27.3%	0%	12.1%	0%	100%
돈장사	0	9	2	0	0	0	6	0	17
	0%	52.9%	11.8%	0%	0%	0%	35.3%	0%	100%
삯벌이	4	7	3	1	1	3	4	3	26
	15.4%	26.9%	11.5%	3.8%	3.8%	11.5%	15.4%	11.5%	100%
해외 파견	1	1	0	0	1	2	0	0	5
	20%	20%	0%	0%	20%	40%	0%	0%	100%

자료: 장용석, 「북한사회의 시장화와 소득분화」, 13쪽.

개인 돈주의 활동 영역이 확대됨을 의미한다. 공장은 돈 많은 개인과 협력하지 않고서는 스스로 생존하기 어렵기 때문이다. 공장의 자율성뿐만 아니라 국영 상점의 자율성 확대 현상도 눈길을 끌었다. 특히 2003년 종합 시장이 도입된 이후에 국영 상점은 아예 수매 상점으로 전환하기 시작했다. 이는 일부의 국영 상점을 기관·기업소에 임대·분양하고 임대료를 징수하는 (위탁) 수매 상점으로 전환시키는 것이다. 그리고 여기서 국영 상점을 임대 형식으로 인수·운영하는 주체는 무역 회사를 비롯한 각종 기관·기업소이다. 경우에 따라서는 자금력이 있는 개인 돈주들이 기관·기업소 명의를 이용해 실질적으로 직접 운영할 수도 있게 되었다. 특히 김정은 정권은 상업·유통 기관 그리고 공장 가동이 안 되고 있는 중소 규모의 지방 공장들에 한정해서 개인 투자와 개인 노동력 고용을 허용하여 민간 부문의 투자를 유도하고 있다. 물론 김정은 정권은 초기 중국의 개혁 조치처럼 공식적으로 개인 기업을 허용하고 있지는 않다. 개인 투자자나 개인 고용 노동자는 소속 기관에 입직(入職)해 당이 임명한 것과 같은 절차를 밟아야 하고, 그 기업은 형식상 국가 소유로 존속해야 한다.

북한에서 상업 유통은 1990년대 초반까지만 해도 중앙의 계획과 통제 속에 관리되었다. 내각 상업성은 국가계획위원회의 통제에 따라 전국 상업망에 대한 지휘 체계를 갖고 있었다. 상업성의 지도 아래 중앙 도매소가 설치되었으며, 각 도마다 상업 관리소와 지구 도매소도 만들어졌다. 또 군마다 상업 관리소를 설치하고 군과 리마다 상점들을 관리하는 피라미드식 통제 체계를 유지한 것이다. 북한의 상업망은 도매 상업망과 소매 상업망, 사회 급양망, 수매망 등으로 설명할 수 있다. 그중 소매 상업망은 북한 상업망의 기본을 이루며 취급 규모에 따라 상점과 매점 및 매대, 품종에 따라 전문 상점과 종합 상점으로 구분되었다.

그러나 1990년대 중·후반 고난의 행군 이후 '국가 공급'이 중단되면서 북한의 국가 상업망은 그 기능을 상실하고 만다. 이때부터 주민들은 국가 상업망이 아닌 개인 유통망을 통해 식량과 생활 필수품을 조달하게 되었다. 북한의 개인 유통망은 주로 중소형 공장·기업소에서 8·3제품으로 생산되어 종합시장으로 흘러나오는 소량의 소비품뿐 아니라 무역 거래를 통한 수입으로 종합 시장에 흘러들어 오는 외제품까지 모두 포괄하게 되었다. 2002년 7·1 경제관리개선조치 이후 소비 제품을 생산하는 지방 공장들은 기업소들 간 물물 거래에 적극적으로 참여하게 된다. 이런 과정에서 유통 단계가 늘어나고 유통 과정에 참여해 이익을 챙기는 중간 도매상들의 숫자와 규모가 급팽창 했다.

공장·기업소들에서 필요한 용접봉이나 피대, 면사, 동선, 베어링, 심지어 볼트나 너트 같은 작은 부속들까지 중간 도매상을 거쳐 거래되었다. 용접봉 10kg이 필요한 제지공장에서는 학습장 20권으로 이 둘을 교환했으며, 이는 비누 10장, 소주 2~3리터와도 교환 가능했다. 이런 방법으로 거래된 소비품들은 시장 판매원의 손을 거쳐 최종 소비자인 주민들에게 판매되는 것이다.

지방의 산업 공장들은 생산에 필요한 자재와 공장 운영에 필요한 자금을 마련하기 위해 생산 제품에 대한 공식적인 매매를 진행했다. 이는 7·1조치 후 국가의 승인하에 종합 시장에서 공장·기업소에 배정된 5%의 매대를 통해 이루어졌으며, 생필직장이나 가내반 등을 통해 생산된 생필품은 30% 내에서 시장 판매할 수 있도록 허용되었기 때문이다.

이런 변화 속에서 개인 유통업자들은 '차판 장사'로 불리는 대형 도매상과 '달리기꾼'으로 통하는 소형 도매상, 시장 매대상인들로 대표되는 소매상 등으로 분화되어 북한 전역의 주민들에게 외제 생필품을 공급했다. 북한에서 '큰손' 또는 '돈주'라 불리는 중간 도매상은 외화벌이 기관의 무역 거래를 통해 직접 상품을 받는 사람들로서 이들은 달리기꾼이나 수매 상점에 직접 물건을 넘겨준다. 큰손은 화교, 귀국자(재일 교포), 외화벌이 기관 간부의 가족들이 주를 이룬다.

　또 다른 부류의 중간 도매상은 당 행정 간부들이다. 이들은 명목상으로 종합 시장에 나가 장사를 할 수 없으므로 퇴근 후 중간 도매를 통해 돈을 번다. 특히 이들은 공장·기업소에서 국정 가격에 물건을 받아다 시장 가격에 넘기거나, 뇌물로 축적한 물품 등을 소매상에 팔면서 적지 않은 이득을 챙긴다. 도매상들로부터 물건을 넘겨받은 달리기꾼들은 북한의 여러 지역을 돌아다니며 시장 매대상인들에게 물건을 넘긴다. 지역 간 시세 차익을 이용해 이윤을 챙기는 이들은 도매상에게 넘겨받은 가격에 30~40% 정도를 붙여서 소매상에게 넘긴다.

　수매 상점은 오래전부터 존재해왔다. 개인이 부업으로 만든 제품을 수매 상점에 위탁해 개인에게 판매하는 것이다. 북한의 시장 활성화에 따라 개인이 부업으로 만든 8·3소비품은 적지 않은 역할을 했다. 1984년 8월 3일 김정일이 경공업 혁명 방침으로 '8·3인민소비품생산운동'을 제시하면서 8·3소비품이 온 사회에 널리 알려지게 되었다. 8·3인민소비품이란 가내 작업반이나 부업반 등에서 만든 조악한 생필품을 말한다. 즉, 국가계획에 반영되어 있지 않은 생산물이다.[36] 전국적으로 특급 기업소부터 6급 기업소까지 8·3가내반이 없는 단위는 거의 없다. 북한에서 국영 공장·기업소의 시장 의존도가 높아짐에 따라 8·3에 대한 인식이 사회 전반으로 확대되고 있는 것으로 전해졌다. 즉, 8·3이라고 하면 시장의 힘이라고 보는 주민들이 늘고 있다는 것이다.

　이런 8·3제품은 국영 상점이 아닌 수매 상점에서 시장 가격으로 판매되었으며 1990년대 국영 공장의 '더 벌이' 방침이 나오면서 각 공장·기업소에 8·3직장, 8·3작업반 등이 본격적으로 나타나면서 식량을 비롯한 공장자금 문제가 해결되기 시작했다. 나아가 2000년대 들어 공장·기업소가 제대로 운영되

---

36)　"[북한의 지하경제] '돈주'의 형성 ⑤", ≪통일신문≫, 2014년 5월 7일 자.

지 않는 상황이 지속되자 아예 노력 동원과 직장 등에 나가지 않고 매달 일정의 돈을 납부하는 8·3돈 형태가 나타났다. 탈북자들의 증언에 따르면 국영상점이 개인 자본을 끌어들여 중국이나 북한에서 일반인에게 상품을 판매한다. 이렇게 얻은 수입의 일부를 국가에 납부(판매액의 5%)하고 나머지는 개인에게 이윤으로 돌려주거나 종업원의 생활비로 충당하는 방식이다. 물론 공식적으로는 개인이 직접 상점을 임대받지 못한다. 기관·기업소만 임대를 받을 수 있다. 그래서 개인은 기관·기업소 명의를 빌려서 상점을 임대받아 운영한다.[37] 원래 수매 상점은 군 인민위원회 상업부 편의봉사 사업소 소속이고 국영 상점은 군 인민위원회 상업부 상업 관리소 소속이다. 그리고 국영상점은 북한산 제품만 취급할 수 있으나 수매 상점은 모든 수입 제품(중국산, 한국산, 일본산 등)도 취급할 수 있게 되어 있다. 주목할 만한 것은 평양 시내에 있는 대규모 상점들도 일부 수매 상점으로 전환되었다는 사실이다. 일부 탈북자는 동평양백화점도 절반을 개인 돈주에게 넘겨주었으며, 평양제2백화점 역시 1층 전 매장에 수매 상점이 들어섰고 적십자병원 앞에 있는 속칭 '100m 상점'도 절반씩 개인들에게 임대해줘서 수매 상점을 만들었다고 전하고 있다.[38]

김정은 시대가 출범하고 공장·기업소들이 '사회주의기업책임관리제'를 도입한 후 필요한 원자재나 설비를 자체 조달하고 생산품을 수출까지 할 수 있는 상황이 되었다. 이를 원활하게 진행하기 위해서는 관련 제도를 손질할 필요가 있었을 것이다. 북한 당국은 6·28조치의 후속으로 2013년 3월 1일 기업소의 독립채산제 전면 실시와 협동화폐제 실시를 골자로 하는 '3·1조치'를 단행했다. 북한은 외화를 취급하는 모든 개인·기업소·기관에 '내화 구좌'와 함께 '외화 구좌'를 별도로 개설해 거래토록 하고 실제 시장에서 통용되는 환

---

37)　양문수, 『북한 경제의 시장화: 양태·성격·메커니즘·함의』(한울아카데미, 2010).
38)　같은 책.

율을 적용하는 '변동환율제'를 실시했다.[39] 이에 따라 모든 개인·기업소·기관은 외화 구좌를 개설해 달러화 등 외화를 투명하게 입출금해야 하며, 기존에는 외화 구좌가 없어서 지키지 못했던 24시간 이내에 현금(외화 포함)입금 규정을 좀 더 엄격히 적용한 것으로 알려졌다. 북한 당국은 2009년 11월 30일 기습적인 화폐 개혁을 단행했고, 외화 사용을 통제하기도 했지만 결국 다시 환율은 안정화되었고, 중국과의 경제교류 증대에 따라 달러라이제이션에 더해 위안화 유통도 늘어나는 추세이다.

김정은 정권이 출범하고 나서 공장뿐 아니라 농업 분야에서도 자율성은 크게 확대되고 있다. '분조관리제 안에서의 포전담당제'가 대표적인 사례인데, 이 제도는 김정일 시대에도 잠시 시범적으로 시행되었고 그 이후에도 당국의 묵인하에 일부 협동농장에서 시행해오던 것이다. 즉, 작업분조 단위를 3~5명으로 축소해서 농민들의 분배 몫을 최대한 확대하는 결과를 낳았다. 이 제도가 정식으로 도입되기 이전에는 비료가 부족하면 스스로 해결하지 못하고 상부에 해결해달라고 민원만 제기했으나, 이제는 자체적으로 거름을 비롯한 대용 비료를 마련하기 위해 모든 수단을 동원하고 있으며, 이에 따라 농장 전체의 수확고가 증가했다고 한다.[40] 또 다른 주목할 사항은 농장의 분배 방식과 관련해 현물 분배와 현물 시장판매를 허용한 점이다. 역시 삼지강 협동농장의 사례가 언급되고 있는데, 이 농장에서는 수확된 농산물 가운데 국가에 납부하는 몫을 제외한 나머지를 현물로 분배받고, 농민들은 자기가 소비하는 몫 이외의 농산물은 본인 의사에 따라 처분할 수 있게 되었으며, 특히 시장에 직접 가지고 나가 팔 수 있게 되었다.[41]

---

39) 「북, 변동환율제 실시… 모든 단위 외화구좌 개설」, 통일뉴스, 2013년 4월 4일 자.
40) 새로운 조치로 인한 생산 증대 가능성은 일부 대북 소식지에서도 언급되고 있다. 어느 대북 소식지는 황해남도에서 거주하다 잠시 중국에 나온 북한 주민의 말을 인용해 현물 분배는 약간의 문제가 있었지만 새로운 조치로 곡물 생산이 다소 증대했다고 전하고 있다. 「황해도 수도미 군량미 대량 공출」, 자유아시아방송, 2014년 2월 24일 자.

〈표 3-7〉 2002년 7·1조치 이후 북한의 경제정책 변화

부문	2002년 7·1조치	후속 조치	2012년 6·28조치, 12·1조치 및 2014년 5·30조치
계획 시스템 해체	· 당 역할 축소, 내각권한 확대 · 중앙계획 대상 축소 · 세부 계획, 지방·기업소·협동농장에 위임 · 배급제 폐지	· 현물지표 축소, 금액지표 확대 · 기업 자체 계획지표 확대 · 국가배급제 부활 시도(2005) · '인민경제계획법' 개정(2010)	· 기업 자체계획 확대 · 기업자율경영제 도입(2015년부터)
가격 자유화	· 국정 가격 현실화 · 이중가격제 시행	· 시장 가격, 국가지도 가격, 합의제 가격 등 다양화 · 시장 통제(2006) · 화폐 개혁: 시장가격 철폐 시도(2009)	· 공장·기업소 생산비용·판매수입 계산 시 시장가격 적용
무역 자유화	· 무역관리체제 분권화 · 기업 수출입권 부분 허용	· 신의주특별행정구 지정(2002) · 금강산관광지구(2002) · 개성공업지구(2002) · '무역법' 개정(2007) · 나선특별시(2010) · 황금평·위화도경제지대(2011)	· 백두산·원산·칠보산관광특구 지정(2013) · 외화계좌 개설 허용 · 기업이 독자적으로 수출입 결정, 해외투자 유치
농업 개혁	· 곡물 수매가 인상(50배) · 국가 수매량 축소 · 농장 경영 자율성 확대 · 토지 사용료 신설	· 분조관리제 시범 실시(2004) · 기업소부업농제(2004) · 국가양곡전매제(2005)	· 분조관리제 시범 실시 및 확대 · 가족 단위 자율경영제 도입(2015년부터)
국유 기업 사유화	· 번수입에 의한 실적 평가 · 독립채산제 본격 실시 · 지배인 권한 강화 · 경영 자율성 확대 · 노동 인센티브 강화	· 공장·기업소 운영 개선안 시행(2004) · 개선안 철회(2005) · '기업소법' 제정(2010)	· 원 부자재와 전력 자체해결 · 생산품을 독자적으로 결정 · 가격과 판매 방법, 수익-배분도 자체 결정
사적 경제활동		· 종합시장 개설(2003) · 일부 국영 상점을 수매 상점으로 전환(2003) · 사실상 개인 식당, 서비스업 허용(2003) · 개인 수공업 통제(2006)	· 개인이 상점, 식당, 무역 분야에 투자하여 경영 가능
시장경제 법제 구축		· 여전히 사회주의적 생산관계 강조(2010 개정 헌법) · '합영법', '외국인투자법' 등 개정(2011)	· '경제개발구법' 제정(2013)
재정 개혁	· 지방 정부의 재정 분권화 추진 · 국가 기업 이득금 도입	· 시장 사용료(2003), 부동산 사용료 신설(2005) · 인민생활공채 발행(2003)	
금융 개혁	· 국가외환독점제 유지 · 환율 현실화(70배 인상)	· '중앙은행법' 제정(2004) · '상업은행법' 제정(2006)	

자료: 이해정, 「북한 지역의 토지·주택·기업 사유화에 관한 연구」, 50쪽.

41) 즉, 종전에는 공식 제도상으로 협동농장에 대해 현물과 현금의 분배를 모두 실시했으나 현실 세계에서는 군량미, 수도미 등의 명목으로 국가가 강제 수매해 농민에게는 배급 수준의 현물 분배만 주로 실시했던 것이다.

우리식 경제관리방법이 취해진 이후 이 제도는 대부분의 협동농장에서 확대 실시되고 있다. 국영 기업소와 마찬가지로 협동농장에서도 크게 확대된 경영 자율권을 누리고 있는 것이다. 유의할 대목은 김정은 체제 출범 이후 정책과 제도 측면에서는 시장경제 요소를 좀 더 많이 반영하는 방향으로 나아가고 있지만, 북한전문 매체들이 보도하고 있는 내부 소식에 따르면 실제 현실에서는 적지 않은 시행착오가 발생하고 있는 것으로 보인다.

3) 사적 경제활동을 통한 사적 자본의 축적 가능성 증대

사금융은 사경제가 발달하고 이에 따라 사금융의 축적이 가능해지면서부터 활성화된다. 시장이 확산되는 과정에서 축적된 사적 자본이 재투자되어 부를 확대 재생산하는 구조가 정착되기 시작한 것이다. 더구나 사적 자본의 축적은 사적 소유가 가속화되면서 이를 어느 정도 법적으로 허용하기 때문에 가능한 것이라는 점을 주목할 필요가 있다. 특히 북한에도 자영업자들의 수가 갈수록 많아지고, 창업 열풍이 불 정도로 신종 업종이 생겨나고 있다. 자연스레 경쟁도 이전과 달리 치열해지고 있다. 이런 움직임들의 이면에 사금융이 뒷받침되고 있음은 물론이다.

사회주의 경제에서 소유권은 국가적(전 인민적) 소유와 협동적 소유, 개인 소유로 명확히 구분된다. 국가적 소유와 협동적 소유인 공적 소유가 대부분이고 이 경우 소유 주체인 국가가 재산권을 행사한다. 북한에서도 국가적 소유나 협동적 소유에 의거해 당국이 재산권을 행사하고 있으며 개인 소유에 관한 재산권 행사는 지극히 미미한 수준이다. 따라서 공식상 생산 수단의 국유화를 표방하는 사회주의 경제에서는 소유에 관한 권리를 둘러싼 분쟁의 소지가 거의 없다.

그러나 비공식 경제가 확대되는 과정에서 재산권을 둘러싼 변화가 일어난다. 사회주의 경제로부터 시장경제로의 이행 체계에서 재산권 변화는 다음 세 가지 차원에서 분석할 수 있다. 첫째는 재산권 운용의 범주가 확대되는 것이다. 둘째는 상위 정부로부터 하위 정부로 경영권이 이양되는 것이다. 셋째는 경영 주체가 다양화되는 것으로서 정부 기관으로부터 기업, 지배인, 가족, 개인 등으로 경영 주체가 확대되는 것이다.[42]

북한 당국은 헌법 개정으로 경제 활동의 변화를 현실화·공식화함으로써 제한적이나마 사회주의 계획경제 원칙에서 벗어나 시장경제 원리에 입각한 사경제 활동을 허용하는 제도를 점진적으로 도입해왔다. 예를 들면 텃밭 경작의 확대, 분조관리제 강화를 통한 개인 소유의 대상 확대, 농민 시장에서의 자유 매매 활성화 등이 대표적인 사례들이다.[43] 북한은 1998년 개정 헌법을 통해 가축, 살림집(주택)을 비롯해 주택 외의 일반 건물에 대한 개인 소유를 허용했다.

개인 소유권은 2007년 3월 20일 최고인민회의 상임위원회 정령으로 수정 보충된 '민법' 조항을 통해 더욱 확대되었다.[44] 북한에서 개인 소유는 노동에 의한 사회주의 분배, 국가 및 사회의 추가적 혜택, 텃밭 경리를 비롯한 개인 부업 경리에서 나오는 생산물, 공민이 샀거나 상속·증여받은 계산, 그 밖의 법적 근거에 의하여 생겨난 재산으로 이루어진다('민법' 제58조). 여기에다 공민은 살림집(주택)과 가정생활에 필요한 여러 가지 가정용품, 문화용품, 그 밖의 생활용품과 승용차 같은 기재도 개인 소유권의 대상에 포함시켰다('민법' 제59조). 더구나 '민법' 제63조에 따르면 국가는 개인소유 재산에 대한 상속권을 보장한다고 규정하고 있어 개인 소유에 대한 인정 범위는 더욱 확대

---

42)   윤인주, 「북한내 사적 자본에 의한 기업적 현상 연구」, 503쪽.

43)   박정원, 「북한 헌법의 경제조항 변화와 경제통합 앞길」, 이상만 외, 『이제는 통일이다』(서울: 해럴드경제·한반도개발협력네트워크, 2014), 35~42쪽.

44)   장명봉 엮음, 『최신 북한법령집』, 293쪽.

될 여지가 있다는 것이 전문가들의 평가이다.[45]

특히 주목할 대목은 부동산 분야인데, 북한에서 부동산 대부분은 국가 소유이기 때문에 사회단체·협동단체·개인은 이용권을 부여받아 용도에 따라 사용할 수 있지만 매매와 임대, 저당 등의 처분권은 없다. 북한의 '민법' 제50조는 "국가는 살림집을 지어 그 이용권을 노동자, 농민, 사무원에게 넘겨주며 그것을 법적으로 보호한다"고 명시함으로써 주택 공급은 중앙에서 일정한 기준에 따라 일괄적으로 이루어지고 있음을 밝히고 있다. 다만 나선지대 등 경제특구에서는 예외적으로 매매, 임대 및 저당이 가능하다. 경제특구에서는 외자 유치를 위해 개방화된 토지이용권제도를 시행하고 있다.

현재 북한 주민들은 계층과 직위에 따라 독립 가옥이나 아파트 등을 국가로부터 배정받아 매달 사용료를 내는 임대 형식으로 거주하고 있다. 북한 주택은 대부분 '고층 살림집'이라 불리는 아파트와 2~3세대용 연립식 주택으로 이루어져 있으며, 입주자의 사회적 신분이나 계층에 따라 차등 배정되고 있다. 주택의 형태는 직장과 직위를 기준으로 1~4호, 특호 등 모두 5개 유형으로 구분한다. 주민들은 주택을 배정받은 이후 주택 이용료와 함께 전기세·수도세 사용료를 국가에 내고 있다. 북한은 '세금이 없는 나라'라고 주장하고 있기 때문에 세금 대신 사용료라는 명목을 쓰고 있다.

북한의 주택 사정은 1990년대 이후 경제난 심화로 인해 현재 상당히 열악한 상태이다. 주택 보급률은 당정군(黨政軍) 간부들의 경우 거의 100%라고 할 수 있지만, 일반 주민은 50~60% 수준에 불과한 실정이다. 특히 일반 주민들의 경우 주택을 신청하고 '입사증'을 받기까지는 수개월 정도를 기다려야 하며, 최근에는 뇌물로 결탁한 불법 '입사증'이 발급되기도 한다. 따라서 주택을 신청하고 입사증이 나올 때까지 아파트 한 채에 2세대가 더불어 사는

---

45) 박정원, 「북한 헌법의 경제조항 변화와 경제통합 앞길」, 42쪽.

'동거살이'를 하는 경우가 많다.

이처럼 1990년대 중반에 상업·유통 분야를 중심으로 시장화 현상이 일어나면서 주택 분야에서도 극심한 공급 부족에 시달리자 동거 형식의 매매·교환 방식 등과 같은 시장화 현상이 확산되기 시작했다. 북한에서는 법적으로 거의 모든 주택이 국가나 '협동단체' 소유이며 개인에게는 주택 이용권만 있다. 그렇지만 주민들은 돈을 주고 '살림집 이용 허가서' 명의를 바꾸는 음성적인 방법으로 주택을 거래해왔다. 탈북자들은 공통적으로 "돈만 있으면 아파트를 얼마든지 살 수 있다"고 전했다. 대부분의 일반 주민들은 국가로부터 주택을 배정받기가 매우 어렵기 때문에 동거인으로 등록한 다음 세대주를 변경하는 식의 편법으로 돈을 주고 집을 구입한다. 북한은 주택의 사적 소유와 거래를 금지하고 있어 주택 거래는 사실상 불법이자만, 북한 당국은 심각한 주택난에 따라 이를 사실상 묵인해왔다.

또한 최근에는 빈부 격차가 더욱 커지면서 당 간부가 아니어도 장사를 통해 부를 축적한 신흥 부유층이 대도시에서 좋은 주택을 구입하는 현상도 나타나고 있다. 북한에서 화폐경제가 활성화되고 사적 소유의 개념이 점차 확산되며 아파트 건설이 본격적으로 이루어지자 돈주들은 이런 계기를 통해 막대한 이득을 창출할 목적으로 건설업에 뛰어들었다. 예를 들어 자본을 투자해서 최신식 아파트 건물을 짓고 이를 다시 다른 '돈주'나 간부들에게 분양해서 부를 확대 재생산하는 사례가 부쩍 늘어났다.

이에 따라 사회주의적 소유제 원칙을 유지하면서 주택 시장화 현상을 부분적으로 반영하기 위해 2009년에 '살림집법'이 제정되었다. 북한은 2009년 1월 21일 최고인민회의 상임위원회 정령을 통해 이 법을 제정했고 2009년 8월 4일과 2011년 10월 25일 두 차례에 걸쳐 개정했다. 6장 63조로 구성된 이 법은 제정 목적에 대해 "살림집의 건설, 이관, 인수 및 등록, 배정, 이용, 관리에서 제도와 질서를 엄격히 세워 인민들에게 안정되고 문화적인 생활 조건

〈표 3-8〉 북한 헌법의 경제조항 개정 내용

조항 (제2장)	구분		1992년 개정 헌법	1998년 개정 헌법	비고
제20조	생산 수단 소유 주체		국가와 협동단체	국가·사회단체·협동단체	사회단체 추가
제21조 (3항)	국가의 배타적. 소유 대상		전 자연부원, 중요 공장 과 기업소, 항만, 은행, 교통 운수와 체신 기관	전 자연부원, 철도·항공 운수, 체신 기관과 중요 공장·기업소, 항만, 은행	교통 운수를 철도·항공 운수로 한정
제22조 (1항)	사회단체· 협동단체 소유	개념	'협동 경리'에 들어 있는 근로자들의 집단적 소유	'해당 단체'에 들어 있는 근로자들의 집단적 소유	용어 변경
제22조 (2항)		대상	토지, 부림짐승, 농기구, 고기배, 건물 등과 중소 공장·기업소	토지, 농기계, 배, 중소 공 장·기업소	농기구 → 농기계, 고기 배 → 배, 부림짐승, 건물 삭제
제24조 (1항)	개인 소유	주체	근로자	공민	용어 변경
제24조 (3항)		객체	협동농장원들의 터밭 경 리를 비롯한 주민의 개 인 부업경리에서 나오는 생산물	터밭 경리를 비롯한 개인 부업경리에서 나오는 생 산물과 그 밖의 합법적인 경리 활동을 통하여 얻은 수입	개인 소유의 범위 확대
제26조 (1항)	자립적 민족경제		조국의 '자주적 발전'을 위한 밑천	조국의 '융성 번영'을 위 한 밑천	용어 변경
제28조 (1항)	농촌 기술혁명		농업의 공업화	농업의 공업화·현대화	현대화 추가
제33조 (2항)	경제관리 운용			독립채산제 실시, 원가· 가격·수익성과 같은 경제 적 공간 옳게 이용	추가 신설
제36조 (1항)	대외무역 주체		국가	국가·사회단체·협동단체	사회단체·협동단체 추가
제37조	대외 경제개방		외국 법인 또는 개인과 의 기업 합영·합작 장려 (신설)	특수 경제지역에서의 여 러 가지 기업 창설·운영 장려	추가

자료: 박정원, 「북한 헌법의 경제조항 변화와 경제통합 앞길」, 41쪽.

을 보장하는 데 이바지한다"고 밝혔다. '살림집법'은 제43조에서 기관, 단체,
개인은 ▲이기적 목적이나 부당한 목적으로 주택을 교환하는 행위 ▲돈, 물건
을 받거나 부당한 요구 조건으로 주택에 동거 또는 숙박시키는 행위 ▲국가
소유 주택을 거래하거나 불법적으로 다른 개인에게 빌려주거나 거간하는 행
위 ▲승인 없이 주택을 증·개축 또는 확장하거나 구조를 변경하는 행위 등을
할 수 없다고 규정했다. '살림집법' 제61조는 국가소유 주택을 거래하거나 승

인 없이 이용하는 경우에는 해당 주택을 회수할 수 있다고 밝혔다. 이 법은 국가소유 주택에 대한 행정적 규제를 중심으로 규정되어 '민법'보다는 '행정법' 쪽에 가깝다. 음성적으로 이루어지는 주택 이용권 거래 등 '비사회주의 현상'을 규제하려는 목적이 있다.

북한에서는 법적으로 생산 수단의 사유화가 이처럼 제한적으로 인정되고 있지 않지만 시장화의 진전으로 실질적인 생산 수단의 사유화가 폭넓게 진행되어왔다. 여러 선행 연구들은 북한에서 서비스업뿐 아니라 제조업, 그리고 농업·수산업·광업, 나아가 제조업 영역에서도 광범위하게 확산되고 있는 사유화 실태를 다각도로 보여주고 있다.[46]

유럽부흥개발은행(EBRD)의 체제전환 지표를 이용한 북한에서의 사유화 유형에 따르면 국영 기업에 돈을 빌려주고 이익을 배분하는 대부 투자로서 "파트너십 계약형"이 있다. 또한 기관의 명의를 빌려 상점이나 식당을 운영하는 명의대여 사업인 "공공 자산 임차형"이 있다. 그리고 개인이 주도적으로 사업을 경영하는 "사영 기업"을 들 수 있다.[47] 이와 같은 각 유형에서 사적 소유가 발생하는 재산권은 대부 투자의 경우 수익권, 명의 대여의 경우 통제권과 수익권, 사영 기업에서는 통제권·수익권·처분권이 주종을 이루게 된다. 다만 북한에서 상당한 정도의 사유화가 진행된 것처럼 보여도 아직은 공식화되지 않은, 그리고 법적으로 보장되지 않는 재산권이 대부분임을 유의할 필요가 있다.

북한에서의 단계별 사유화 유형을 좀 더 구체적으로 살펴보면, 첫째는 개인이 가내 수공업을 비롯해, (소토지를 이용한) 개인 영농, 개인 상업 등을 수

---

46) 북한에서의 사유화 실태에 대해서는 윤인주, 「북한의 사유화 현상 및 동학에 관한 연구」(고려대학교 박사학위논문, 2013); 사적 자본 투입에 의해 제조업 분야에서 국영 기업이 운영되는 실태에 대해 자세한 것은 이석기 외, 『2000년대 북한의 산업과 기업: 회복실태와 작동방식』(서울: 산업연구원, 2010), 202~229쪽 등 참조.
47) 윤인주, 「북한의 사유화 현상 및 동학에 관한 연구」.

〈그림 3-5〉 북한 내 사적 자본에 의한 기업적 현상의 유형

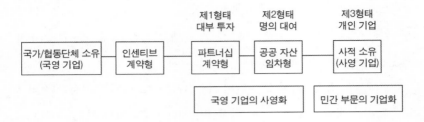

자료: 윤인주, 「북한내 사적 자본에 의한 기업적 현상 연구」, 508쪽.

행하는 경우가 있고, 둘째는 사적 자본으로 국영 기업에서 명의를 대여받고 자산을 임차하거나 자기 자금을 투자해 종업원을 고용하는 등 자신의 주도 하에 모든 경영 활동을 수행하는 유형이 있으며, 셋째는 사적 자본이 국영 기업에 대부 투자를 하고, 나중에 자신이 투자한 몫에 대한 수익금을 회수하는 형태 등이 있다.[48]

실제 시장화가 진전되면서 개인 영업행위가 크게 늘어났다. 탈북자를 대상으로 한 심층면접조사 결과에 따르면 '민법'에서 규정하고 있지는 않지만, 특히 7·1경제관리개선조치 이후 개인 영업행위는 크게 증가했다.[49] 개인 영업은 2004년부터 성행하기 시작한 것으로 파악되고 있는데, 초기에는 돈이 많은 개인이 직접 당국의 허가를 받아 운영했으나, 점차 사금융이 활성화되면서 개인 영업 행위자와 투자자가 분리되는 현상이 발생하기 시작했다. 개인 영업의 종류로는 식당을 비롯해 오락실을 겸한 컴퓨터 상점, 비디오 관람방, 목욕탕, 안마소, 당구장, 노래방 등 주로 서비스 업종이다. 역시 돈주들이 주도하는 물류운송 사업도 지속적으로 확대되고 있는 것으로 전해졌다. 써비차(트럭)와 버스가 중심이던 북한의 물류운송 사업이 최근에는 열차와 선

---

48) 윤인주, 「북한내 사적 자본에 의한 기업적 현상 연구」, 506~507쪽.
49) 평화재단, 『북한사회의 이해와 주민들의 생활』(서울: 평화재단, 2006), 28~29쪽.

박까지 동원되는 등 다양화되고 있다.[50] 특히 지속적인 전력난으로 전기 기관차 운행에 차질이 생기면서 디젤을 연료로 하는 내연 기관차와 모다카(소형 전동열차), 소형 선박을 활용한 물류 사업이 활성화되고 있다. 외화벌이 회사는 물론 개인 장사꾼들도 평양(철도성)과 지방 철도국에 달러만 지불하면 내연 기관차와 유개화차(지붕이 있는 화차)까지 쉽게 배정받는다고 한다.

한편 지역별로 농민 시장에 특산품화·전문화 현상이 나타나고 있어 평성은 외제 가전제품과 경공업품, 나진·청진은 수산물, 혜산·무산 등 변경 지역은 약초류와 금속류 등이 주로 유통되고 있는 것으로 조사되었다. 음성적·양성적으로 공급 물품이 증가하면서 농민 시장에 바나나, 파인애플 등 열대 과일까지 유통되고 컬러 텔레비전, 냉장고 등에 대한 수요도 점차 늘고 있는 것으로 파악되었다. 북한의 상거래 행위가 점차 조직화·대규모화되면서 사적 자본의 축적도 점진적으로 가능해졌다. 북한 당국의 감시와 통제에도 불구하고 권력 기관의 하부 조직이 상품 유통에 개입하면서 농민 시장이나 주민들의 상행위는 지속적으로 활성화되어왔다.

그리고 점차 자본주의 사회의 기업가에 해당하는 개인 기업이 성장하면서 사적 자본의 활용도 크게 증대되고 있다. 이런 현상은 제도적으로 독립채산제나 반독립채산제, 그리고 최근의 자율경영 체제의 영향을 받는 기관·기업소가 증가하고 시장이 확대되면서 심화되었다. 현금 거래가 전반적으로 증가하고 사금융이 활성화되면서 좀 더 높은 수익을 내기 위해 경제 주체 간의 경쟁이 불가피해진 것이다.

국영 기업의 외피를 쓰고 있지만 고객의 다양한 수요를 충족시키면서 수익성을 극대화하려는 경쟁은 갈수록 활발해지고 있다. 이 같은 맥락에서 최근 자정까지 영업을 하는 편의점 형태의 '연쇄 상점(체인점)'의 등장은 주목할

---

50) 「북한 열차·선박 활용한 신종 물류업 성업」, 데일리엔케이, 2015년 2월 5일 자.

만하다.[51] 2014년 12월 20일 평양에 개업한 '황금벌상점'은 식료품과 각종 일용품을 판매하며 아침 6시부터 자정까지 영업한다. 이 상점의 운영 주체는 국영 기업인 '황금벌무역회사'로 북한 내 생산 현지처에서 대량 수매를 통해 상품을 저가로 사들여 소비자들에게도 저가로 공급하는 '저가 수매·판매' 방식을 취하고 있다. 또 일부 외국 상품을 수입할 때는 관세에서 특혜를 받아 저가로 공급한다.

이 소식을 전한 《조선신보》는 "사람들이 시간적 구애를 받음이 없이 언제든지 물품을 구입할 수 있도록 영업 시간을 확대하고 거리적 구애도 받음이 없이 집 근처에서 장보기를 할 수 있도록 주택 거리에 상점이 터전을 잡았다"고 설명했다. 황금벌상점은 위치와 입지가 달라도 모든 상점에서 품종과 가격, 서비스 방식을 통일시켜나가며 체인점의 모습을 갖췄다. 이 상점은 앞으로 배달 서비스와 식료품 중심의 이동 판매뿐 아니라 세탁 봉사, 비행기와 열차 탑승권 예매 서비스도 할 계획이다.[52]

외화벌이 회사 상점과 시장(장마당)에서도 서로 고객을 끌기 위해 가격과 서비스 경쟁이 치열하다. 쌀 판매와 관련한 경쟁이 대표적인 사례이다. 쌀은 장마당에서 파는 것이 관례이고 상점은 쌀을 장마당에 도매만 했는데 이제는 각 상점도 직접 쌀을 소매로 팔고 있다. 자연스레 상점과 장마당에서는 손님을 끌어당기고 그들을 고정 손님으로 만들기 위해 가격과 서비스 경쟁을 할 수밖에 없다.

북한 장마당에서 물가의 척도로 평가되는 쌀 가격에는 국정 가격과 시장 가격이 있다. 국정 가격은 양정 정책(식량 정책)에 따라 양정사업소에서 정한

---

51) 황금벌무역회사의 량승진 사장은 《조선신보》와 인터뷰에서 "가까운 앞날에 평양에 100여 개의 상점을 꾸리고 나아가 지방 도시에서도 새 형태의 인민 봉사망을 확대해나갈 구상"이라고 밝혔다. 《조선신보》, 2015년 1월 19일 자.

52) 같은 신문.

가격이며, 배급소에서 공급하는 쌀 1kg 가격은 46원(2014년 기준)으로 북한 당국의 시책에 따라 소폭 변동이 있다. 시장 가격은 이윤을 목적으로 자금을 투자한 개인이 무역 회사, 또는 농장에서 쌀을 사들여 투자금과 유통 가격을 포함해 정한 것이다. 시장에서 북한 쌀은 1kg에 5000원 안팎으로 거래되고 있다. 시장 쌀 가격은 국제시장 환율에 따라 변동하며 북한의 시장 물가는 쌀값 변동의 영향을 받는다. 시장 물가는 철저하게 시장경제 논리에 따라 정해진다.

쌀은 장마당에서 파는 것이 관례이고 외화벌이 회사 상점은 쌀을 장마당에 도매만 했는데, 지금은 각 회사마다 직접 쌀을 소매로 팔고 있다. 세관으로 쌀이 들어오면 구매자들이 몰려들어 쌀을 직접 사 가는 바람에 '식량 상점'이라는 이름이 붙을 정도이다. 북한은 2006년 말부터 평양을 비롯한 대도시에 양식 수매상점이 등장하기 시작해 공산품과 마찬가지로 쌀과 옥수수도 상점을 통해 거래할 수 있도록 허용한 것으로 알려졌다. 국가 주도의 양곡 유통이 사실상 깨진 것이다. 시장에는 중국에서 무역, 밀수로 들여온 중국 쌀과 국내에서 생산한 북한 쌀이 주를 이룬다.

외화벌이 상점의 쌀 가격은 회사 투자금으로 '구매-가격 결정-판매자 고용' 시스템이기 때문에 흥정할 수 없는 국영 상점의 형태와 비슷하다. 반면, 시장 쌀 가격은 개인 투자금으로 '독자적인 구매-가격 결정-판매' 시스템으로 운영되어 시장 변동과 쌀 구매자의 양에 따라 가격을 조정할 수 있다. 2014년 북한의 내부 소식에 따르면 북한 시장에서 쌀 판매량이 늘어나면서 외화벌이 회사 상점과 시장(장마당)에서 서로 고객을 끌기 위해 가격과 서비스 경쟁이 치열하다고 한다.[53] 국가 배급이 사실상 중단된 상황에서 외화벌이 회사 상점과 시장 사이의 가격·서비스 경쟁이 벌어지면서 쌀 가격이 안정

---

[53] 「북한, 상점과 장마당서 쌀 가격·서비스 경쟁 시작돼」, 데일리엔케이, 2014년 7월 18일 자

세를 보이고 있는데, 이는 경쟁의 순기능이라 할 수 있다.

독립채산제는 북한이 사회주의 계획경제 체제에서 제기되는 생산력 저하 문제를 해소하기 위해 공장·기업소가 부분적으로 독자성을 가지고 경영 활동을 할 수 있도록 한 경영관리 방법이다. 지난 시기 독립채산제는 기업 자주권의 부분적 확대를 법적으로 뒷받침하는 형태로 확대 강화되어왔다. 북한에서는 2012년부터 '우리식 경제관리방법'(6·28방침)에 따라 일부 공장·기업소·농장 등에서 독자 경영이 시범 운영되어왔다. 자율경영 체제는 공장·기업소를 중심으로 실시되다가 점차 농업 부문과 비생산적 부문인 유통 부문에까지 확대 실시되고 있다. 최근 북한 경제의 변화는 기업이나 농장 등 경제 주체의 자율성을 점진적으로 확대시키고 있는데 이는 사실상 사적 자산의 축적을 합법적으로 가능하게 한 6·28방침의 결과로 볼 수 있다.

독립채산제는 생산 수단은 국가 소유이지만 그 관리와 이용을 공장이나 기업체에 위임하여 기업 활동을 독자적으로 하게 하는 기업관리 방법을 말한다. 즉, 한 기업체가 생산 결과에 따라 정치적·물질적 평가를 받게 하는 것으로, 국가계획을 초과 수행했을 때는 물질적 이익을 보지만 제대로 수행하지 못했을 때는 국가 앞에 물질적 책임을 지는 제도이다. 북한은 1962년부터 중앙의 국영 기업소를 대상으로 '완전독립채산제'라는 이름으로 실시해오다가 1970년대 초부터 지방의 산업 공장을 포함한 공업·농업 부문과 유통 부문에 이르기까지 확대 실시했다.[54]

독립채산제는 자본주의적 경제 원리를 도입한 것이지만 이는 어디까지나 상급 관리기관으로부터 강요된 계획과 주어진 생산 요소의 범위 내에서만 제한적으로 운영되기 때문에 공장·기업소가 경영 활동에서 독자적으로 의사를 결정할 수 있는 영역은 극히 한정적이다. 따라서 7·1조치에서는 각 공장

---

54) 통일부 통일교육원, 『북한 지식사전』(서울: 통일부 통일교육원, 2013), 225쪽.

106   김정은 시대의 북한 경제

과 기업소가 이윤을 많이 남기는 경영을 위주로 하고, 생산성 향상에 따라 각종 물질적 보상(인센티브)을 제공하는 체제를 도입했다.

그리고 과거에는 기업소에서 초과 달성한 이윤을 국가에 납부하던 것을 기업 자체로 재투자 재원이나 종업원 복지 기금으로 활용할 수 있도록 재량권을 주고, 자재 공급을 원활하게 하기 위해 기업 간 원자재 거래도 허용하는 물자교류시장도 도입했다. 또 공장·기업소의 당 위원회 역할을 축소하고 지배인책임제를 강화했다. 농업 분야에서는 집단농장의 작업반이나 분조 단위로 생산토록 해 수익금을 자율적으로 사용할 수 있는 부분 권한도 부여했다. 또한 '텃밭'이라고 불리는 개인 경작지를 현실적으로 인정했다.[55]

소규모 사경지 경작은 전통적 사회주의 시대에도 합법적이고 보편적인 현상이었으나 식량난이 극심해지자 대다수 농민들은 사경지 경작 규모를 점차 크게 늘려왔다.[56] 본래 합법적인 텃밭의 규모는 30~50평으로 제한되어 있었지만 "농촌 출신의 탈북자들 대부분은 공식적인 텃밭 이외에도 평균 100~300평을, 어떤 경우에는 1000평 정도의 뙈기밭을 경작"했다고 증언했다.[57] 소도시나 농촌과 가까운 노동자 지구에서 거주했던 사람들도 사경지 경작을 했다고 증언하고 있다. 이들이 경작한 사경지 면적은 "많게는 2000평 이상에서 적게는 100평 미만까지 다양했으나 평균 1000평 이상을 경작하는 가구가 절반 이상을 차지"한 것으로 나타났다.[58] 일부 지역에서는 사실상의 사경지 면적이 협동농장의 경지 면적보다 더 넓은 경우도 있었다.[59]

---

55) 박인호, 「북한 시장화와 인권문제 함의」(2014 북한인권평화회의, 2014년 10월 31일~11월 1일), 101~102쪽.

56) 김석진·양문수, 『북한의 비공식경제성장요인 연구』(서울: 통일연구원, 2014), 127~129쪽.

57) 정은미, 「북한 농업정책의 이중궤도: 집단농업과 농민사경제의 상호성을 중심으로」, ≪통일문제연구≫, 제47호(2007), 263쪽.

58) 정은이, 「북한 도시 노동자의 식량조달 메커니즘에 관한 연구: 함경북도 무산지역의 소토지 경작 사례를 중심으로」, ≪동북아경제연구≫, 제26권 1호(2014), 271쪽.

당국도 이런 사경지 경작을 허용한 것으로 보이는데, 이는 2000년대 초부터 북한 당국이 사경지에 대해 '토지 사용료'를 부과하기 시작한 데서 증명된다. 북한 주민들도 개인적으로 경작하는 소토지를 사유지로 인식하고 있으며, 이러한 소토지는 흔히 매매 및 증여되고 있다.[60) 북한 주민들이 시장 판매를 위해 사영 농업에 종사하는 경우가 많다는 점은 북한 이탈주민들을 대상으로 한 여러 조사에서도 확인되고 있다. 사영 농업의 규모가 커지면서 생산된 농산물은 지역 시장만이 아니라 '큰손'인 중간 상인들을 거쳐 전국 시장으로 유통되었다. 사영 농업이 초기에는 자가 소비를 위한 것이었지만 점차 돈을 벌기 위한 상업용 작물 경작의 비중이 높아졌다.

최근에는 협동농장 생산물의 75%가 농민들의 몫이 될 정도로 개인 소유의 비율이 증가하고 있다. 친북 성향의 인터넷 매체인 민족통신은 방북기에서 평양 만경대협동농장의 생산물 분배 방식을 구체적인 수치까지 들며 소개했다.[61) 민족통신에 따르면 만경대협동농장에서는 한 해 2700톤의 곡물을 생산하며 이 중 700톤만 국가에 내고 나머지 2000톤은 농민들에게 분배한다. 국가에 내는 곡물 비율이 약 26%라는 계산이 나온다. 민족통신은 "국가에는 700톤의 알곡만 바친다고 하니 농민들은 나라로부터 너무도 좋은 대접을 받고 있다"며 만경대협동농장보다 형편이 나쁜 농촌 지역의 농장들은

---

59) 회령의 송동리에서 2009년에 조사한 바에 의하면, 협동농장 경지는 230정보인데, 공식적으로 등록된 '소토지'는 120정보였다고 한다. 그러나 공식적으로 등록되지 않은 소토지도 많아서 실제 소토지 면적은 250~350정보로 추정된다고 한다. 이처럼 사경지 비중이 높은 것은 국경 근처이며 산악 지역인 회령의 특수성을 반영한 현상으로 보인다. Andrei Lankov, Seok-hyang Kim, and Inok Kwak, "Relying on One's Own Strength: The Growth of the Private Agriculture in Borderland Areas of North Korea," *Comparative Korean Studies*, Vol.19, No.2(2011), p.348.

60) 정은이, 「북한 도시 노동자의 식량조달 메커니즘에 관한 연구: 함경북도 무산지역의 소토지 경작 사례를 중심으로」, 278~280쪽, 295~298쪽.

61) 「북한 평양 협동농장 생산물 75% 농민들 몫」, 연합뉴스, 2015년 1월 14일 자.

국가에 납부하는 곡물 비율이 더 낮을 것으로 예상했다. 민족통신은 만경대 협동농장에서 농민 1명에게 연간 260kg의 곡물이 분배되고, 이는 하루 720g 에 해당한다며 "도시 근로자의 3배 정도 되는 양"이라고 설명했다.

또 농민들에게 분배를 마치고도 남는 곡물은 수확량에 따라 1인당 1~2톤 까지 나눠주며 채소와 과일은 국가에 납부하지 않고 판매 대금을 은행에 입금해 농민들에게 현금으로 분배한다고 덧붙였다. 민족통신은 협동농장에서 국가에 내는 생산량이 적을수록 "농장원들은 더 높은 수입을 올리게 되니 더욱 열심히 노력해서 생산하게 되는 것이 아닌가"라고 강조했다. 북한은 김정은 시대 들어 생산 현장에 활기를 불어넣고자 국가에 내는 생산물의 비율을 점진적으로 줄이는 것으로 알려졌다.

체제 전환의 주된 구성 요소인 사유화는 새로운 사적 부문을 창출하거나 기존의 국영 기업을 사영 기업으로 바꾸는 것을 의미한다. 마리아 라빈(Marie Lavigne)에 따르면 협의의 사유화란 "국가라는 주체가 사적(private) 주체에게 재산권을 법적으로 양도하는 것"이다.[62] 반면 광의의 사유화란 부분적으로 사적 재산권을 행사할 수 있도록 생산 수단이나 국유 자산을 장기 임대하는 것도 포함된다. 그뿐만 아니라 신규 사영기업을 설립하여 새로운 민간 부문을 형성하는 것도 포함된다. 이런 맥락에서 보면 북한에서는 지금 체제 전환의 본질인 사유화가 어느 정도 진전되고 있다고 해도 과언이 아니다. 비국유 부문의 형성, 곧 재산권의 분권화, 소규모 사유화는 소규모 국가 자산을 판매, 경매, 임차 등으로 개인에게 양도하는 것을 말한다. 주로 무역·서비스, 트럭 운송, 건설 부문에서 일어나는데, 행상에서 시작해서 인적 자본에 의존하는 서비스 부문으로 발전한다. 많은 경우 2차 경제 또는 비공식 경제에서 이미 존재해온 기업 활동이다. 사유화의 진전은 사금융의 확대 발전에 작지

---

62) Marie Lavigne, *The Economics of Transition: From Socialist Economy to Market Economy*(New Work: St. Martin's Press, 1995), pp. 155~157.

않은 영향을 미치고 있다.

4) 투자 이익을 추구하는 경향의 심화

사적 경제활동이 점차 확산되면서 사적 자본을 투자해 이익을 극대화하려는 경향이 심화된 점도 사금융 확대의 원인으로 지적할 수 있다. '고위험 고수익(high risk high return)'의 원리가 가장 확실하게 적용되는 곳이 현재의 북한이라는 말이 나올 정도로 사적 자본을 축적한 북한 사람들의 투자 성향은

⟨표 3-9⟩ 주된 수입을 얻은 일거리별 장사나 부업 수입

구분	0원	1만 원 미만	1만 원 이상~ 10만 원 미만	10만 원 이상~ 30만 원 미만	30만 원 이상~ 50만 원 미만	50만 원 이상~ 100만 원 미만	100만 원 이상	전체
소매 장사	6	11	23	42	16	12	8	118
	5.1%	9.3%	19.5%	35.6%	13.6%	10.2%	6.8%	100%
개인 편의봉사	3	1	2	8	2	1	1	18
	16.7%	5.6%	11.1%	44.4%	11.1%	5.6%	5.6%	100%
개인 (임)가공	1	1	3	2	1	2	0	10
	10%	10%	30%	20%	10%	20%	0%	100%
식당, 상점 임대	1	0	0	3	1	1	0	6
	16.7%	0%	0%	50%	16.7%	16.7%	0%	100%
되거리 장사	3	1	5	13	3	1	10	36
	8.3%	2.8%	13.9%	36.1%	8.3%	2.8%	27.8%	100%
외화벌이	1	3	5	4	6	7	6	32
	3.1%	9.4%	15.6%	12.5%	18.8%	21.9%	18.8%	100%
돈장사	1	1	1	4	1	4	4	16
	6.3%	6.3%	6.3%	25%	6.3%	25%	25%	100%
삯벌이	3	3	4	6	6	2	2	26
	11.5%	11.5%	15.4%	23.1%	23.1%	7.7%	7.7%	100%
해외 파견	2	0	2	0	0	1	0	5
	40%	0%	40%	0%	0%	20%	0%	100%
기타	8	4	10	15	2	9	14	62
	12.9%	6.5%	16.1%	24.2%	3.2%	14.5%	22.6%	100%

자료: 장용석, 「북한사회의 시장화와 소득분화」, 51쪽.

갈수록 과감해지고 있는 것으로 파악된다. 북한 주민들은 북한이 겉은 멀쩡한 사회주의이지만, 내부에는 시장 원리가 정착되어 '돈이 돈을 낳는' 사채시장이 형성되었다고 지적한다. 대표적인 사례가 사채돈을 빌린 사람들도 이를 단기 투자해 수익을 낼 수 있는 투기 업종에 재투자하는 경우이다.[63] 최근 탈북자를 대상으로 실시한 설문조사 결과도 이른바 '돈장사'의 위력을 잘 보여준다. 돈장사를 통해 월평균 50만 원 이상을 벌었다는 주민은 무려 50%에 달했다. 이는 외화벌이(40.6%), 되거리 장사(30.6%)보다 앞서는 것이다.

기존 연구를 비롯해 현재의 실태를 보면 신흥 부유층들이 초기 자본을 마련하는 방식은 달랐지만 시장이 확산되는 과정에서 자본을 투자해 확대 재생산하는 특징은 거의 비슷하다.[64] 예를 들면 2002년 7·1경제관리개선조치 이후 자본을 축적해온 신흥 부유층들은 2000년대 중·후반부터 외화벌이 기지의 명의를 빌려 자본을 투자하거나 기관·기업소의 명의를 빌려 건설 현장에 자본을 투자하는 등 투자 영역을 다양화하고,[65] 공격적인 성향을 띠게 되었다. 대표적인 투기 현장은 주택 시장이다. 주택 시장에서는 고가 아파트에 대한 투기 분양 등 자본주의적 경제 현상도 나타나고 있다. 북한에서는 개인의 주택 소유권은 인정되지 않고 이용권만 인정된다. 그러나 일부 당 간부는 10만 달러(약 1억 원)가 넘는 고급 아파트를 여러 채 보유하고 있는가 하면, 기관·기업소 명의로 아파트를 분양받는 경우도 있는 것으로 알려졌다. 주택 투기나 자녀 증여를 위한 암거래, 변칙 거래도 이루어지고 있다.[66]

'석탄 기지'라고 해서 소규모 시장경제식으로 갱도를 운영하는 사적 기업

63) 「중국에 잠시 체류 중인 남포시 거주자 화교와의 인터뷰」, 자유아시아방송, 2014년 11월 20일 자.
64) 김직수, 「돈주'의 형성과정에 대한 연구」, 18쪽.
65) 김보근, 「북한 상인계층과 자본의 형성」, 40~43쪽.
66) "통일이 미래다 1200만 명이 남한TV 시청圈… 1억대 아파트 투기도", ≪조선일보≫, 2014년 2월 11일 자.

도 많아졌다. 석탄 기지는 신흥 돈주와 권력 계층 주변의 사람들이 군과 당 등 권력기구 산하 회사의 간판을 빌려 설립하고 국영 석탄광산의 채탄과 운반을 하청받아 운영하는 회사이다. 이 회사들은 직접 돈주들이 투자해 시장경제식으로 운영되고 있다. 많은 돈주들은 노동당 및 군부와 결탁해 석탄 생산에 투자한 뒤 일정한 이윤을 챙겨왔다. 이들은 보통 매달 얼마간의 돈을 대고 국영 탄광에서 석탄갱을 임대한다. 이후 노동력도 직접 고용하고 설비도 사서 탄을 캐는 사실상의 개인 회사를 운영한다. 탄광이 활성화되면 주변에 휘발유 판매소나 기계·자동차 수리 기업, 식당 등도 많아진다. 이 모든 것들 역시 돈주들이 투자해 운영해왔다.[67]

북한에서 알짜 부자는 바로 월세업자들이라는 분석도 있다. 개인 주택의 사적 소유가 허용되지 않는 북한에서 수십여 채 살림집을 갖고 불법으로 월세를 받는 사람들이 월세업자들이다. 북한전문 매체들의 보도에 따르면 북한에 개인 주택 여러 채를 보유하고 있는 신흥 부자들이 속속 등장하고 있다.[68] 평양이나 평성 등지에는 25~30평대의 3만~5만 달러 하는 집을 10채 정도 가진 사람도 있다는 것이다. 양강도 소식통들은 양강도의 도 소재지인 혜산시에만 살림집 수십여 채를 가지고 있는 부자들이 몇 명 된다고 전했다. 이 부자들은 보유한 살림집을 월세로 놓아 돈을 벌고 있는 것으로 알려졌다.

장사거리를 빼앗긴 장마당 장사꾼들도 도시의 살림집 월세 사업에 뛰어들고 있는 것으로 알려졌다. 북한 소식통에 따르면 살림집 한 채로 한 달에 보통 인민폐 2000위안(한화로 약 34만 3000원) 이상의 월세를 받을 수 있다고 한다. 월세로 집을 빌리는 사람들은 대부분 숙박업자들이다. 이들은 월세로 빌린 집에 여인숙을 차리고 성매매와 같은 불법 행위로 돈을 벌고 있는 것으로

67) 주성하, 「광물 수출중단 유엔제재로 투자 돈주들 피해 커져」, ≪자유마당≫, 2016년 4월호, 50쪽.
68) 「북한의 알짜 부자는 월세업자들」, 자유아시아방송, 2014년 10월 28일 자.

전해졌다.

북한에서는 집 거래 자체가 불법이지만 수익성이 높다 보니 부동산 중개인인 '주택 거간'까지 등장했다. 평양의 경우 3~10명이 조를 이룬 주택 거간이 등장해 집 거래를 중개하고 있다. 이들은 법 기관에 있던 퇴직자들 또는 법 기관에 친척이나 연줄이 있어 배후에 법무를 봐줄 수 있는 사람들로 거래액의 10%를 수수료로 받는다. 북한에서 주택은 지방에서 가장 비싼 신규 주택이 최고 5만~7만 달러에, 평양에서는 최고 10만 달러에 거래되고 있다.[69]

오늘날 북한에서 대표적인 '고위험 고수익' 원리가 적용되는 또 다른 영역은 외화벌이 사업이다. 밀무역과 같은 비법적인 자산증식 방법이 주를 이루기 때문에 신변의 위험을 늘 받지만, 이익은 그만큼 큰 셈이다. 이들은 형식적으로는 공식 기관에 소속되어 보호를 받고 있지만 정치적·사회적 상황이 급변할 경우 언제든 처벌 대상이 될 수 있다. 그럼에도 불구하고 많은 수입을 얻는 북한 주민들 중 돈장사 다음으로 외화벌이에 종사하고 있는 이들이 많다는 것은 최근 탈북자 조사 결과(〈표 3-9〉 참조)에서도 알 수 있다.

외화벌이를 확대하는 과정에서 재정이 없는 각급 기관은 개인이 소유하고 있는 자산을 활용하게 된다. 가령 기관 산하의 원천 기지를 만들어 개인에게 명의를 대여해주면 개인업자가 자체로 자금을 동원하고 인력을 고용하여 기지를 운영하는 대신 일정액을 상급 기관에 지불하는 것이다.[70] 이뿐 아니라 외화벌이 일군들을 고용하는 데도 토대보다는 자본력과 기업운영 능력을 우선으로 보게 되었다.[71] 이처럼 돈만 있으면 외화벌이를 통해 자본을 확대할

69) 정은이, 「북한에서 부동산투자현황에 관한 분석」(북한연구학회 주최 제1회 세계북한학학술대회: 세계속의 북한학: 과거, 현재, 미래, 2014년 10월 28일), 396쪽.

70) 주성하, 「북한에서 수산물 수출 외화벌이의 역사와 전개에 대하여」, 『북한바로보기』(서울: 경천, 2010), 14~18쪽.

71) 최봉대, 「북한 도시 사적 부문의 시장화와 도시가구의 경제적 계층분화」, ≪현대북한연구≫, 제11권 2호(2008), 63~64쪽.

수 있는 기회가 증가하자 기존 시장을 통해 자본을 축적해온 세력들이 대거 외화벌이 기지에 자본을 투자해 '확대 재생산'을 꾀하게 된 것이다.[72]

'외화벌이는 교화벌이'라는 말이 성행할 정도로 위험 부담이 크지만, 다른 한편으로는 큰 수익을 올릴 수 있기 때문에 외화벌이 사업에 많은 사람들이 뛰어들고 있다.[73] 북한에서 '사구, 팔구'라 하면 상적 활동에서 2배의 이윤을 남긴다는 뜻이다. 사구는 '4×9=36', 팔구는 '8×9=72'로, 즉 (물건을 살 때) 36원을 투자하면 팔 때는 72원으로 2배의 소득을 얻는다는 것이다. 이 논리로 많은 북한 주민들이 달러를 밑천 삼아 외화벌이 사업을 시작하고 있다고 한다. 초기 단계에서는 외화벌이의 원천 구입과 선별 수익 등 중국 측 상대방과의 무역 거래에서 필수적으로 요구되는 품목을 선정하는 것이 기본이다.[74]

자금력이 없는 개인뿐 아니라 재정이 취약하거나 전무한 기업소·기관에서도 외화벌이를 확대하는 과정에서 사적 자본을 동원할 수밖에 없는데, 이 과정에서 '돈주'들은 막대한 이익을 챙길 수 있는 기회를 잡는다. 돈주들은 일정액을 상급 기관에 상납하는 대신에 스스로 자금을 동원하고 인력을 고용하여 외화벌이 원천 기지를 운영하면서 경영 능력을 발휘하기도 한다. 이처럼 돈만 있으면 외화벌이를 통해 부를 확대 재생산할 수 있는 기회가 크게 확대되었다. 돈주들이 외화벌이를 선호하는 이유는 일반 시장에서는 재산을 늘리는 데 한계가 있기 때문이다.

북한 돈주들은 힘 있는 권력 기관, 즉 와크(무역 허가증)에 대한 권리를 가지고 있는 기관을 통해 외화벌이를 하는 데 관심이 집중되어 있다. 예를 들어 인민무력부 매봉, 호위사령부 청운산, 중앙당 39호실 산하 대성, 총참모부 강성, 후방총국 25국 같은 최고 권력기관의 타이틀을 가지지 못하고서는 항

---

72) 김직수, 「돈주'의 형성과정에 대한 연구」, 22쪽.

73) 조정아 외, 『북한 주민의 일상생활』(서울: 통일연구원, 2008), 209쪽.

74) 「외화벌이의 유형」, ≪통일신문≫, 2014년 8월 18일 자.

시적인 단속과 통제에서 벗어날 수 없고, 많은 수익을 창출할 수 없다는 것을 잘 알고 있다. '돈주'들은 외화벌이 회사를 설립하고 현장 책임자(기지장)를 자체로 선발했다.[75]

사정이 이렇다 보니, 북한 국가기관 산하의 외화벌이 회사들은 와크를 신흥 부유층인 돈주들에게 고율의 임대료를 받고 양도해 막대한 돈을 벌어들인다.[76] 돈주들은 와크를 독점한 외화벌이 회사 간부들에게 무역으로 발생한 이익의 30%를 바칠 것을 약속하고 와크를 받았다. 인민무력부, 당 기관 소속의 힘 있는 무역 회사들은 와크 임대로 수십 년째 앉아서 달러벌이를 하고 있다고 한다.

국가적 관심이 높아짐에 따라 외화벌이는 전 군중적 운동으로 확산되었다. 전국의 외화 원천은 대부분 해산물이 차지했고 산나물과 약초 등이 원천으로 분리되었다가 나중에는 광석이나 금광도 수출 목록에 올라 '돈주'들의 활동 영역을 넓혔다. 해산물은 바지락·꽃게·해삼·전복·키조개·대합 등이었고, 산나물은 고사리·도라지·더덕 등, 약초는 구기자·오미자·삼 등이었다. '돈주'들에게 시장을 통해 축적한 돈은 외화벌이의 중요한 밑천이 되었고 외화벌이를 활성화하는 데 중요한 역할을 했다.[77]

중국과의 무역은 달러나 대체 상품(설탕, 밀가루, 석유)으로 이루어지는데 달러는 외환 상인들을 통해 환전되고 대체 상품은 시장을 통해 현금으로 전환되었다. 외화벌이 기관은 외환 상인과 시장 상인들에게 공급자 역할을 했고, 중국은 여러 상품을 제공하는 동시에 더 많은 외화 원천을 요구했다. 외화벌이 회사의 종업원들에게는 가족 배급과 생필품이 지급되었고, 연말에는

---

75) "[북한의 지하경제] '돈주'의 형성 ⑬", ≪통일신문≫, 2014년 6월 30일 자.
76) 「北 외화벌이 회사, 무역와크(허가증) 장사로 돈방석」, 데일리엔케이, 2015년 12월 8일 자.
77) "[북한의 지하경제] '돈주'의 형성 ⑬", ≪통일신문≫, 2014년 6월 30일 자.

〈그림 3-6〉 외화벌이 사업과 돈주의 관계

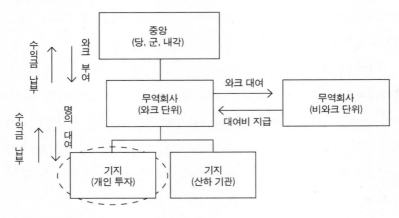

자료: 김직수, 「'돈주'의 형성과정에 대한 연구」, 21쪽.

보너스가 많았기 때문에 외화벌이 직종은 가장 선호되는 직접으로 자리 잡고 있다.[78] 외화벌이 일군은 크게 세 부류로 구분할 수 있다. 첫째, 무역과 관련된 전문 교육을 받고 유관 기관이나 해외파견 근무를 하는 무역단위 일군. 둘째, 임가공 수출에 관련된 경영 실무를 담당하는 가공생산 단위 일군. 셋째, 수출 원천을 장악·수집하여 무역 단위에 넘겨주는 원천동원 일군이다.[79] '돈주'들은 주로 원천동원 일군들에서 찾을 수 있다. 이들은 와크 단위의 무역 회사로부터 '외화벌이 기지장' 등의 명의를 빌려 원천을 축출하고 이를 빼돌려 장마당에 판매하거나 중국에 밀수하는 방식을 통해 자본을 확장시켜나간다.[80]

무역 회사는 외화벌이 기지에 투자한 개인들에게 와크를 대여해주고 '액상과제 수행지표'만을 내릴 뿐 기지 운영 등에 대한 모든 비용은 '돈주'가 자

---

78) 같은 신문.
79) 최봉대, 「북한 도시 사적 부문의 시장화와 도시가구의 경제적 계층분화」, 63쪽.
80) 양문수, 『북한 경제의 시장화: 양태·성격·메커니즘·함의』, 253~257쪽.

력으로 해결한다.[81] 그럼에도 '돈주'들이 외화벌이를 선호하는 이유는 시장에서는 재산을 합법적으로 늘리는 데 한계가 있기 때문이다. 돈주들이 더 많은 돈을 벌기 위해서는 권력, 인맥 관계, 시장 판로가 놓은 광물 등을 확보하는 것이 필수인데, 이는 인민무력부나 호위사령부 등과 같은 무력 기관 외화벌이 회사들이 갖고 있기 때문에 이들과 긴밀한 협력이 이루어진다. 단속이나 통제를 피하는데도 권력 기관과의 결탁은 필수 불가결한 요소이다. 즉, 외화벌이 기관의 명의를 빌림으로써 그 외화벌이 기관에 속해 있는 상급 기관의 보호를 받을 수 있다.

하지만 외화벌이는 수익률이 높은 반면 위험성도 크다. 외화벌이 기지를 운영하면서 경제적으로 성공한 사례도 있지만 실패하는 경우도 적지 않다. 외화벌이 원천은 단기적이고 투기성인 경우가 대부분이기 때문이다. 그래서 바다 양식과 같은 사업은 기상 상황 등의 다양한 변수에 따라 오히려 투자금에 손실을 입는 경우가 발생할 수 있고, 특히 빚을 내서 사업을 하다 실패하면 사회 최하층으로 전락하는 수도 있다.[82] 그뿐만 아니라 '외화벌이는 교화벌이'라는 말에서 알 수 있듯이 신변 위험 또한 감수해야 한다. 소속 기관의 '외피'를 쓰고 상당 부분 보호를 받고 있기는 하지만, 밀무역과 같은 비법적인 자산증식 방법이 주를 이루고 있기 때문에 정치적·사회적 상황이 변해 검열을 받게 되면 법적 처벌이 불가피하다. 그래서 외화벌이 기지장들은 상부 기관의 검열을 피하기 위해서 상부 기관이 제시한 계획을 무조건 수행해야하며, 법 기관과의 유대 관계를 잘 형성하는 것이 무엇보다 중요하다.

이처럼 사적 자본이 축적되면서 좀 더 생산성과 수익성이 높은 분야에 투자가 몰리는 경향이 심화되고 있고, 이에 따라 사금융이 활성화되는 측면도 있다. 여유 자금이 있는 사람들은 돈을 보관만 할 수 없기 때문에 투자를 비

---

81) 최봉대, 「북한 도시 사적 부문의 시장화와 도시가구의 경제적 계층분화」, 63쪽.
82) 양문수, 『북한 경제의 시장화: 양태·성격·메커니즘·함의』, 99쪽.

롯해 대출 등을 통해서도 더 적극적인 자본 증식을 추구하고 있는 것이다. 현금을 많이 보유하고 있어도 돈을 불릴 만한 다른 마땅한 수단이 없기 때문에 고리대금업이 성행한다는 탈북자들의 증언이 적지 않다.[83]

이들은 직접 장사를 하지 않고서도 높은 수익을 실현할 수 있기 때문에 지속해서 높은 수익을 내는 사업을 발굴하기 위해 노력하고 있다. 또한 자본 회전율이 높은 업종, 즉 식당이나 식품업 등을 선호하는 경향이 있다. 그러나 개인을 상대하면 신뢰 부족으로 투자금 회수가 어려운 경우도 적지 않기 때문에 점차 고리대금업보다 수익률은 낮지만 안전성을 선호하는 사례도 늘고 있다고 한다. 이런 경향은 이미 화폐개혁 직후인 2006년, 중국에서 만난 북한 주민을 통해 확인한 바 있다.[84]

예를 들면 협동농장에 투자하는 경우인데, 작업 반장과 미리 협의하여 자금이 필요한 봄철에 영농 자금을 빌려주고, 수확기인 가을에 쌀 또는 강냉이를 당시의 최저가로 계산하여 현물로 제공받는 방법이다. 이는 작업 반장과 직접 거래하기 때문에 신뢰할 수 있으며 작업반에서 직접 수확물로 지급함에 따라 100% 회수가 가능하고, 불법 행위가 아니기 때문에 상대적으로 안전한 자본 방안으로 활용되었다.[85] 그리고 회수한 곡물은 다음 해 7~8월경에 판매하면 최초 투자금의 약 2배 정도 이익을 볼 수 있었다고 한다.

자본회전 기간이 길다는 게 약점이긴 하지만 북한돈 가치가 지속적으로 하락해왔기 때문에 실질 이익은 오히려 더 커지는 장점이 있다.

---

83) 탈북자 강○○(공장 지배인, 남, 2013년 탈북)와의 인터뷰, 2014년 9월 1일.

84) 평화재단, 『북한사회의 이해와 주민들의 생활』, 30쪽.

85) 같은 책, 31쪽.

5) 달러화 현상의 심화

자국 통화가 아닌 외국 통화가 거래를 대체하는 현상을 경제학적으로 달러라이제이션(Dollarization)이라고 하고, 북한에서는 중국 위안화가 보편 화폐로 떠오르고 있기 때문에 위안화(Yuanization) 현상이라고도 부른다. 북한 돈이 시장에서 여전히 사용되고 있기는 하지만 외화가 은행 저축을 대신하여 화폐 가치를 보존하는 금융 자산으로 평가받고, 나아가 교환 수단으로도 활용되는 달러화 현상이 심화되는 것도 사금융의 발전을 촉진하는 배경으로 분석된다.[86] 북한 일반 주민들도 장마당에서 외화로 물건을 살 수 있을 만큼 현금 거래가 일상적으로 이루어지고 있고, 이에 따라 늘어나고 있는 외화의 유통 활성화와 축적 현상도 사금융 시장의 발전을 부추기고 있는 요인이다. 이른바 사적 외환시장이 조성된 것이다.

돈주들 가운데 상당수는 더 많은 사적 자본을 축적하기 위해 외환 시장에 뛰어드는데, 이들은 외화 거래가 많은 외화벌이 기관과의 네트워크 확보를 기본으로 생각하고 환율 변동을 한시적으로 체크할 수 있는 국경 지역의 정보망을 확보하는 한편, 상적 활동에 투입될 인력과 밑천을 갖춘다. 불법 외환시장이 개인뿐 아니라 상당한 자본과 인력을 갖춘 조직에 의해서 운용되고 있는 셈이다. 이들은 중국 접경지역의 정보망을 이용해 국제 환시세를 다른 이들보다 빠르게 파악하여 달러와 위안화를 사고팔면서 막대한 환차익을 얻는다.

외환거래 시장에서의 수익도 만만치 않기 때문에 환전상 간의 경쟁도 치

---

86) G. A. Calvo, *Money, Exchange Rates, and Output*(MIT Press, 1996), pp.153~154. G. A. 칼보(G. A. Calvo)에 따르면, 경제의 달러화는 외화가 '계산 단위, 교환 수단, 특히 가치 저장의 수단'으로 사용되지만 국내 화폐가 여전히 거래에 사용되고 있는 경우를 지칭한다.

열하다. 예를 들면 한때 환율이 북한돈 30만 원에 100달러인 적이 있었다. 돈주 환전상들은 외화벌이 기관으로부터 달러를 살 때는 28만 원을 주었으며 내화로 팔 때는 32만 원을 받는 것을 기준으로 만들었다. 즉, 100달러를 환전하면 북한돈 4만 원의 차액을 챙길 수 있었다. 그런데 어떤 돈주가 규정한 환율보다 낮은 가격으로 다른 돈주가 환전할 경우에 고객인 외화벌이 기관 사람들은 낮은 가격을 제시하는 쪽으로 몰릴 수밖에 없다. 가격 경쟁에서 지면 외환 시장을 독점할 수 없기 때문에 돈주들은 손해를 감수하더라도 더 낮은 가격을 제시하기도 한다. 당장은 손해를 보더라도 단골 고객을 확보하고 미래의 수익을 창출하기 위해서 이런 조치가 불가피한 것이다. 이때는 밑천이 많은 돈주가 유리하다. 가끔 법적 분쟁이 발생하기도 하는데 대개는 밑천이 많고 인맥을 비롯해 당·법 기관과의 네트워크를 잘 형성한 돈주가 승리한다.[87]

오늘날 평양의 외화 상점은 물론이고 국경 도시 장마당에서도 웬만한 물건은 중국 위안화로 거래되고 있다. 특히 김정은 정권 들어 외화를 쓰는 사람들의 수가 부쩍 더 늘었다. 10년 전만 해도 외국에 친척이 있거나 해외에 나갔다 오는 사람만이 외화를 만질 수 있다는 관념이 있었는데, 지금은 농촌에서 웬만큼 사는 사람들도 비상용으로 중국 위안화를 가지고 있다.[88]

달러는 북한 주민의 시장 활동에서 가장 중요한 상품구입 수단이다. 북한은 1990년대 초에 외화 관리와 관련한 법을 처음으로 채택했다. 1993년 1월 최고인민회의 결정과 1994년 6월 정무원 결정으로 공식화된 '외화관리법'이 그것이다. 이는 외국 기업의 투자와 북한의 기관·기업소·단체·주민에게까지 적용되는 외화 관리의 일반 원칙을 최초로 입법화한 의미 있는 조치였다. 이 조치가 시행됨에 따라 1996년부터 북한의 지방 시장에서는 개인을 대상

---

87) "[북한의 지하경제] 신흥재벌이 된 박갑수 ㉕", ≪통일신문≫, 2014년 9월 22일 자.
88) 「은행불신 북 주민 외화보관에 고심」, 자유아시아방송, 2013년 8월 5일 자.

〈그림 3-7〉 이원적 환전 제도

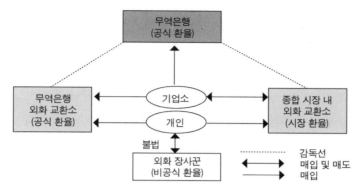

자료: 김영희, 「북한의 체신기관 및 금융서비스 운영현황」, 19쪽.

으로 불법적인 외화 거래가 이루어지기 시작했으며 이는 시장 활성화에 크게 기여했다.[89] 오랫동안 사용되어오던 '외화와 바꾼 돈표'가 사라졌으며 환율은 시장 환율에 근접하게 되었고 국가은행인 무역은행이 직접 '환전소'를 설치하여 주민들에게 시장 시세와 가까운 환율로 외화를 교환해주었다. 당시 무역은행은 주민들의 외화를 환수하기 위해 암거래 가격과 거의 같은 환율로 환전 사업을 추진했다. 하지만 달러의 구입 경로와 출처 노출 등이 상인들에게는 위험 요소로 작용했기 때문에 국가 기관과의 거래를 꺼려 암거래 상인들을 통해 외화를 조달했다. 특히 해외에 친척이 없는 일반 주민은 외화 환전 시 출처로 인해 처벌될 위험이 높기 때문에 개인 암거래 상인(돈장사꾼)에게 의존할 수밖에 없었다. 이처럼 오늘날 북한에는 이원적 환전 제도가 시행되고 있다.

암시장이 활성화되고 외화벌이 기관이 늘어나면서 더 많은 외화 원천을 구입하기 위해 환전은 필수였다. 환전상들은 주로 호텔, 외화 상점, 종합 시

---

89) "[북한의 지하경제] '돈주'의 형성 ⑭", ≪통일신문≫, 2014년 7월 14일 자.

장 주변에서 활동한다. 이 지역들이 환전 수요가 제일 많기 때문이다.

　장마당 초기 시절에 주요한 거래 방식은 물물 교환이었다. 2002년 7·1경제관리개선조치 이후 각종 음성적인 거래를 하거나, 뇌물을 주고받을 때도 북한 원화의 가치 하락을 우려해 현금보다 물질을 선호했다.[90] 북한 화폐는 물건교환 척도로서의 고유 기능이 약화된 것이다. 이에 따라 오늘날 시장 거래에서는 달러나 위안화가 주로 사용된다. 특히 2009년 제5차 화폐개혁 이후에는 북한 원화의 신뢰도가 급격히 추락하면서 외화를 이용한 거래가 더욱 늘어났다. 화폐개혁 이후에는 종합 시장이나 노점 시장에서 모든 거래 기준이 외화로 평가되었다. 북한 원화로 지급하는 것이 달러나 위안화로 결제하는 것에 비해서 5~10% 높은 가격으로 책정되기도 했다. 1달러 시장 환율이 북한돈 8000원일 때, 100달러짜리 물건을 달러로 계산하면 '100달러'이지만, 북한 원화로 계산하면 '82만~85만 원'을 받는다.

　북한 내부에서 이루어지는 거래뿐 아니라 노동당 간부들에게 바치는 뇌물이나 북중 밀무역에서 결제되는 돈도 주로 달러나 위안화이다. 다만 북중 밀무역 일부에서 물물교환 방식이 이용된다. 예를 들어 북한산 약초 50kg을 중국 밀수업자에게 전달하면 중국산 옥수수 2톤을 직접 받는 식이다. 북한 시장의 거래에서 외화를 사용하는 비중이 높아지고 있다는 점은 북한 정부를 무척 당황스럽게 만든다. 암시장에 대한 현황 파악이나 통제가 사실상 불가능해지기 때문이다. 2009년 화폐개혁 당시에 북한 정부가 '외화사용 금지'를 선포한 것도 이런 현실을 반영한 조치로 풀이된다.[91]

　그런데 문제는 주민들의 수중에 외화는 쌓여가는데, 이를 보관하기가 고민이라는 점이다. 더구나 주민들에게 최고의 화폐로 대접받는 달러는 은행에 들어가는 사례는 없이 주민들 사이에서만 유통되기 때문에 헌 지폐가 점

---

90)　김영수 외, 「최근 북한 주민의 생활상 변화와 체제의 작동원리 분석」, 80쪽.
91)　박인호, 「북한 시장화와 인권문제 함의」, 108쪽.

점 늘어나고 있다. 오랜 유통 과정에서 낡아버린 달러는 비록 형태는 온전해도 주민들이 받기를 꺼리는 바람에 제 기능을 못하고 있다. 같은 액면의 지폐라도 새 돈이냐 헌 돈이냐에 따라 환전 비율이 달라진다. 이 때문에 낡아빠진 달러 지폐를 갖고 있는 주민들은 애를 태우고 있다고 한다.[92]

국제 사회는 평양시를 비롯한 북한의 발달된 도시에서 유통되는 외화 규모를 약 20억 달러로 추산하고 있지만, 이 달러는 대부분 조선무역은행을 거치지 않고 개인들의 손과 손을 통해 유통되고 있다. 한국은행이 2002년 조사한 바에 따르면 2000년을 기준으로 북한 민간에서 보유하고 있는 외화는 9억 6000만 달러로 유통 현금 729억 6000만 북한 원의 2.6배에 달하는 것으로 나타났다.[93] 그로부터 10년이 지난 지금은 사적 경제활동이 더 증가했으므로 민간이 보유하고 있는 외화가 몇 배는 더 늘어났을 것으로 추정할 수 있다.

오늘날 북한의 장마당 상인들을 비롯한 주민들은 북한돈이 수중에 들어오면 즉시 외화로 바꾼다. 이들은 보통 미화 100달러짜리와 중국돈 100위안짜리로 바꾸어 보관하는데 장마철에는 곰팡이나 좀이 쓸지 않을까 근심하는 경우가 많다고 한다. 북한 주민들이 국가 외화은행에 달러를 저금하지 않는 가장 큰 이유는 일단 입금시키면 찾기 어렵기 때문이다. 하지만 자체로 외화를 보관하고 있다가 쥐나 곰팡이 등으로 손해를 본 주민들이 적지 않다는 것이다.

북한에서 외화를 숨기는 방법은 벽에 구멍을 파고 넣거나 땅에 묻는 방법이 가장 널리 이용되고 있다. 달러를 금고에 넣어두면 보안원들의 불시 검열에 발각될 위험이 크고, 또 천장에 넣었다가는 쥐에게 습격받거나 화재로 타버릴 수가 있다고 탈북자들은 증언한다. 어떤 주민들은 단기간에 소비하는

---

92) 「낡은 달러지폐 북 주민들에 애물단지」, 자유아시아방송, 2015년 1월 19일 자.
93) 박석삼, 「북한의 사경제부문 연구: 사경제규모, 유통현금 및 민간보유 외화규모 추정」, 13~14쪽.

제3장 북한 사금융의 형성과 발전 양태   123

외화는 이불장이나 부엌 마룻바닥에 건사하기도 하지만 도둑이 들거나 화재가 나면 위험하기 때문에 대부분 벽을 부수고 블록을 들어낸 다음 거기에 작은 함을 넣어 건사하는 것으로 알려지고 있다. 또 단층집에서는 돈을 비닐에 꽁꽁 싸서 단지에 넣어 땅에 묻는 방법을 이용한다고 한다. 향후 북한에서 주민들 사이에 사용하는 외화의 양이 늘어날수록 외화 보관에 대한 고민도 커질 것임을 시사한다.[94]

사정이 이렇다 보니 외화를 보유하고 있는 주민들은 가급적 다른 개인이나 공장·기업소·협동단체에 돈을 빌려주거나 투자를 하는 방식을 궁리하는 데 더 적극적인 관심을 쏟게 되었다. 특히 북한 내에서도 지방별로 환율 차이가 있어서 이를 통해 환치기 이익을 보는 경우도 많다. 예를 들어 평양에서 싼 가격에 달러를 구입하고 나선에서 비싸게 팔았다는 증언이 있다.[95] 북한 나선경제특구 내에 있는 황금의삼각주은행이 2014년 9월 고시한 외화교환시세(〈사진 3-2〉 참조)를 보면 북한 당국의 국정 환율은 달러당 100~200원이지만 해당 지역에서 실제 거래된 환율이 달러당 7992원임을 알 수 있다.

〈사진 3-2〉 외화교환시세(황금의삼각주은행 2014년 9월 고시)

외 화 교 환 시 세
FOREIGN EXCHANGE RATE

주체 103 (2014)년 9월 17 일 오정9시 탄위:조선원

화 폐 명 Currency		교 환 시 세 Rate
1 유로	EUR	10476
1 미딸라	USD	7992
1 중국원	CNY	1297
1 루불	RUR	210
1 일본엔	JPY	74

황금의삼각주은행 환률조정거래소
Regulation Center of Foreign Exchange Rate
GOLDEN TRIANGLE BANK

자료: ≪한국경제≫, 2014년 12월 3일 자, ≪Foreign Policy≫ 재인용.

북한 신흥 부유층들의 가장 큰 고민은 새로운 수익을 창출하는 것이 아니라 축적한 사적 자본의 관리라는 지적도 있다. 이들은 축적된 자산을 달러나 위안화로 바꿔 집 안의 은밀한 곳에 감춰두거나, 가까운 가족과 나눠서 보관한다고 한다. 일부 부유층은 해외에 계좌를

---

94) 「은행불신 북 주민 외화보관에 고심」, 자유아시아방송, 2013년 8월 5일 자.
95) 탈북자 강○○(공장 지배인, 남, 2013년 9월 탈북)와의 인터뷰, 2014년 9월 1일.

만들어 은닉해놓고 있다는 증언도 있다. 중국에 가짜 친척을 만들어놓고 수시로 국경을 넘나들면서 자신의 재산을 차명으로 중국 은행에 예금하기도 한다는 것이다.[96]

한편 북한은 2013년 시·도별로 '경제개발구'를 설립하면서 이 지역에서 미화와 위안화, 유로화 등 외화의 유통 및 결제를 합법화하는 조치를 내렸다. 전국적 범위에서 외화 유통을 합법화한 것은 이번이 처음으로 북한의 시장화를 촉진할 가능성이 커졌다. 북한이 2013년 대외 개방 기본법으로 제정한 '경제개발구법' 제46조는 "경제개발구에서 유통 화폐와 결제 화폐는 조선 원 또는 정해진 화폐로 한다"고 규정했고, 제47조는 "경제개발구에서는 외화를 자유롭게 반출·반입할 수 있다"고 했다. 제46조에서 '정해진 화폐'는 곧 외화를 의미하고, 전국 단위에서 합법적인 외화 유통이 가능해졌다는 의미이기도 하다. 북한은 비공식 시장에서 외화를 결제 수단으로 광범위하게 사용하고 있지만 합법적 유통은 개성공단, 나선경제특구 등 '철조망'으로 제한된 지역에서만 허용되어왔다.

북한은 달러화를 양성화하고 환율을 현실화해 해외투자 유치를 달성하기 위한 조치를 내놓기도 했다. 모든 개인·기업소·기관은 외화 구좌를 개설해 달러화 등 외화를 투명하게 입출금하도록 조치했다. 북한 당국은 2013년 3월 1일 기업소 독립채산제 전면 실시와 협동화폐제 실시를 골자로 하는 이른바 '3·1조치'를 내놓았다. 외화를 취급하는 모든 개인·기업소·기관에 '내화 구좌'와 함께 '외화 구좌'를 별도로 개설해 거래토록 하고 실제 시장에서 통용되는 환율을 적용하는 '변동환율제'를 실시했다. 이에 따라 모든 개인·기업소·기관은 외화 구좌를 개설해 달러화 등 외화를 투명하게 입출금해야 하며, 기존에는 외화 구좌가 없어서 지키지 못했던 24시간 이내에 현금(외화 포함)

---

96) "北 3040 '돈주'들, 세인트존 원피스·롤렉스 시계로 富 과시", ≪한국경제≫, 2014년 12월 3일 자.

〈사진 3-3〉 2010년 2월 북한 화폐개혁(2009년 11월 30일) 직후에 공시된 외화교환시세표

자료: 임을출(저자).

입금규정을 좀 더 엄격히 적용한 것으로 알려졌다.[97)

이 제도는 은행이 지정하는 환율과 시중에 유통되는 환율 간의 큰 격차가 외국 기업이 진출하는 데 장애 요인으로 작용한 것에 대한 대응책이었다. 또 한 민간이 보유하고 있는 달러를 양성화하고, 환율을 현실화해 해외투자 유치를 달성하기 위한 조치로도 평가되었다.[98)

북한 당국은 2009년 11월 30일 기습적인 화폐 개혁을 단행했고, 외화 사용을 통제하기도 했지만 오히려 중국과의 경제 교류가 증대함에 따라 달러화와 더불어 위안화 유통도 늘어났다. 북한 당국은 한때 통화 주권을 의식해 유로화를 공식 외화로 지정하기도 했고 러시아와의 교역에서는 루블화를 기축 통화로 사용하기로 했지만 달러화와 위안화의 영향력을 축소시키지 못했다. 결국 협동화폐제 도입은 공식 환율과 시장 환율의 큰 격차를 인정하고 제도화하려고 시도한 것으로 해석할 수 있다.[99)

북한 내 외화 사용이 일반화되면서 주민들도 미화 환율과 중국 위안화 환율에 민감해졌다.[100) 장마당에서의 위안화 거래가 일반화되고 있어 위안화

---

97) 「북한 변동환율제 실시」, 민족통신, 2013년 5월 5일 자.

98) 이후 북한을 방문한 해외 동포들에 의해 협동화폐제 실시가 사실로 확인되었는데 2013년 5월 기준으로 공식 환율 1달러=120원, 국내 협동화폐 가격은 1달러=8000원 수준이었다. 「북한 변동환율제 실시」, 민족통신, 2013년 5월 5일 자.

99) 「관광개발구, 경제개발구의 '미끼 전술'?」, 통일뉴스, 2015년 1월 19일 자.

100) 이하 북한에서 통용 중인 외화 실태에 대한 기술은 남북교류협력지원협회, 「INK FOCUS」 북한의 환전과 송금」, ≪남북경협뉴스레터≫, vol.38, 2016년 2월호에 실린 글을 참고했다.

의 가치 하락은 북한 주민들에게도 적지 않은 영향을 미친다. 사실 그동안 위안화는 달러와 연동되어서 달러가 올라가면 위안화도 오르고, 달러가 내려가면 위안화도 내려가는 구조였다. 북한 장마당 환율은 장사꾼들이 얼마나 자유롭게 달러나 위안화를 유통시키는 것이냐에 따라 달라진다. 당국이 이를 통제하면 오르기도 하지만 이러한 당국의 통제가 심하지 않아 환율이 안정적이다. 평양과 내륙 지역 장사꾼들은 대부분은 달러로 장사를 한다.[101]

북한 원화는 가치 하락 등으로 신뢰가 떨어져 일반 상거래에서는 거의 사용하지 않는다. 달러나 위안화가 시장에서 기본적인 유통 화폐가 된 지 오래이다. 택시를 이용하거나 주유소에서 기름을 사려고 해도 달러로 지불해야 한다. 북한돈으로 계산하려면 시세에 따라 변동되는 환율을 계산해야 하고, 다시 외화로 환전해야 하는 번거로움이 있기 때문에 아예 환전을 외화를 보유하고 사용할 수밖에 없다. 외화를 사용하지 않으면 추가비용 지불도 감수해야 한다. 북한 평양시에서 택시를 이용하는 주민들이 늘고 있는데, 화폐 가치가 떨어진 북한돈으로 택시비를 지불할 때는 5000원 상당의 돈을 더 내야 하는 것으로 전해졌다. 일반적으로 택시 요금은 달러나 위안화로 지불해야 하고 북한돈으로 지불하면 환전하는 번거로움 때문에 5000원을 더 내야 한다는 것이다.[102] 외화가 시장에서의 기본적인 유통 화폐가 되면서 북한돈을 외화로 환전하는 과정에 발생하는 시간 비용이 5000원인 셈이다.

위안화 거래는 처음에는 북중 접경지역에서만 주로 이루어졌으나 2010년 이후부터는 점차 북한 전역에 널리 유포되었다. 달러화에 대한 위안화 환율은 점차 국제 외환시장 시세를 반영하는 방향으로 수렴되기 시작했다. 예를

---

101) 「1분기 북한 쌀값·환율 안정세… 中거래 확대 영향」, 데일리엔케이, 2015년 3월 2일 자.

102) 「평양서 택시비 북한돈으로 내면 상식 없는 사람」, 데일리엔케이, 2015년 11월 17일 자.

들면 혜산시의 경우 달러에 대한 환율이 2001년 100달러=820위안, 2009년 100달러=620위안으로 위안화 가치가 200위안 떨어졌다. 2000년 초반에는 외화 보유가 불법이기 때문에 환율에 리스크가 반영되었다. 하지만 시장화가 진전되면서 외화 사용이 일반화되고 이에 따라 북한 내에서의 환율도 국제 시세와의 격차가 거의 없어지게 되었다. 위안화에 대한 수요가 늘어나면서 가치가 올라가기 시작했다. 가령 100달러를 바꾸는 데 2001년에는 820위안이 필요했지만 2009년에는 620위안으로 교환이 가능하게 되었다. 하지만 2014년부터 위안화 가치가 조금 떨어지면서 달러 대비 환율은 630~640위안이 되었고, 이런 흐름은 2016년 초반까지 이어지고 있다.

북한의 공식 환율은 1달러=102~106원(북한 원) 정도이다. 은행이나 공식 환전소, 호텔 같은 곳에서는 공식 환율이 적용된다. 지폐로 환전해주지 않고 '나래'카드 같은 것에 북한 원을 충전하는 방식으로 이뤄지기도 한다. 이럴 경우 외국인 입장에서 100달러를 '나래'에 충전하려면 약 1만 600원이 필요하지만, 시장에서 환전을 하면 1달러=8200원대(2016년 3월 평양 기준) 정도가 된다. 사정이 이렇기 때문에 환차손을 보지 않기 위해 외국 관광객이나 중국 상인을 비롯한 여행자, 평양 소재 외국 대사관 직원들은 시장 환율로 장마당이나 아는 환전상 통해 환전을 한다.

환전상은 대부분 여성이다. 이들의 남편은 외화벌이꾼이거나 어느 정도 권력을 갖고 있는 사람인 경우가 많다. 그래야 단속을 피하거나 걸리더라도 빠져나올 수 있기 때문이다. 권력자들은 북한의 시장화 진전에 따라 외화 저축이 자신들의 생존과 직결되어 있는 것을 잘 안다. 환전상이 대부분 돈주는 아니지만, 돈주는 대부분 환전상을 겸하거나, 환전상을 가까이에 둔다.

환전을 통해 생겨나는 환차익은 돈주는 물론 보안원 등에게도 매력적인 비즈니스로 통한다. 북한은 전 지역의 환율이 다른데 인민보안부에 소속된 평양승차(철도)보안서 간부들이 싼 지역에서 환전해 비싼 지역에 이를 전달해주고 돈주와 환전꾼들로부터 돈을 챙기고 있다는 소식도 들린다.[103) 북한 전 지역의 환율은 시장 및 장마당 내에서의 여러 가지 요인으로 인해 북한돈으로 500원 내외의 차이가 있다. 가령 평양의 1달러당 북한돈 8000원이면 지방은 8500원일 수 있다. 반대로 지방이 8000원이고 평양이 8500원일 수도 있다. 평양이 싸면 평양에서 환전을 하고, 지방이 싸면 지방에서 환전을 해서 환차익을 누릴 수 있는 것이다.

위안화 현상은 환전뿐만 아니라 송금에도 영향을 미친다. 상인들끼리의 거래대금 결제 방식은 돈주가 사실상 은행 역할을 하는 오늘날 북한의 실상을 잘 보여준다. 은행을 통한 송금 처리가 잘 안 되다 보니, 휴대 전화(손전화)를 이용해 돈주가 송금 대행자 역할을 하는 것이다. 예를 들면 평성의 한 상인이 함흥의 다른 상인에게 물건을 인편으로 인도할 경우 그 대금은 평소 돈독한 신뢰 관계를 맺고 있는 돈주들을 통해 건네받게 된다. 중국에서 들어온 물품을 평성 상인이 받아서 함흥 상인에게 전달할 때 대금은 함흥 상인이 함흥 지역의 돈주에게 위안화나 북한돈을 주면 함흥 지역의 돈주는 평성 지역의 돈주에게 손전화를 걸어 자기가 돈을 대신 받았으니 평성 상인에게 돈을 지급해주라고 한다. 그래서 상인은 대금을 처리하고 나머지 돈주 간의 거래는 이후 직거래나 청산 결제로 해결한다.

탈북자들이 북한의 가족에게 돈을 송금할 때도 이런 방식을 활용한다. 예를 들어 한국돈으로 100만 원을 가족에게 보내고 싶다면 한국과 중국의 은행 계좌를 모두 가지고 있는 조선족 중개인 → 중국의 은행 계좌를 가지고 있고 북한을 왕래할 수 있는 중국 화교 → 북한 돈주(이때 돈주는 앞 단계의 중국 화교가 북한에서 돈주인 경우나 아니면 이 화교와 신용 관계를 갖고 있는 북한 사람이다)의 최소 3단계를 거친다. 이 과정에서 각 중개인마다 5~30% 수수료가 붙

---

103) 「北 보안원, 북한돈·달러 환차익으로 막대한 돈 벌어」, 데일리엔케이, 2015년 11월 24일 자.

는다.

중개인 및 돈주들은 앉아서 수수료를 챙길 수 있기 때문에 큰 돈벌이가 된다. 사회적으로 자본주의 사회에서 볼 수 있는 거래자 간 신용이 형성되어가고 있음을 알 수 있다. 북한에서는 어음 제도가 불분명하기 때문에 구두로 약속하는 신용이 조금씩 중요하게 인식되고 있다. 예전에는 송금 중개인이 중간에서 돈을 가로챈 적도 있지만, 탈북자들이나 북한 내부의 인민들도 횡령자 브로커 명단을 공유하고 있기 때문에 중개인들도 신용을 잃으면 거래를 계속할 수 없어 합의한 수수료를 떼고 지속 가능한 거래 관계를 유지하고 싶어 한다.

2. 사금융 거래의 형태

사금융은 앞서 살펴보았듯이 개인과 개인, 개인과 무역 회사, 협동 기관, 국가 기관 들 사이에 다양한 방식으로 이루어지고 있고, 갈수록 거래 양태가 자본주의 경쟁 사회의 투자 방식과 구별하기 힘들 정도로 흡사해지고 있다.

1) 개인과 개인: 고리대금업

북한에서 사금융의 가장 일반적인 형태는 사채업자(돈주)에 의한 고리대금업이다. 고리대금업은 개인과 개인 사이에 가장 일반적이지만 개인과 무역 회사, 협동 기관, 심지어 국가 기관 간에도 이루어진다. 고리대금업 또는 불법 사채업과 관련한 다양한 사례들은 탈북자 인터뷰를 통해 또는 북한전문 매체에 빈번하게 보도되고 있다. 이들 사례를 보면 고리대금업은 북한에서 거의 일반화된 현상이다. 이자율이나 대출 기간 등은 일정하게 정해져 있는 것이 아니라 인간관계, 시기 등에 따라 조금 다른 특징을 보인다.

고리대가 2016년에도 성행하고 있는 것으로 확인된다. 최근에는 국가안전보위부까지 직접 나서서 부동산 등을 담보로 한 금전 거래(사채놀이)를 통제하고 있다고 한다.104) 보위부가 "장물(쓸모 있는 물건, 돈이 될 만한 물건)을 담보로 한 금전 거래를 엄중히 처벌한다"고 선포했다는 것이다. 이는 이미 고리대가 일정한 사회적 용인 수준을 넘어섰다는 의미다.

2014년에는 월 이자가 5%로 연리가 60%나 되는 사채거래 현상이 일반화되고 있었다. 그나마 이는 이전보다 낮아진 이자율이다. 북한에 거주하는 한 돈주는 미화 1만 달러를 빌려줄 경우에 매달 500달러를 이자로 받는데 보통 1년 기간으로 꾸어주고 있다고 밝혔다. 매달 500달러의 이자는 월 이자 5%로 1년이면 6000달러, 즉 연리 60%가 되는 셈이다. 월 이자 5%는 북한에서 누구나 통하는 가격이며, "이렇게 하지 않으면 어디 가도 돈 빌릴 곳이 없다"는 증언도 나오고 있다. 북한 당국이 운영하는 조선중앙은행에서 돈을 빌릴 때 2014년 기준으로 연리 약 5%를 적용하고 있지만, 은행에 돈이 없어 급전이 필요한 사람들이 사채 시장 문을 두드린다는 것이다.105)

2011년 사례를 보면, 월 이자가 20%까지 급증한 경우도 발견된다. '돈주'들은 개인에게 돈을 빌려줄 때 반드시 그 사람이 소유한 재산을 고려해 지급할 수 있는 능력 한도에서 빌려주며 원금상환 기간도 3개월에서 6개월 단위로 정하고 있다. 만약 10만 원을 6개월 단위로 꾸어줄 때는 한 달에 20%씩 계산해 원금 외에 12만 원을 이자로 돌려받는 식이다. 화폐개혁 이전까지 북한의 고리대금업자들은 한 달에 15% 이자를 붙여 개인들에게 돈을 꾸어주었는데 하루에 1%씩 이자를 붙인 사례도 있다.106)

---

104) 「보위부, 고리대업자 단속 선포」, 자유아시아방송, 2016년 3월 25일 자.
105) 「북 사채업자, 연 60% 고리대 돈장사」, 자유아시아방송, 2014년 11월 20일 자.
106) 「북 당국, '자본주의적' 착취행위에 제동」, 자유아시아방송, 2011년 8월 29일 자.

2008년 사례를 보면, 평양과 신의주, 평성 등 큰 도시들에는 돈이 많은 돈주들이 꽤 있는 것으로 알려졌다. 그들이 가지고 있는 돈은 그 지방의 중앙은행이 가지고 있는 돈보다 더 많다는 소문이 있을 정도이다. 그래서 돈이 필요한 사람들은 은행보다는 이들에게 달려간다고 한다. 돈을 빌려가는 사람들은 주로 '차판 장사(차를 이용해 대규모 장사 행위를 하는 상인)'나, 조개잡이를 하는 무역 회사이다.107)

그 당시 대출 이자는 월 30%에 달하는 고금리였다고 한다. 돈을 꾸어줄 때는 '계약서'도 작성하고 돈을 갚지 않을 경우에는 채무자의 재산을 압류했다. 채무자의 재산을 처분하는 사람들을 가리켜 '해결사'라고 하는데, 돈주들은 해결사를 시켜 빚쟁이의 가산을 팔고 그것도 모자라면 집까지 몰수하는 경우가 많았다. 북한에서는 개인 호상 간 분쟁을 법 기관을 통해 푸는 것이 아니라 해결사의 주먹에 맡기는 경우도 있었다고 한다.

과거 북한 전역에서는 월 20% 이자를 받고 빌려주는 형태가 보편화되어 있었는데 이러한 고리대금 양상은 7·1경제관리개선조치 이후 배급제가 중단되자 대부분의 주민들이 장사로 생계를 해결하면서 장사 밑천이 부족한 주민들을 중심으로 확산되었다. 이처럼 개인은 주로 장사 대금을 마련하기 위해 고리 사채를 이용한다. 기존의 연구 결과도 개인이 개인으로부터 돈을 빌리는 이유는 장사로 불리는 상행위를 하기 위해서가 압도적으로 많다는 점을 확인해주고 있다.108)

또한 탈북 자금이나 중국에 나가기 위한 비용을 마련하기 위해 고리대금을 이용하기도 한다. 중국에 가기 위해 탈북하는 가장 용이한 방법은 북한 내 간부에게 뇌물을 상납하면서 3개월짜리 비자를 받는 것이라고 한다.109)

---

107) 「청진 장마당 상인-보안원 몸싸움」, 자유아시아방송, 2008년 8월 14일 자.

108) 양문수, 『북한 경제의 시장화: 양태·성격·메커니즘·함의』, 246~248쪽.

109) "김정은 집권 3년… 격랑의 북한 경제: '배고파 탈북' → '돈 벌러 탈북'… 취업·장

언론 인터뷰에 응한 옌볜의 한 대북 사업가는 "북한 주민이 보위부에 1000달러 정도 (뇌물을) 주면 중국을 나오는 것은 일도 아니다"고 전했다. 그 밖의 방법은 중국에 있는 친척에게 담보를 부탁하거나, 고리대금업자나 큰 상인들에게 높은 이자로 돈을 빌리는 것이다. 이때 북한에 남아 있는 가족들은 담보 겸 볼모가 되는 식이다.110) 이 탈북자가 다시 북한으로 돌아갈 때는 물론 높은 이자돈을 갚아야 한다. 고리대금업자와 탈북자 간에 일종의 신용 거래를 하는 셈이다. 중국에 또 나가기 위한 비용을 마련하려면 이 탈북자는 신용을 지켜야 한다.

북한의 사금융은 대부분 고금리인데 이는 주민 간 금전 거래가 불법이라서 리스크 프리미엄이 붙기 때문이라고 한다. 이자돈의 이자는 보통 10%이며 1~3개월의 단기 대여가 많은 것이 특징이다. 일부 1년 기한까지 돈을 빌려준다는 증언도 있다. 이자를 20~30%까지 받는 경우도 있지만, 이자를 많이 주겠다고 하는 경우에 오히려 협잡(사기)의 가능성이 높아 돈주들이 주의하고 있다.

고리대금업자들은 김정일 국방위원장의 사망까지 돈벌이에 활용했던 것으로 드러나고 있다.111) 북한은 김 위원장의 사망이 보도된 2011년 12월 19일부터 '특별 경비'를 선포하고 일체 주민들의 이동을 금지시킨 바 있는데, 쌀 장사꾼들의 경우 당장 먹을 것이 없는 주민들에게 한 달 후에 1.5kg을 받는다는 조건으로 강냉이(옥수수) 1kg을 꾸어주고, 돈 많은 장사꾼들이나 환전꾼들 역시 한 달에 50% 이자를 조건으로 돈을 꾸어주었다는 것이다.

북한에서는 해마다 '보릿고개'로 불리는 3~4월이 되면 현대판 '지주'인 고리대금업자와 돈 많은 장사꾼들이 농민들이나 식량이 떨어진 주민들을 상대

사 위해 1000弗로 도강", ≪한국경제≫, 2014년 12월 2일 자.

110) 같은 신문.

111) 「김정일 사망 돈벌이 활용」, 자유아시아방송, 2012년 1월 10일 자.

로 '현물 장사'를 하고 있다. 이는 봄에 강냉이 1kg을 꾸어주고 대신 가을걷이가 끝나면 그 2배인 강냉이 2kg을 받아내는 식의 장사를 의미한다. 지금까지 북한의 지주들은 그런 수법으로 돈을 무더기로 벌어왔다.[112]

2014년 사례를 보면 현금을 많이 보유하고 있다 해도 돈을 불릴 만한 마땅한 수단이 없는 고급 관리의 상당수가 자신의 돈을 불리기 위해 부하 직원들을 동원한 사례도 있다.[113] 자칫 돈을 빌려주었다가 떼일 염려가 있기 때문에 그럴 염려가 없는 부하 직원들을 상대로 이자놀이를 한다는 것이다. 고위 관리로부터 돈을 빌린 직원도 다시 이 돈을 잘게 쪼개서 또 다른 서민에게 이자를 붙여 돈놀이를 할 수 있기 때문에 비록 상급자가 반 강제로 돈을 빌려주는 것이지만 꼭 싫지만은 않은 형편이라고 한다.

이 같은 관료들의 이자놀이는 평양 같은 대도시는 물론 지방 소도시에서도 광범위하게 성행하고 있다. 1차로 빌려주는 돈의 이자는 월 5% 정도지만 아래 단계로 내려가면서는 이자율이 점점 불어난다. 돈놀이를 하는 사람들 중에는 퇴직 관리들도 꽤 많다고 한다. 이들은 현직에 있을 때 모아놓은 돈을 이자놀이를 해서 불리고 있는 것이다.

북한에서 이자돈에 대한 이율은 큰돈일 경우는 조금 낮지만, 아래 단계인 서민들 사이에서 빌려주는 100~200달러 정도의 소액일 경우는 월 20%에 달한다. 이자돈은 외국돈(달러, 인민폐)으로 빌려주며 원금은 외국돈으로, 이자는 북한돈으로 계산해서 받는 것이 보통이다. 돈을 빌려줄 경우는 소유 재산 등을 비롯해 상환 능력을 고려하므로 돈이 아예 없거나 장사를 하지 않는 사람들은 이자돈을 쓰기 어렵다. 만약 이자와 원금을 갚지 못하면 그 사람의 집이나 가전 제품 등을 빼앗는 경우가 있다.

빌려준 돈을 갚지 않으면 돈주들이 채무자에 대해 강제집행 조치를 취하

---

112) 「현대판 지주들 현금장사」, 데일리엔케이, 2013년 11월 5일 자.
113) 「북 고위관리들, 고리대금업까지 손대」, 자유아시아방송, 2014년 1월 29일 자.

<표 3-10> 북한의 사금융 현황

구분		평양		평남			평북		황남	황북	강원
연도		1998	1999	1998	1999	1996	1997	1998	1996	1998	1997
지역		평양	평양	남포	회창	덕천	철산	신의주	해주	송림	원산
세대당 통상 차입 규모 (북한 원)		2,000	3,000	1,000	2,000	3,000		100~1,000	50	2,000	2000
금리(월)		5~10%	5~10%	10%		10%	5%	20%	0%	10%	10%
전체 세대 중 차입세대 비율		10%	10%	30%	30%	30%	10%	80%	20%	15%	30%
차입 이유	장사		50%	75%				80%		25%	25%	25%
	식량 구입		50%	25%				20%		75%	75%	75%

구분		함남			함북		자강	양강	
연도		1998	2000	2001	1999	2001	1997	1996	1999
지역		함흥	단천	단천	청진	청진	송원	혜산	혜산
세대당 통상 차입 규모 (북한 원)		1,000	3,000		1,000~10,000	2,500~10,000	300		3,000
금리(월)		30%	30%	20%	10~20%	15~30%	0%	10%	10%
전체 세대 중 차입세대 비율		35%	80%	75%	60%	70%	30%	50%	30%
차입 이유	장사	75%			80%		80%		80%
	식량 구입	25%			20%		20%		20%

자료: 박석삼, 「북한의 사경제부문 연구: 사경제규모, 유통현금 및 민간보유 외화규모 추정」, 13~14쪽.

는 것이다. 2~3회에 걸쳐 채무를 독촉하며 그래도 갚지 않을 때는 채무자의 집에 있는 텔레비전, 녹음기, 자전거 등을 압류하기도 하고 힘센 사람들을 내세워 돈을 갚을 때까지 집을 점거하기도 한다. 또한 전당포를 활용하여 물건을 차압하고 한 달의 상환 기간을 두고 처리하기도 한다. 전당포를 이용해 이자돈 미상환자들의 가전 제품 등을 처리한다는 증언도 있다.[114]

---

114) 탈북자 김○○(장사, 남, 2013년 탈북)와의 인터뷰, 2014년 9월 6일.

앞서 지적했듯이 북한의 금융 제도하에 일반 주민들은 은행에서 대출을 받을 수 없고,[115] 주민 간 금전 거래도 금지되어 있다. 하지만 1990년대 중·후반 고난의 행군으로 배급 체계가 이완되거나 혹은 거의 붕괴하면서 사적 경제활동이 활발해졌고, 북한 주민들 사이에서는 장사를 하거나 식량을 구입하기 위해 금전 거래를 하는 사례가 나타나기 시작했다.

2002년 한국은행의 조사에 따르면 북한에서 사금융이 가장 활성화되어 있는 지역은 평안북도, 함경북도, 함경남도이고 다소 활성화되어 있는 지역은 평안남도, 자강도, 양강도이다. 그러나 평양시, 황해남도, 황해북도는 사금융이 그렇게 활성화되어 있지 않은 것으로 보인다. 탈북 주민들에게 거주 지역의 통상적인 차입 자금의 규모, 용도, 금리 등을 질문하고 그에 대한 응답을 정리한 바에 따르면, 규모는 지역별로 다소 차이가 있으나 대부분 2000~3000원 정도이고 간혹 1만 원 정도를 차입하는 경우도 있다. 용도는 대부분 장사 밑천(75~80%)이지만 식량 구입(평양시, 황해남도·황해북도, 강원도)을 위한 경우도 있다.[116]

북한의 사금융 금리는 통상 월 10~30% 수준이며, 심지어 최근에는 월 50% 고금리 사례도 보인다. 이는 주민 간 금전 거래가 불법이다 보니 사금융 거래에 따른 리스크가 반영된 것으로 해석된다.

2) 개인과 기업, 협동단체, 국가 기관 간의 금융 거래

개개인 간의 사금융 거래는 개인과 기업, 협동단체, 국가 기관 간의 금융

---

115) 농민의 경우에는 농촌 금융을 담당하는 '협동농장신용부'로부터 공식적으로 자금을 대출받을 수 있다.
116) 박석삼, 「북한의 사경제부문 연구: 사경제규모, 유통현금 및 민간보유 외화규모 추정」, 13~14쪽.

거래로 발전한다. 국가가 주도하는 계획경제 시스템이 붕괴하면서 유통과 생산 부문에서 민간 참여가 제한적이지만 허용되었다. 이러한 환경은 유통, 생산, 금융에 많은 변화를 가져왔다. 오늘날 북한에서 유통, 생산, 금융은 매우 긴밀하게 연동되어 동반 성장하고 있다.

전국적으로 시장이 생겨나고, 국가 제품들을 파는 국영 백화점과 상점들은 개인 돈주들의 투자성 자금으로 물품들을 중국에서 유통하여 판매하게 되었다. 국가의 명의를 활용하기 때문에 합법적으로 이루어진다고 할 수 있다. 원자재 공급을 위해서 중국과 합작 투자하여 물품을 생산하고 임가공하는 경우도 있으며, 돈주들 간의 합작 투자로 중국으로부터 원자재를 구입하여 공장·기업소를 운영하기도 한다. 국영 공장·기업소를 임대하여 돈주들이 사적 이익을 추구하는 데 활용하는 것이다.[117]

돈주들이 협동농장이나 국가 기관에 돈을 꾸어주고 높은 이자를 받는 고리대금업도 성행하고 있다.[118] 기업은 생산물의 시장 판매를 통해 현금 수입을 획득하거나 돈주로부터 대부 또는 투자를 받아 현금을 확보하기도 한다. 타 기업 또는 생산재 시장을 통해 원자재를 구매하거나 임가공을 의뢰한 돈주로부터 원자재를 제공받는 경우도 있다. 또한 자신이 생산한 제품을 종합시장 등을 통해 판매하거나 임가공을 의뢰한 돈주에게 인도하기도 한다.

개인과 기업, 협동단체, 국가 기관 간의 금융 거래에서 '개인' 돈주 여러 명이 공동으로 투자하는 사례는 거의 일반화되었다. 이 돈주들은 자본주의 주식회사의 공동 주주나 다름없다. 예를 들면 시장 매대에 물품을 공급하는 일, 외화벌이 회사 설립, 써비차나 버스의 구입과 운영, 공장·기업소에 원자재를 공급하는 일, 가내 수공업 시장 도매, 외화벌이 회사 및 버스운송 회사 설립, 기업소 원자재 확보, 가내 수공업 물품 공급, 상점이나 백화점에 수입 상품을

---

117) 곽인옥, 「북한 시장의 실태 분석 및 변화과정에 관한 연구」, 61쪽.
118) 「이자율 월 20~30% 고리대금업 성행」, 자유아시아방송, 2009년 3월 24일 자.

공급하는 일 등에 여러 명의 돈주들이 공동으로 투자하고 공동으로 수익금을 나눠 갖는 경우가 대표적인 사례들이다.[119] 특히 소자본을 갖고 있는 돈주들이 공동으로 자금을 모아 수익 사업에 합작으로 투자하는 경우가 많다.

〈그림 3-8〉은 사금융의 다양한 사례들을 보여준다. 시장 도매는 시장 매대에 물품을 도매하여 넣는 일인데, 3~4명의 돈주들은 함께 돈을 모아서 써비차를 구입하고 물품을 도매해 온다. 수익도 함께 배분하되 투자 액수에 따라 차이가 난다. 외화벌이 회사의 경우는 와크권을 갖고 있는 사람이 돈주, 자동차 보유자 등과 함께 회사를 설립한다. 이때 여러 명의 돈주들은 함께 투자하고 (수익금으로) 국가에 세금을 내고 나머지 수익금을 역시 투자 액수에 따라 배분한다. 운송 서비스업도 한꺼번에 버스를 구입하려면 큰돈이 필요하기 때문에 돈주들은 공동 투자한다. 공장·기업소의 원자재도 돈주 공동으로 투자해서 마련하고 수익을 창출한다. 예를 들면 피복 공장에서는 김일성·김정일 생일 선물로 학생들 교복을 만들기도 한다. 하지만 12개월 중 한

〈그림 3-8〉 사금융의 조합 형태

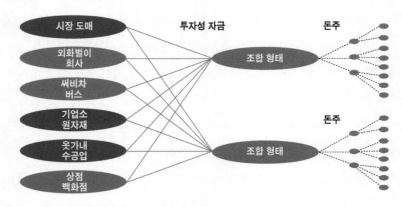

자료: 곽인옥, 「북한 시장의 실태 분석 및 변화과정에 관한 연구」, 57쪽.

---

119) 곽인옥, 「북한 시장의 실태 분석 및 변화과정에 관한 연구」, 57~58쪽.

달만 일하면 된다. 나머지 11개월은 할 일이 없다. 공장·기업소에서는 국가 이득금도 내야 하고 노동자들에게 배급도 지불해야 한다. 이러한 상황에서 지배인은 인맥이 있는 돈주들 5~6명에게 투자성 자금을 지원받아서 중국으로부터 원자재를 사 와 제품을 만든다. 다섯 번째 사례는 옷, 신발의 가내 수공업이다. 평성에는 신발을 만드는 율례동(북한에서 규모가 가장 크다)이 있다. 가내 공작소에서 신발을 만드는 사람은 수만 명이다. 그중 신발을 만들 때 원자재를 중국으로부터 가져오는 물주가 있는데, 물주들은 물품을 함께 가져오면 싸기 때문에 10명의 물주들이 공동으로 물품을 가져와서 신발을 만든다. 자금을 가장 많이 내는 물주가 대표를 맡는다. 마지막 사례는 상점과 백화점에 공업품이나 식료품을 유통하는 돈주들이다. 이들은 공동 투자를 통해 중국으로부터 공업품과 식료품을 유통하여 상점이나 백화점에 물품을 넣고 수익금을 나누어 가진다.

이상의 여섯 가지 사례를 보면 돈주들은 합작하여 자금을 모으고 투자하여 수익을 내는데, 이와 같은 형태는 2인 이상이 상호 출자하여 공동 사업을 경영하기로 약정하는 계약, 즉 자본주의 국가들의 '조합'과 유사하다.

민간인의 개별 무역을 허용하지 않는 북한에서 국가 무역회사들이 개인 자본가들의 자금을 끌어들여 동업 형태로 무역 거래를 하는 경우는 갈수록 증가하고 있다. 돈주들이 국가 무역회사의 이름을 빌려 물건을 수입한 다음 이를 주민들에게 되팔아 막대한 이익을 챙긴다는 것은 이미 알려진 사실인데, 과거 김정일 시대부터 음성적으로 행해지던 이런 불법 개별무역이 김정은 정권이 들어서고 난 이후 대폭 증가한 것이다.[120]

북중 간 교역 품목 가운데 국가 무역회사가 수입하는 것은 주로 건축 자재나 기계류, 산업 시설 같은 것이다. 반면 식품이나 잡화류, 전기용품처럼 장

---

120) 「북 무역회사-개인 자본가 '동업' 급증」, 자유아시아방송, 2014년 5월 14일 자.

마당에서 거래되는 생활용품은 대부분 돈주가 별도로 자금을 대서 수입한 것이다. 무역 회사뿐만 아니라 국영 상점이나 외화 상점도 말로만 국영이지 실제는 국가 회사의 이름을 빌린 민간 자본가들, 즉 돈주들이 운영하는 것으로 알려져 있다. 이들 국영 상점이나 외화 상점들은 돈 많은 개인이 국가 회사의 이름을 빌리고 대신 이익금 일부를 국가에 바치는 것이기 때문에 국가와 개인 간의 음성적인 동업 형태로 운영되고 있는 것이다.

이런 사례는 국유화로 되어 있는 수산 사업소에도 적용된다. 이들 사업소는 생산물 양식에서부터 판매에 이르기까지 국정 가격으로 이루어지기 때문에 아무리 수확물이 많다 해도 적자를 면할 수 없으며 관리일군들 역시 생계에 타격이 크다. 그렇기 때문에 일부 간부들은 생산물의 수량과 단가를 조절하고 (불법적으로) 외화벌이 기관의 명의를 빌려 무역을 하는 돈주에게 생산물을 넘겨 수익을 챙기는가 하면 종업원 식량 명목으로 시장에 내다 팔기도 한다.

이처럼 돈 있는 개인들이 공장·기업소·협동농장을 상대로 돈을 빌려주는 경우도 많다. 개인과 협동 기관들 사이에서 벌어지고 있는 사금융 이자도 20~30% 수준에 이르는 것으로 알려져 있다. 이럴 때 돈주들은 지급 능력을 상실한 생산 가동이 되지 않는 공장·기업소에는 돈을 빌려주지 않으며 대체로 현물지급 능력이 있는 협동농장들을 상대로 한다.

한편, 해마다 북한의 협동농장들은 절량세대 농민들을 위해 가을철에 배로 갚는다는 조건으로 현대판 지주들로부터 식량을 꿔 들인다. 현대판 지주로 불리는 장사꾼과 고리대업자들은 협동농장과 직접 거래하는 방법을 가장 안전한 장사로 간주하고 있다.[121] 협동농장과 하는 거래는 외상 거래도 성행하는 것으로 알려져 있다. 예를 들어 봄철에 돼지를 농장에 사다 주고 대신

---

121) 탈북자 김ㅇㅇ(농장원, 여, 2013년 1월 탈북)와의 인터뷰, 2014년 9월 12일.

가을에 2~3배가량 높은 가격으로 옥수수를 돌려받는 것도 돈주들이 농장의 현금 사정을 간파하고 벌이는 '고리대 현상'인 것이다.

개인과 기업 간의 금융 거래는 크게 대출, 투자, 임가공 의뢰로 나눌 수 있다. 또한 돈을 빌리는 기업은 공장일 수도 상점일 수도 무역 회사일 수도 있다. 자금은 투자 자금도 있고 운영 자금도 있다.[122] 국영 기업의 운영과 사적 자본의 연계는 다양한 방식으로 이루어지고 있다.[123] 첫째는 돈주 등 개인이 기업에 자금을 대부하고, 이후에 원금과 이자를 상환받는 것이다. 둘째는 단순 투자로서 돈주 등 개인이 기업에 자신의 자금을 투자하고 이후에 이득금을 분배받는 것이다. 개인이 기업에 현금을 제공하든 원자재를 제공하든 이후에 현금으로 돌려받는 경우는 단순 대부 또는 단순 투자의 영역에 속한다.

개인 돈주의 입장에서는 생산, 구매, 판매 등 기업 활동에는 전혀 관여하지 않고 자금만 투입·회수할 뿐이다. 북한에서 성행하고 있는 개인 수공업도 돈주가 운영하는 사례가 많은데, 돈주가 배후에서 생산은 물론이고 원자재 조달, 제품 판매 등과 관련해 핵심 역할을 수행하고 있다.

사실 돈주 개인과 국가 기관 간의 유착 관계는 돈주가 단순 대부 및 투자 역할에 머물지 않고, 〈표 3-11〉에서 보는 바와 같이 건설 허가 및 설계 단계에서부터 아파트 입주 허가증을 받을 때까지 각 단계별로 직접 개입해 로비에서부터 건설자재 조달, 근로자 채용, 월급 지급 등 사실상 국가 기관의 역할을 대행하기도 한다.

북한에서는 주택 시장화도 상당히 진척되어 있는 것으로 파악된다. 중국의 개혁·개방 초기와 같이 자금과 권력이 뒷받침되면 누구든 개인이 직접 주택을 건설하고 소유할 수 있다. 물론 개인의 주택 소유를 허용하는 명확한 법규와 제도는 존재하지 않는다. 오히려 이런 특성 때문에 자금력이 있는 돈

---

122) 양문수, 『북한 경제의 시장화: 양태·성격·메커니즘·함의』, 248쪽.
123) 이석기 외, 『2000년대 북한의 산업과 기업: 회복실태와 작동방식』, 202~229쪽 참조.

〈표 3-11〉 아파트 신축 시 돈주의 투자 역할

구분		건설 주체	
		국가 기관(건설주)	개인 돈주(투자자)
1	건설 허가 및 설계 문건	담당 기관 기업소	뇌물, 음주 접대
2	주요 자재	계획분 시멘트, 강재, 목재 일부	시멘트, 강재, 목재를 시장을 통해 구입
3	전기(동력)	국가계획에 의한 전기 보장	정전 시 배전부 로비 제공
4	주요 설비	국가 소유의 크레인, 굴착기 같은 대형 수동수단 확보	개인트럭 보장
5	인력 보장	담당 기관 기업소의 행정 및 기술인력 제공	시장 기능인력 및 일반인력 채용
6	월급(인건비)	국가 가격에 의한 월급 제공	개인 돈 투자(시장 가격으로 지급)
7	준공 검사	담당한 건설주 기관 기업소	준공검사 요원들에 대한 로비비용 지원
8	입사증(아파트 입주 허가증)	입사증 승인문건 제출서류 준비, 해당 기관에 제출	입사증 발급 승인에 필요한 로비비용 달러로 지불
9	단속 처리		불법신축시공규정 위반, 인력 단속 시 뇌물제공

자료: 홍성원, 「북한 부동산 개발실태에 관한 연구: 아파트 건설을 중심으로」(북한대학원대학교 석사학위논문, 2014)를 토대로 수정·보완했다.

주가 아파트 건설 등에 투자하여 이익을 확보할 수 있는 여지는 더욱 확대되고 있는 것으로 파악된다. 초보적 수준이긴 하지만 돈주들이 권력 기관과 협업하여 자금을 대는 대가로 아파트 분양권 등을 받아 사적 부를 축적하는 현상은 오늘날 북한에서 어렵지 않게 발견할 수 있다.[124]

북한에서 아파트는 국가 기관이 건설해 주민에게 무상으로 공급하는 게 원칙이었다. 그러나 국가재정이 나빠지면서 분양제가 도입되었다. 돈주들의 자금을 받아 아파트를 건설하고 아파트의 일부를 이들에게 배정하면 이들은 이를 다시 전매해서 이득을 챙기는 구조가 정착한 것이다.[125] 평양이나 평성은 물론 혜산이나 신의주 같은 북중 접경지역의 도시에는 새로운 아파트 건

---

124) 송현욱, 「북한의 주택정책과 이용권제도에 대한 고찰」, 『법학 논총』, 제30집 12호(서울: 한양대학교 법학연구소, 2013), 175쪽.

125) 북한은 토지와 주택에 대한 소유권을 법 제도적으로 인정하지 않고 있다. 다만 사용권은 인정하며 이에 대해서는 개인 간 매매가 이루어지고 있다.

물을 쉽게 볼 수 있다. 고급 저층 아파트가 최고 1만 달러에 거래되고 있는 것으로 전해졌다. 고층 아파트가 많은 신의주와 달리 혜산에는 저층 아파트가 건설되고 있고 이곳 아파트 5층 이상이 '로얄층'으로 평가된다. 5층 이상이고 방이 2개 정도(대략 20~30평)인 아파트는 6만~7만 위안(1만~1만 1000달러) 정도로 가장 비싸게 팔리고 있다.[126] 이 같은 아파트 건설은 주로 화교들의 투자에 의해 이뤄지는데, 이들은 단층집(북한 용어로 '땅집')을 싼 가격에 사서 아파트를 건설하고 팔아 이득을 남긴다. 한국의 재개발 과정과 비슷하다. 흥미로운 대목은 이전에는 아파트 저층과 야채 등을 심을 수 있는 텃밭이 딸린 땅집을 선호했지만 장마로 수해가 나거나 도난 사고도 있어 이제는 고층 아파트를 더 선호한다는 것이다.[127]

아파트의 가격은 기차역과 인민위원회 청사를 중심으로 이들과 가까울수록 비싸고 멀어질수록 싸진다고 한다. 또한 장마당(종합 시장)에 가까운 주택은 상점이나 물건의 보관창고 구실을 할 수 있기 때문에 가치가 높다. 2014년 기준으로 주요 지역의 아파트 시세를 살펴보면, 평양의 경우 조금 비싼 아파트는 10만 달러에 이르고 근교의 농촌마을 집도 1000달러 안팎에 거래되는 것으로 파악되고 있다. 신의주는 2015년 기준으로 5만~6만 달러 수준, 무산의 경우 괜찮은 아파트는 1만 5000달러에 거래되었다고 한다. 이전 아파트와 새로 건설된 아파트 간의 가격 차이도 크게 벌어지고 있다. 북한도 예전 사회주의 시스템 설계에 맞춰 짓는 게 아니라 현대적인 설계로 짓기 때문에 비쌀 수밖에 없다. 최근 지어지는 아파트들은 평수도 넓고 전망도 중요시된다. 또한 층도 높고 창문 유리는 전망이 잘 보이도록 통유리를 쓴다고 한다.[128]

---

126) 「北 주민들도 아파트 '로얄층' 선호… 6, 7층 1만 달러」, 데일리엔케이, 2015년 10월 1일 자.

127) 같은 글.

3. 사금융의 주체: 돈주

북한 경제는 공식 경제와 비공식 경제로 구분할 수 있는데, 비공식 경제 부문도 화폐가 유통되어야 한다. 그런데 국가은행이 제 기능을 못하거나 경제 주체들로부터 불신을 받다 보니 은행을 대행하는 주체들이 등장하게 되었다. 은행에서 가장 기본 업무인 대출, 송금, 환전 등을 대행하는 돈주를 중심으로 사금융의 다양한 주체들이 등장한 것이다. 특히 전주(錢主)의 북한식 용어로서 신흥 부유층을 가리키는 돈주는 오늘날 북한의 사금융을 발전시키는 핵심 주역이라고 할 수 있다. 이들은 고리대금업을 비롯해 전당포 운영, 나아가 아파트 건설 등 각종 이권사업에 투자하며 부를 축적하고 있다.

1) 돈주: 등장 배경 및 범위[129]

북한의 사금융 발전과 관련해 가장 중요한 탐구 대상은 사금융 활성화를 주도하고 있는 돈주이다. 이들의 범위를 학문적으로 정확하게 규정하기는 쉽지 않다. 좁게 보면 투자와 고용을 통해 자본을 확대 재생산하고 있는지 여부가 돈주를 규정하는 중요한 기준이 된다. 북한에서는 개인 자산의 보유 규모가 은폐되어 있어 자산 규모를 기준으로 돈주를 규정하는 것은 모호한 측면이 있다.[130] 외화 재산 보유자들을 돈주라고 통칭하기도 한다. 이들은 대체로 상업적 이윤을 추구해 화폐 재산의 증식을 추구하는 '사민' 신분의 시장참가 주체이다.[131]

---

128) 「北 50만 달러 아파트 등장… '주택시장' 체제 변환동력」, 데일리엔케이, 2015년 12월 2일 자.

129) 돈주와 관련해서는 김직수, 「돈주'의 형성과정에 대한 연구」, 12~32쪽; "[북한의 지하경제] '돈주'의 형성", ≪통일신문≫, 2014년 4월 7일~7월 14일 시리즈 기사 참고.

130) 최봉대, 「북한 도시 사적 부문의 시장화와 도시가구의 경제적 계층분화」, 59쪽.

돈주를 구분하는 기준은 북한 지역별로 서로 다르게 나타나는데, 평양을 중심으로 이북 지역에서는 대체로 미화 1만 달러 이상을 소지하고 있는 사람들이고, 이남 지역에서는 5000달러 정도라는 주장도 있다.[132] 이는 2006년 조사에서 밝혀진 규모와 유사하다. 당시에도 흔히 1만 달러(2004년 12월 암시장 장가로 1만 달러는 북한돈 1800만 원 정도이다) 이상을 가지고 있는 사람들을 돈주라고 지칭한다는 조사 결과가 있었다.[133] 9년이 지난 지금 북한의 돈주들은 이보다 훨씬 많은 액수를 보유하고 있을 가능성이 크다.

하지만 여윳돈을 가진 사람들은 재일 교포, 화교를 비롯해 무역 및 외화벌이 일군, 마약 장사꾼, 밀수꾼, 당 간부 부인 등 실로 다양하다. 외화벌이 기관이나 러시아에 벌목공으로 가서 돈을 벌었거나 해외의 가족 및 친인척이 송금해준 돈을 축적한 주민들이 돈주가 되는 경향이 있다. 이들 중 대다수는 특수 단위들의 '보호' 아래 시장 활동 '대리인' 자격으로 자기 자본을 투자해서 외화벌이 원천의 채취 및 가공, 수출업에 가장 활발하게 참가하는 '외화벌이 종사자'들이다. 이들 중 일부는 특수 단위의 무역 회사들이 수출대치 물자 등으로 수입한 소비재 상품들을 비공식적으로 대량 구매하여 시장에 유통시키는 일에 종사하는 '상인'에 해당한다. 그리고 공장·기업소에 비공식적으로 투자해서 인수한 생산품의 판매에 관계하는 일종의 '주문 생산형' 상인들도 있다. 이처럼 대도시를 중심으로 외화(달러) 기반의 상업적 이윤을 추구하는 외화벌이 종사자나 상인들은 비국가 부문에서 시장 활성화를 주도하는 유력한 집단을 구성한다.[134]

이들은 막강한 현금 동원력을 토대로 북한의 사경제 활성화를 실질적으로

---

131) 최봉대, 「북한의 국가역량과 시장 활성화의 체제이행론적 의미」, ≪통일문제연구≫, 제26권 1호(통권 제61호)(2014), 169쪽.

132) 곽명일, "북한의 인기직업 10가지", ≪통일신문≫, 2015년 1월 18일 자.

133) 김정숙 『오늘의 북한, 북한의 내일』(서울: 좋은 벗들, 2006), 55~56쪽.

134) 최봉대, 「북한의 국가역량과 시장 활성화의 체제이행론적 의미」, 169쪽.

이끌고 있다. 현대판 '지주'로 불리는 돈 많은 장사꾼과 고리대금업자들은 북한에서 거액의 돈놀이를 하는 사람들로 주로 현금 유통을 가장 많이 하는 환전상과 외화벌이 상점의 지배인들이다. 기존 연구에서는 돈주의 유형을 외화벌이 돈주, 종합시장 돈주, 건설업 돈주로 구분하는 경우도 있지만,[135] 지금은 시장이 급성장했기 때문에 돈주들의 범위와 활동 영역이 기존의 구분 그 이상인 것으로 파악된다.

이자돈을 빌려주는 돈주들은 초창기에는 중국과의 무역을 장악했던 화교(북한에 거주하는 중국 국적인)나 일본에서 송금을 받았던 귀국자(재일 교포)들이었다. 약 30만 명 이상으로 추정되는 화교와 약 10만 명으로 추정되는 재일 동포 귀국자들은 시장의 주요 행위자였다. 그러나 요즘에는 1990년대 중반 장마당에 진출해 돈맛을 알고, 자본주의 생리에 익숙한 30~40대 신세대 돈주들도 적지 않다고 한다. 이들은 특히 기성세대가 생각하지도 못한 새로운 사업 아이템으로 높은 수익을 만들어낸다고 한다. 가령 주유소와 고속도로 휴게소 사업 등을 통해 돈을 벌고 있다는 전언이다.[136] 돈주들은 지역적으로도 평양에만 있는 것이 아니라 나선경제무역지대 등 개방 지역을 비롯해 나선과 가까운 청진·신의주 같은 중국 측 인근 도시들, 도매시장이 들어서 있는 평성, 기타 순천·남포 등에 골고루 분포되어 있는 것으로 보인다.

돈주들의 출신은 다양하지만 가장 주목할 대상은 화교들이다. 우선 화교들은 북한 시장화를 견인하고 사금융을 발전시킨 주역이라 평가할 수 있다. 화교들은 중국에 친인척을 둔 경우가 많기 때문에 북중 간 합법 또는 비합법 거래를 주도할 수 있는 장점이 있었다. 이들은 북중 국경을 상대적으로 자유롭게 왕래할 수 있는 출신상 장점을 활용해 장사는 물론, 이자돈의 돈주 역할과 탈북자들이 북한 친지에게 보내주는 돈을 중개하는 브로커 역할까지 해

---

135) 김직수, 「돈주'의 형성과정에 대한 연구」, 34~40쪽.
136) 곽명일, "북한의 인기직업 10가지", ≪통일신문≫, 2015년 1월 18일 자.

왔다. 1990년대 초·중반 암시장이 형성될 때부터 화교들은 중국에서 상품 조달을 했고 이들이 도매한 상품들이 북한 시장을 장악하게 되었다.[137] 나아가 북한의 공장이나 기업소에 자금을 대여하는 역할까지 했다. 또한 외화벌이 기관에도 돈을 빌려주어 고리대금업을 하고 중국과 네트워크를 형성해 '와크'를 형성하기도 했다.[138]

점차 화교들은 초기의 비공식형 장사 방식에서 벗어나 더 적극적인 시장 활동을 펼치기 시작한다. 중국에 빈번하게 드나들며 여러 상품(수요가 많은 상품)들을 조달했고 이 과정에서 분업화를 실시했다. 중국에서 국경까지 조달하는 조와 국경에서 지방으로 운반하는 조로 나눠 분업을 한 것이다. 이에 따라 상당수 북한 상인들은 화교들의 상품 운송에 편승하여 많은 수익을 올리기도 했다. 국가 기관이나 기업소에서는 화교들에게 일정한 금액을 받고 창고와 사무실을 임대해주는 사례도 속출했다. 기름난으로 움직이지 못하고 있는 지방 산업공장의 자동차를 돈이나 대체 상품을 주어 사용한 것이다. 화교들은 이렇게 번 돈으로 중국산 '동방호' 5톤 트럭을 북한 당국에 제공하는 등 기부 활동을 펼치기도 했다.[139]

또한 북한 전역에서 산나물과 해산물을 전문으로 수매받았다. 중국에 있는 친인척을 불러다 놓고 정부 당국과 합의해 공개적인 구입을 시행하기도 했다. 일반 주민들의 상적 행위는 불법으로 규정되어 단속당할 소지가 있지만 외국인을 통한 대가성 상행위는 오히려 국가가 적극적으로 밀어주었기 때문에 그들의 활동은 제한이 없었다. 화교들의 활동이 거세지면서 시장에서 조달받은 상품으로 더 많은 수익이 발생하자 화교들은 불법성 상행위에

---

137) "[북한의 지하경제] '돈주'의 형성 ⑨", ≪통일신문≫, 2014년 6월 2일 자.
138) '와크'란 "해외 기업과 협약을 맺고 독자적으로 정상 교역을 할 수 있는 단위나 기업"을 의미한다.
139) "[북한의 지하경제] '돈주'의 형성 ⑦", ≪통일신문≫, 2014년 5월 19일 자.

몰입하게 된다. 국가적으로 금지되고 있는 골동품(고려청자, 이조백자, 족자)과 역사 유물에 손을 대기도 했다.

북한의 일부 주민들을 고용해 개성이나 역사 유물이 있을 법한 장소에서 도굴단을 조직했고, 어부를 잠수시켜서 침몰된 옛날 선박에서 건진 골동품을 구입했다. 이렇게 얻은 골동품은 중국을 통해 한국이나 미국, 그리고 유럽으로 널리 팔려 나갔다. 화교들은 적은 밑천으로 많은 이윤을 냈고 그들의 확대 재생산은 계속되었다. 또한 외화벌이 기관에 돈을 빌려주어 고리대금업을 하는가 하면 중국과 네트워크를 형성해 '와크'를 형성하기도 했다.

이처럼 화교들의 공격적인 활동으로 북한 시장은 더욱 활기를 띠게 되었으며 사금융 활성화의 주역으로서 이들의 역할도 크게 확대되었다. 돈주로서 또는 사채업자로서 화교들이 차지하는 비중은 실제 탈북자들을 대상으로 한 조사에서도 확인되고 있다. 북한 사금융 시장에서 화교가 돈주 전체의 50% 이상이라고 답한 사람은 33명(27.0%)으로 가장 많았다.[140]

또한 화교들은 풍부한 자금력을 바탕으로 사금융, 특히 고리대금업에도 종사한 것으로 드러나고 있는데 전체 사채업자 중 화교 비중이 40~50% 이상이라고 답한 사람이 25%를 넘었다.

〈표 3-12〉 돈주에서 화교의 비중

구분	응답자 수(명)	비율(%)
5% 이하	18	14.8
10% 정도	19	15.6
20% 정도	18	14.8
30% 정도	18	14.8
40% 정도	16	13.1
50% 이상	33	27
합계	122	100

자료: 양문수, 『북한 경제의 시장화: 양태·성격·메커니즘·함의』, 212쪽.

140) 양문수, 『북한 경제의 시장화: 양태·성격·메커니즘·함의』, 212쪽.

<표 3-13> 사채업자 중 화교의 비중

구분	응답자 수(명)	비율(%)
5% 이하	33	27.5
10% 정도	21	17.5
20% 정도	23	19.2
30% 정도	12	10
40% 정도	16	13.3
50% 이상	15	12.5
합계	120	100

자료: 양문수, 『북한 경제의 시장화: 양태·성격·메커니즘·함의』, 212쪽.

이처럼 화교들이 사금융 시장에서도 높은 비중을 차지하는 가운데, 2003년 종합 시장이 합법화되면서 돈을 벌고 자생력을 키운 북한 토착 돈주들도 등장했다. 이들이 일반 주민에게 알려지기 시작한 것은 '고난의 행군'이 끝나고 수년 뒤인 2000년 초반이라고 한다. 돈주는 일반적으로 '부자'와 다른 개념으로 사용된다. 돈주는 초기 소규모의 상업을 통해 자산을 획득하고 고난의 행군 이후 시장이 확대되는 과정에서 대규모 도매업으로 발전하거나 국영 기업소, 외화벌이 기지 등에 투자하여 자산을 확대 재생산한 이들이다.

북한 내 사금융뿐만 아니라 사실상 북한 내 시장경제를 이끌어가는 핵심 주체로서 화교들에 대한 심층 연구는 매우 중요하다. 북한은 출신 성분에 따라 주민들을 5계층(특수·핵심·기본·동요·적대)으로 나눈다. 또한 북한 주민은 국가의 허락 없이 출국하지 못하고, 일반적으로 출세를 하려면 조선노동당에 입당해야 한다. 그런데 이 중 어느 계층에도 속하지 않는 특이한 집단이 있다. 이 집단에 속한 사람들은 출신 성분도 없고 입당도 불가하며 군인도 될 수 없다. 다만 중요한 것은 합법적으로 마음대로 중국에 드나들 수 있다는 점이다. 이들은 중국 국적을 보유하고 있는 북한 주민, 바로 화교다. 화교들은 정치적으로는 배제되었지만 경제적 활용 가치는 점차 높아져 왔다.[141] 중국인들은 한반도에 오래전부터 거주했다. 현재 북한의 화교 대부분은 일제 시대에 중국이나 만주국에서 온 이민자의 자손들이다. 1945년 광복 당시 한반도에는 중국인 수만 명이 거주했고 이 중 74% 정도가 38선 이북(북한 지역)에 거주했다. 일본이 항복한 이후 소련군정은 북측에서 공민증제도를 실시하면서 주민을 '평양 주민', '지방 주민', '외국인'으로 분류했다고 알려져 있다. 이때 화교는 '외국인' 공민증을 부여받았다. 화교는 이렇게 북한 영주권을 가지게 된 셈이다. 하지만 화교의 국적 상태는 복잡하다. 1949년까지 소련은 장제스(蔣介石)의 중화민국을 합법적인 정부로 인정했었지만 한반도 북방에서 거주했던 화교들을 관리했던 곳은 당시 만주를 다스렸던 중국공산당 동북국(東北局)이었다. 1949년 10월 1일 마오쩌둥(毛澤東)은 중화인민공화국을 선언했고 화교들은 자동적으로 중화인민공화국 국민이 되었다.

1950년대 말까지 화교들은 북한에서 어느 정도의 특권과 자치권을 가지고 있던 집단이었다. 북한 화교를 대표하는 조직인 '조선화교연합회'는 당시 중국 당국의 지도를 받았다. 화교를 위한 학교도 북한 당국으로부터 독립되어 있었고 교사는 중국인이었으며, 중국 교육과정과 중문판 교과서를 바탕으로 학생들을 가르쳤다. 그뿐만 아니라 북한 정부는 화교들에게 물질적인 지원까지도 했다. 한국전쟁 때 연합군의 공격을 받아 파괴된 화교 가정집을 무료로 재건해주는 식이었다.

1958년 북한과 중국은 한국전쟁 시절부터 북한 땅에 주둔한 중국 군대의 철수를 합의했다. 이 협정 때문에 김일성은 그때부터 중국으로부터 독립적인 정책을 실행할 수 있었다. 이에 따라 1960년 북한 당국은 화교를 대상으로 중국 국적을 포기하도록 하고 북한 귀화 캠페인을 벌이기 시작했다. 특히 1963년 북한은 화교 학교에 개혁을 실행하여 교육 언어를 조선어로 바꾸고 교육 과정도 북한 학교와 동화시켰다.

---

141) 149쪽 9줄부터 152쪽 10줄까지의 북한 거주 화교들과 관련한 내용은 쩨르치즈스키 표도르(이휘성), 「북한 거주 중 화교들의 황금기와 쇠락기」, 데일리엔케이, 2014년 7월 16일 자 칼럼을 인용.

하지만 이것은 북한 화교 암흑기의 시발점에 불과했다. 마오쩌둥이 '문화대혁명'을 선언할 당시 북중 관계가 악화되었는데 수많은 화교들은 스스로를 '적국에 살고 있는 중국인'으로 여기게 되었다. 그러는 와중에도 북한 당국은 화교에게 북한 귀화, 중국 귀국에 대한 선택을 강요했다. 귀화와 귀국 둘 다 결국 화교 신분을 버리라는 뜻이었는데 화교 중에는 이런 정책을 반대한 사람도 있었지만 그 힘은 미약했다.

화교와 북한 당국의 다툼 중 대표적인 사건은 1966년에 일어났던 '평양 중국인 중학교 사건'이다. 당시 평양 중국인 중학교 학생들은 혁명에서 청년의 역할을 강조하는 마오쩌둥 사상에 심취해 있었기 때문에 마오쩌둥 사상을 교육 과정에 포함시켜야 한다고 요구했다. 하지만 북한 당국은 이런 요구를 거부했고 이후 학교는 폐쇄되었다.

1971년 저우언라이(周恩來)의 북한 방문을 시작으로 북중 관계가 완화되었고 북한은 화교에 대한 차별 정책을 중단했다. 또한 1960년대에 중국 국적에서 제적된 화교들에게 국적 회복을 사실상 허가했다. 중국 대사관은 국적 회복 희망자에게 중국 국민 신분증을 발급했다. 1976년 마오쩌둥 사망 후 권력을 잡은 덩샤오핑(鄧小平)은 '개혁·개방' 정책을 실행했다. 이로써 중국은 경제가 급속하게 발전하고 마오쩌둥 시대보다 훨씬 더 자유로운 국가가 되었다. 이런 신(新)중국은 북한에 거주하는 화교들에게 새로운 생각을 갖게 했다. 그뿐만 아니라 1979년부터 중국 당국은 화교의 귀국지원 조치를 실행하기 시작했다. 결국 당시 수많은 화교들이 중국으로 귀국했다.

1990년 이후 중국과 북한의 생활수준 차이가 더욱 벌어졌다. 중국 경제는 가파른 성장 속도를 보였지만 북한에는 경제 위기와 기근의 시대가 도래했다. 북한 주민들은 생존을 위한 투쟁을 시작했는데 이 투쟁에서 중국 상품들이 주요한 역할을 했다. 이런 이유로 바로 이 시절은 북한 화교의 황금기가 되었다. 화교는 언제든지 중국을 방문하고 북한으로 돌아갈 수 있다. 이 같은 특권을 가진 이들은 거의 없다고 봐야 한다. 북한 시장에서 중국 상품의 수요가 높아지면서 대다수의 화교는 비법성(非法性) 경제 활동을 시작했다. 이런 활동에 힘입어 화교의 생활 수준은 점점 나아지기 시작했다. 특히 함경북도 회령, 평안북도 신의주 등 접경 지역에서는 살림집을 여러 채 보유한 화교도 나타나기 시작했다. 이들 지역에서 텔레비전을 비롯한 고가의 전자 제품을 영유하는 화교들의 생활은 이미 일상화된 것이다. 하지만 최근에 젊은 화교 중에는 부모를 따라 상인이나 사업가가 되는 것보다 중국에 살고 싶어 하는 사람이 늘고 있는 추세라고 한다. 중국으로 귀국하는 화교가 많아지고 있다는 것이다. 2009년 당시 중국은 북한에 화교가 5000명 정도 거주하고 있다고 발표했는데 지금은 그 수가 더 줄었을 가능성도 있다.

재일 교포들도 초기 돈주의 역할을 수행했다. 1980년대 북한의 모든 도시에 분포되어 있는 재일 교포, 일명 귀국자들은 가족이나 친인척이 보내주는 돈이나 물건으로 부유한 생활을 하고 있어 북한 주민들에게 선망의 대상이었다. 당시 북한 당국은 도 소재지에 귀국자들을 위한 외화 상점을 설립하도록 했고, 그들이 가지고 있는 일본 화폐를 환수할 목적으로 많은 상품들을 조달했다.[142]

상품 조달은 각 도의 무역관리국 산하에 군중 외화 수매소를 차려놓고 개인을 대상으로 금, 은, 개 가죽, 토끼 가죽, 해산물(말린 바지락, 광어) 등 외화 원천을 싼 가격으로 수매받아 중국, 일본, 구소련 등에 직접 수출하고 대체 상품을 수입하는 형태로 이루어졌다. 이 시기에는 국가가 직접 지정한 국가 무역기관(당자금 관련 단위, 무역관리 부문) 외에는 그 어떤 특수 단위도 다른 나라와 직접적인 무역 거래를 할 수 없게 제도적으로 규정해놓았다.

외화 상점이 우후죽순 생겨나면서 국가 무역은행에서는 일본 화폐를 회수

---

142) "[북한의 지하경제] '돈주'의 형성 ②", ≪통일신문≫, 2014년 4월 11일 자.

하기 위해 처음으로 재일 교포들에게 외화 구매권 통장을 개설해주었다. 입금 내역에 따라 외화가 통장에 적립되었으며, 외화 상점에서 상품을 구입하고 가격란에 직인을 찍어 통장 적금을 삭제하는 형식으로 거래가 이루어졌다. 재일 교포들은 외화 상점을 통해 자기들에게 필요한 물품과 일반 주민들에게 조달할 물품을 구입했다. 또 일반 주민들은 이들로부터 조달받은 상품을 시장에 내다 팔아 이윤을 챙겼다. 외화 상점에 출입이 불허된 일반 주민들은 상점 앞에서 재일 교포들이 물건을 구매해 나오기를 기다렸다. 일부 상인들은 새로운 고객(재일 교포)을 확보하기 위해 여러 가지 농수산물을 가지고 와서 서비스로 제공했다. 그 덕에 재일 교포들은 장마당 가격보다 싼값에 시장에 가지 않고도 외화 상점 밖에서 서비스를 챙길 수 있었다. 재일 교포들은 일반 주민과 상인들에게 필요한 물품을 건네주면서 유무상통한 것이다.

외화 상품은 일반 주민들이 접할 수 없는 것이었으므로 희소성이 강했다. 또 이를 선호하는 사람들이 많아지면서 귀국자들과의 유대가 형성되었다. 외화 상점의 물품을 조달하는 중간 브로커까지 생겼고, 귀국자들은 이 기회를 이용해 부를 축적하면서도 한편으로는 일본에 있는 친인척들에게 더 많은 외화를 요구했다. 당시 평범한 북한 주민들은 외화 상점에 출입할 수 없었다. 달러나 엔화는 출처 불명으로 일반 주민이 이런 외화를 소지하는 것은 매우 위험했다. 그래서 외화를 상품화하는 데는 반드시 재일 교포의 도움이 필요했고 이들은 외화나 상품의 공급자 역할을 했다.

토종 돈주들은 1990년대에 생존을 위해 시장에 뛰어든 북한 주민이라고 할 수 있다. 1980년대부터 이미 장마당을 주된 생계 수단으로 하던 사람들이 장사를 통해 자본을 먼저 축적했을 뿐 아니라 여기서 터득한 노하우를 활용해 시장이 확대되는 과정에서 큰 이득을 확보했다. 일찍 장사를 시작한 사람들 중에는 신의주나 혜산 같은 국경 연선에 거주하는 이들이 많았는데 이들은 국경을 중심으로 중국과 밀무역을 해서 부를 축적했다. 이들은 경제난 속에서도 중국 상품을 시장으로 도매하여 북한의 시장화에 한몫을 했고 외화 거래를 통해 자금을 확대했다.

북한 출신의 돈주들은 대부분 개인 상업활동이나 외화벌이를 통해 부를 축적한 이들이다. 이에 따라 시장 활동이 가장 활발하면서 물자 유통의 중심지인 평안남도 평성시는 전국적으로 돈주들이 제일 많은 곳으로 일찌감치 평가받았다.[143] 평균 10만 달러 이상을 소지한 돈주가 20~30명가량 된다. 달러가 안전하기 때문에 달러를 선호한다. 외화벌이 기관이나 기업소에서 이런 개인들에게 돈을 빌리기도 한다. 액수가 큰 경우 약 3~5% 정도의 이자를 준다. 황해도의 주요 도시에서는 약 5000달러에서 1만 달러 정도를 소유하면 돈주 소리를 듣는다고 한다.

돈주 중에는 국가로부터 신변 안전을 보장받기 위해 막대한 양의 공채를 사거나 헌금을 하는 이들도 있다. 800만~900만 원어치 공채를 산 돈주도 있고 아무런 대가 없이 많은 돈을 국가에 헌납하는 돈주도 있다. 국가로부터 감사장이나 표창을 받으면 위법 행위가 적발되더라도 안전하기 때문에 돈주들 사이에서는 기부금 경쟁이 붙기도 한다. 큰 돈주들은 직접 나서지 않고 5~6명가량의 대리인(중간 상인)을 둔다. 이 때문에 돈주가 누구인지 드러나지 않는 경우가 많다. 북한 당국은 돈주와 상인들의 상태를 면밀히 파악하고 있다. 법에 크게 어긋나지 않을 때는 관망하다가 통제가 필요하면 단속한다.

큰 돈주들의 대리인 역할을 하기도 하는 중간 상인들은 시장 시세를 매일 알아보고 중국 상품의 가격과 동향을 점검한다. 북한 시장에 없는 물건인데 팔릴 것 같은 물건을 외국에서 들여오거나 가급적 더 싼값에 사온다. 이들은 또 각자 5~10명가량의 소매상인들과 연결되어 있어 물건을 이들에게 넘겨주는 역할도 한다. 중간 상인들은 각각 무리를 지어 써비차를 빌려 평양, 평성,

---

143) 이하 돈주와 중간 상인에 대한 서술은 좋은 벗들, 「2004년 북한의 돈주」, ≪오늘의 북한소식≫, 창간준비 3호(2004년 11월 16일)의 탈북자 면담 결과를 참고했다.

원산, 남포, 청진, 나선, 신의주 등 물류 지역을 왕래한다. 이들은 소매상인에게 이윤을 낼 수 있을 정도의 가격에 물건을 팔고, 소매상인들은 여기에 다시 가격을 붙여 시장에 내다 판다.

1980년대 중반에 들어서면서 국가는 무역은행을 통해 발급한 외화 구매권 통장을 폐지한다. 그 대신 더 많은 외화를 획득할 목적으로 외화와 바꾼 돈표를 대대적으로 찍어냈다. 바꾼 돈표는 외화 상점에서 국내 돈 대신 달러나 엔화처럼 환율을 정해 마음대로 사용할 수 있는 수단이다. 재일 교포들만 외화 상점에 드나들 수 있었던 시기와는 달리 바꾼 돈표를 갖고 있으면 누구나 외화 상점에 출입할 수 있게 되었다. 상인들은 이를 통해 외화 상점을 마음대로 드나들며 시장이 요구하는 상품을 제한 없이 구입했다. 상인들은 더 이상 재일 교포들에게 상품을 사달라고 구걸하지 않아도 되었다. 그들이 조달한 상품들은 다양한 형태로 장마당에 흘러들어 갔다. 일제 텔레비전과 세탁기, 냉장고, 선풍기 등 가전 제품이 처음으로 시장에 등장했고 이때부터 시민들의 문화생활이 향상되기 시작했다.[144] 오늘날에는 중국 제품이 북한 시장을 점령하고 있으나 북한과 일본 간 교역이 활발했던 당시에는 일제 상품의 전성기였다.

주민들의 식생활에 참기름, 마요네즈, 소시지, 일제 맛내기(아지노모도), 후춧가루가 외화 상점을 통해 처음으로 유입되었다. 다양한 상품들은 외화 상점뿐 아니라 불법 골목시장의 공간을 선점했으며 단속자들의 눈을 피해 암거래되었다. 이를 찾는 주민의 수요는 날로 늘어났다. 북한의 일부 상인들은 확대 재생산을 위해 더 많은 엔화가 필요했으며 돈을 환전하기 위해 물물교환 방식으로 재일 교포들과 직접 거래했다. 이러한 시장의 확산은 더 많은 상품의 수요를 불러일으켰고, 바꾼 돈에 대한 수요 역시 상승했다. 일부 상

---

144) "[북한의 지하경제] '돈주'의 형성 ④", ≪통일신문≫, 2014년 4월 28일 자.

인들은 외화 상점에서 질 좋은 수입 천을 구입해 양복점에서 옷을 만들어 몇 배의 소득을 올렸다.

이를 계기로 개인집 양복점이 생겼으며 주민들의 의류를 수선하거나 자수를 놓아 생계 활동을 꾸려나갈 수 있게 되었다. 즉, 제조업이 발달하면서 임가공과 가내 부업반이 많이 생겨났고, 이들이 만든 제품이 시장으로 흘러들어 갔다. 시장 상인들은 달러나 엔화를 획득하기 위해 재일 교포들에게 일본에서 방문단이 오거나 물품 내지는 돈이 송금되는 상황을 귀신같이 알아냈다. 환전을 위해 여러 상인들과 협업하는 사례도 부지기수였다. 1980년대 '관혼상제'에 대한 관심이 높아지면서 시장을 통해 쉽게 구입하기 힘든 고가 상품에 주민들이 눈을 돌리기 시작했고 빈부 격차의 양극화가 심화되었다. 집안의 생계와 시장 활동을 위해서는 반드시 엔화나 외화 상품이 필요했다. 그래서 재일 교포와 시장 상인의 물질적 관계는 필수였다고 할 수 있다.

북한 돈주들의 직업군도 점차 다양해졌는데 이는 북한의 시장이 확대되는 과정에서 상인 계층이 분화하는 현상과 맥락을 같이한다. 상인 계층의 분화는 전문적으로 상품을 떼 오는 도매상과 직접 물건을 파는 소매상, 가내 수공업자와 서비스업자, 창고업자와 운수업자 등 다양한 직업군이 만들어졌다. 북한에서 시장발생 초기에는 한 사람이 도매와 소매를 겸하는 경우가 많았지만 시장확대 과정에서는 소매상과 도매상이 분화되었다. 또한 특정 품목만 취급하는 전문 상인과 여러 품목을 취급하는 종합 상인이 분화되었고, 창고업과 운수업만을 전문으로 하는 상인도 등장했다.

도매상은 다시 주변 농장의 생산물을 싸게 판매하는 영세 상인과 국경 지역에서 '상품떼기'를 하는 상인으로 구분할 수 있는데 주로 상품떼기를 하는 상인들 중에 부를 축적한 돈주들이 많다.[145] 외화벌이에서 밀수로 중국을 통

---

145) 곽명일, 「북한 '지역시장'의 형성과 발전에 관한 연구」(북한대학원대학교 석사학위논문, 2012), 83~84쪽.

해 대량으로 물건을 들여와 국내 도매상(상품떼기)에게 넘기면 다시 소매상을 거쳐 장마당이나 종합 시장으로 흘러들어 가는 것이 하나의 규칙으로 되었다.

이들은 사실 처음부터 돈주가 된 것이 아니라 시장에서 두부나 콩나물 장사와 같은 작은 소매상으로 시작해서 돈을 모으고 점차 규모가 큰 도매업으로 전환하여 많은 돈을 벌게 되었다. 시장을 통해 부를 축적한 돈주들은 비교적 이른 시기에 시장에 참여해 자본을 축적해온 북한의 상인이며 자본을 활용해 독과점과 매점매석으로 막대한 이윤을 남긴 사람들이다. '차떼기 장사꾼'은 시장 활동에 필요한 물건을 사들이기 위해 돈주와 결탁하거나 물건을 차판으로 넘겨받아 도매업·소매업에 종사하는 사람을 일컫는다. 이들에게는 중간 상인이 붙어 있고, 중간 상인은 다시 수십 명의 도매상 또는 소매상을 거느리고 있다. 중간 상인과 소매상은 판매 이윤을 40 대 60 정도로 배분하는 것을 원칙으로 한다. 차떼기 장사를 하는 사람들은 시장을 모니터링하고 필요한 상품을 구하기 위해 국경 지역이나 상품이 즐비한 곳을 탐문해서 차를 이용해 물건을 사들이고 파는 형태의 상적 행위를 진행한다.[146] 외

〈그림 3-9〉 돈주(도매상) 중심의 상품 유통 메커니즘

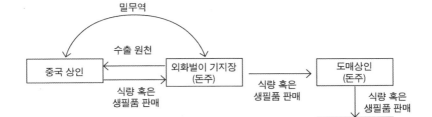

자료: 김직수, 「'돈주'의 형성과정에 대한 연구」, 29쪽.

---

146) 곽명일, "북한의 인기직업 10가지", ≪통일신문≫, 2015년 1월 18일 자.

화벌이 기지장과 같은 밀수업자가 중국을 통해 대량으로 물건을 들여와 국내 도매상인(차떼기)에게 넘기면 다시 소매상을 거쳐 장마당이나 종합 시장으로 흘러들어 가는 것이다.[147] 이런 과정에서 돈주들은 상품떼기, 차떼기로서 핵심 역할을 수행하는 것으로 알려진다.

예전에는 돈주가 실질적인 무역 주체였다. 예를 들면 이 개인 돈주는 와크(무역 허가증)를 가지고 있는 무역 회사로부터 명의를 빌려 자신이 보유하고 있던 자금이나 타인에게 빌린 돈으로 광산물을 매입해서 이를 중국 등지에 팔아 외화를 벌어들이는 것이다. 또한 자신의 돈과 관계가 있는 중국 대방(무역업자)을 이용해 대량의 수입품을 매집해 시장에 도매로 파는 역할도 했다. 이런 경우에는 유통만 하고 앉아서 많은 돈을 벌어들이는 것이다.

이처럼 돈주들 가운데 외화벌이 계통 종사자의 비율이 높다. 북한의 사회 계층 구조에서 경제적 상위층으로 올라갈수록 이런 외화벌이 계통의 종사자 비율이 높아진다.[148] 1990년대 경제 위기를 타개하고 각급 단위의 자구책을 모색하기 위한 일환으로 외화벌이가 장려되는 과정에서 시장을 통해 돈을 번 개인들이 외화벌이에 적극적으로 참여하게 되었다. 1990년대 초반 경제난을 완화하기 위한 방편으로 각급 기관과 기업소가 자체로 외화를 벌어 운영 예산을 마련하고 배급을 해결하도록 했다. 이러한 취지에서 1991년 '새로운 무역 체계'가 도입되었다. 이를 통해 생산을 담당하는 내각과 각 부서와 지역 행정단위인 도 단위가 무역 회사를 설립할 수 있게 되었다. 이 같은 상황 아래 1990년대 중·후반 '고난의 행군'으로 국가 배급이 중단되면서 기관·기업소의 외화벌이 참여가 급증한다.

상부의 지시 혹은 하부의 제안에 의해 무역 회사가 설립되면 국가는 수출

---

147) 임수호, 『계획과 시장의 공존』(서울: 삼성경제연구소, 2008), 121쪽.
148) 이하 돈주들 가운데 외화벌이 계통 종사자들의 비율과 관련된 서술은 "[북한의 지하경제] '돈주'의 형성 ⑪", 《통일신문》, 2014년 6월 13일 자 기사를 참고했다.

품목, 초기 자본, 원천동원 방법 등을 평가하여 외국과 무역할 수 있는 권한인 '와크'를 부여한다. '비와크' 단위의 무역 회사도 존재하는데, 그들은 주로 와크 단위의 무역 회사로부터 와크를 빌려 무역을 수행한다. 무역 회사가 새로 설립될 때는 무역총회사의 지역별 지사 혹은 기지 이름으로 설립되는데, 지사나 기지는 무역총회사로부터 와크를 분배받아 무역 활동을 진행한다. 이 과정에서 '개인'이 와크 단위의 무역 회사로부터 명의를 빌려 무역 활동을 하는 경우가 나타난다. 지사장 혹은 기지장과 같은 명의를 빌려 원천을 수집해 중국 등지에 수출함으로써 외화를 벌어들이는 것이다. 외화벌이 기지장들은 기존의 북한 정치 시스템과 달리 출신 성분보다는 개인의 경제적 능력을 보고 선발하는 경우가 일반적이다.

북한의 사회 구조가 변화되고 일률적으로 성분 위주의 간부배치 원칙을 적용한다면 '당자금' 명목 아래 우후죽순으로 생겨난 외화벌이 시스템도 효과를 기대하기 어렵기 때문이다. 또한 정권 차원에서는 이들이 가지고 있는 재부를 이용해 국가 외화를 확보하는 것이 시급했다. 외화벌이를 확대시키는 과정에서 재정이 없는 각급 기관은 개인이 소유하고 있는 자산을 활용하게 된다. 예를 들어 기관 산하의 원천 기지를 만들어 개인에게 명의를 대여해주면, 개인업자가 자체로 자금을 동원하여 기지를 운영하고 일정액을 상급 기관에 지불하는 것이다. 외화벌이 일군들을 고용하는데 있어서도 출신 성분보다는 자본력과 기업운영 능력을 우선으로 보게 되었다. 경제력만 갖추고 있으면 외화벌이를 통해 자본을 확대시킬 수 있는 기회가 증가하게 되자 기존의 시장을 통해 자본을 축적해온 세력들이 대거 외화벌이 기지에 자본을 투자해 '확대 재생산'을 꾀하게 되었다. 최근에는 이런 돈주들을 '무역업자'로 부르기도 한다.

시장화가 확산되어 중산층이 많아지다 보니 계층분할 현상도 발생하는 것으로 보인다. 주민들은 '자신만의 상업(유통)망을 보유하고 있는 상인'을 돈주라고 인식하고 있다. 시장에서 개인 매대를 통해 판매를 하는 것이 아니라 차판을 두 번 정도 살 수 있는 재력을 가진 상인을 돈주로 여기는 것이다. 개인이 보유한 자산 규모가 은폐되어 있기 때문에 자산 규모를 기준으로 돈주를 규정하는 것은 다소 모호한 측면도 있지만 적어도 차판 장사(차를 이용해 대규모 장사 행위를 하는 것)를 할 수 있을 정도는 되어야 한다. 돈주는 장마당에서 식료품이나 공업품을 파는 수준을 넘어 지역 간 시세 차익을 노리고 트럭 한 차 분량의 물건을 구입해 다른 지역에 파는 일종의 도매업자를 말하고, 1만 달러 이상의 운영 자금을 굴리는 사람으로 규정되기도 한다. 신의주나 평양에는 20만 달러나 심지어 100만 달러를 굴리는 돈주들도 있다는 것이다.[149] 돈주들의 초기 자금은 해외에 있는 가족의 도움을 받아 장사를 시작하는 사례를 들 수 있다. 재일 교포들이나 한국 출신으로 북한에 있는 사람들은 일본, 한국과 네트워크를 형성해 친척들에게 송금을 받아서 일단 차를 구입하고 차판 장사를 시작한 것이다.

일부 돈주들은 운송이나 식당과 같은 서비스업을 통해 자본을 축적했고 국가가 소유한 운송 수단이나 음식점, 숙박업소 등에 개인이 투자하고 명의를 빌려 운영하며 이윤을 챙겼다. 또한 식당을 북한 당국에서 공식 임대하는 것이 성행하고 있는데 임대한 이후 정상적으로 3년 영업을 하면 이런 식당 책임자를 돈주로 인식하곤 한다. 백화점 매대(한국으로 치면 매장)를 임대하는 상인도 돈주로 불린다. 돈주들의 활동은 개인뿐 아니라 국가의 협동단체·공장·기업소에도 큰 영향을 주었다. 돈주들은 개인이 기관의 명의를 빌려 상점이나 소규모 서비스 업체를 운영할 수 있었다. 자본을 투자해 국영 상점을 운영하고 여기서 발생한 수익금의 일부를 국가에 상납하고 나머지는 모두

---

149) 중국으로 나온 북한주민 다수를 인터뷰한 공용철 KBS PD가 민화협 여성위원회가 주관한 강연회(2012년 5월 9일 오후 2시 국가인권위원회 8층 배움터)에서 밝힌 내용이다.

자기들의 소유로 만들었다. 시장에 참여하는 수가 증가하면서 돈주들은 대규모 도매업으로 더 많은 수익을 올렸고 국영 기업을 통해 자신들의 자본으로 이윤을 남길 수 있는 기회를 확대했다.

금융업에 종사하는 주민들도 돈주에 속한다. 높은 이자를 받고 돈을 빌려주는 사채업자(고리대)와 많은 외화를 보유하고 환차익을 겨냥한 화폐 교환, 즉 '돈장사'를 하는 사람들도 일종의 돈주라고 할 수 있다. 돈주 가운데는 시장에서 성장한 상인 자본가형이 있고 권력을 이용해 성장한 권력형도 있다. 대체로 돈주는 투자를 통해 많은 불로 소득을 얻는 사람들이지만 자기가 직접 일하지 않고 남에게 지시하거나 고용인들에게 필요한 것을 보장해주는 형태로 사업한다.

장사 밑천을 형성하는 과정에서 기존 자산이 없이도 돈 있는 사람들에게 접근하여 '투자금'을 받아 돈주가 된 사례도 많다. 이들은 머리는 빨리 돌아가는데 돈이 없는 이들로 돈주들의 선점 대상이다. 투자자는 주로 장마당을 통해 돈을 모은 여성인 경우가 많다. 여성이 북한에서 돈주로 성공하기 어렵기 때문에 머리가 잘 돌아가는 사람들에게 투자하는 방식으로 확대 재생산을 하는 것이다. 예를 들어 돈이 있는 여성으로 인맥 관계를 형성하고 있는 자가 돈주에게 접근해 많은 수익을 얻을 수 있는 아이디어와 투자 방식을 설명하면서 거래가 이루어질 경우 수익의 30% 정도를 요구한다. 여기에 동의하면 순조롭게 풀리지만 그렇지 않을 경우 돈주는 수익률 조율을 위한 협상을 진행하여 합의점을 얻는다고 한다.[150]

최근 일부 돈주들의 나이는 20·30대로 훨씬 젊어지고 있다. 북한에는 개인 비즈니스를 통해 수만, 수십만 달러의 부를 축적한 젊은 신흥 부자들이 탄생하고 있다는 것이다. 이는 북한에서 확산되는 시장경제의 영향이 젊은 세

---

150) 탈북자 김○○(농장원, 여, 2013년 1월 탈북)와의 인터뷰, 2014년 9월 12일.

대에게도 깊숙이 침투해 있음을 보여준다. 특히 이들은 기존 세대와 달리 스마트폰(북한에서는 터치폰이라고 한다) 등 발전된 정보 통신기기를 이용해 장사 정보를 수집하고 전국적 비즈니스 네트워크를 구축해 돈을 벌고 있는 것으로 전해진다. 평양을 비롯해 대표적인 상업 도시인 함흥, 청진, 원산 등 대도시에 사는 일부 20·30대는 휴대 전화 도·소매, 부동산·주유소 운영, 다방, 대부업, 도매업 등 다양한 영역에서 돈벌이를 하고 있다는 증언도 있다.[151]

또 하나 주목할 대상은 해외 파견 근로자와 그의 가족들이 돈주로 부상한 경우이다. 김정은 정권 출범 이후 근로자들의 해외 송출이 크게 증가하고 있는데 이들도 돈주 대열에 합류하는 사례가 많다는 것이다. 이는 해외파견 근무를 통해 초기 자본을 마련하는 경우인데 러시아 벌목공, 동남아시아·아프리카 건설자로 해외에 파견되어 벌어 온 돈을 밑천으로 장사하여 큰돈을 번 사례가 많아지고 있는 것이다. 여기에는 중국에 있는 호텔이나 식당에서 근무하는 북한 여성 종업원들도 포함된다.

2) 전당포

전당포는 유가 증권을 포함하는 물품 외에 민법에 규정된 질권(質權)을 취득하여 유전 기간(流典期間)까지 당해 전당물로 채권을 담보하고 그 채권의 변제를 받지 못할 때는 당해 전당물을 소유하는 일종의 고리대금업이다. 북한에서 전당포는 비공식적인 사금융과 달리 공식적인 고리대금업종이라 할수 있다. 중국에서도 개혁·개방 초기 사경제가 발달하면서 전당포가 비공식금융 기관으로 급성장한 사례가 있는데, 주로 개인 사업가에게 소규모 단기자금을 공급하는 역할을 했다.[152] 하지만 북한의 경우 전당포는 이자돈을 빌

---

151) "北 20·30代 신흥 부자들 출현", 《조선일보》, 2014년 11월 24일 자

152) 현동일 외 편저, 『중국의 개혁·개방과 동북아 경제연구』(옌볜: 옌볜대학출판사,

려주는 돈주들이 저당물을 넘겨서 처리하는 방식으로 이용하는 경우가 많다고 한다.

북한에서는 전당포가 매우 부정적으로 받아들여졌다. 고리대금업을 비롯하여 장마당이나 전당포 등은 낡은 사상의 잔재인 자본주의 요소로 간주되어 철저히 금지된 것이다. 그러나 지금은 전당포의 역할이 적지 않은 비중을 차지하고 있다. 김정일 국방위원장은 7·1경제관리 개선조치 이후인 2004년 3월 17일 전당포 관리운영 규정을 만들고 "전

〈사진 3-3〉 전당포 관리운영 규정 문서

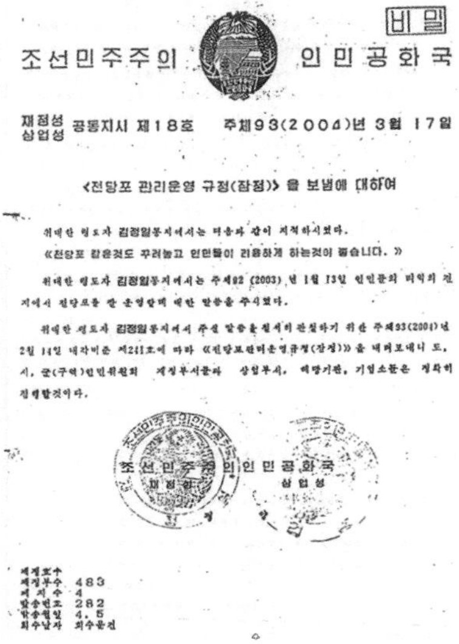

자료: 자유북한방송, 2007년 4월 25일 자.

당포를 많이 만들어 인민들의 생활을 윤택하게 하도록 하라"는 전당포 관리운영 지침까지 내렸다.[153]

그런데 문제는 전당포에 대한 개념이 부족한 북한 주민들이 돈이 급해 전당포를 이용했다가 피해를 봤다는 사례가 늘고 있는 점이다. 한 탈북자는 아내가 위암에 걸려 급하게 돈이 필요해 냉장고와 일제 파나소닉 텔레비전을 전당포에 맡기고 북한돈 30만 원을 받아 약값과 치료비로 썼지만 결국 아내

2000), 160쪽.

153) 이 규정의 주요 내용은 다음과 같다. △2003년 여름에 발표되었을 때는 90일 동안 빌려준다고 했다가 2003년에 발표된 것은 60일 동안 빌려주고 30일 동안 유예 기간을 두었다가 안 찾아가면 수매를 하도록 되어 있다. △공매·경매를 하고 그 경매에 대해서 들어오는 예산은 지방 예산으로 흡수한다. △휘발유나 군수품, 의약품은 전당포에 맡길 수 없다. △인민들이 가져오는 물건 중 '무데기 상품'은 못 받는다. '무데기'는 똑같은 물건을 10개 이상 가져오는 것이다. △그리고 전당을 하고 나서 제대로 갚지 못하면 하루에 0.1% 이자를 물리게 되었다.

가 세상을 뜨고 말았다고 통분해 했다. 냉장고는 25만 원, 텔레비전은 30만 원에 구입했었는데 그 절반 값에 달하는 30만 원에 저당을 잡히고서는 아내도 못 살리고 돈도 물지 못해 몇 년을 어렵게 벌어 장만한 냉장고와 텔레비전을 찾지 못하고 말았다. 이 탈북자는 자기만이 아니라 전당포를 이용하는 사람들 대부분이 돈이 없는 이들이어서 급한 모퉁이를 메우기 위해 물건을 저당 잡히고 돈을 빌리지만 찾을 돈이 없어 두 눈 뻔히 뜨고 생돈을 뺏긴다면서 전당포는 백성들의 빈 주머니까지 털어낸다고 했다.154)

일부 탈북자 면접조사 결과에 따르면 북한의 전당포는 2002년 경제관리 개선조치 이전인 1998~2000년 사이에도 김정일의 방침으로 승인을 받고 운영했다는 증언도 있다. 전당포의 관리는 내각상업부에서 하며, 외화 상점처럼 개인이 운영하는 방식이다. '전당포'라는 간판까지 내걸고 운영하고 있는데 물건 가치의 50% 정도만 돈을 내주고 상환 기간이 한 달로 매우 짧았다고 한다.

〈사진 3-4〉 평양의 전당포

자료: 최문(연변대학 교수).

전당포는 이자돈을 빌려주는 돈주들이 저당물을 넘겨서 처리하는 방식으로 이용하는 경우가 많다. 전당포에서 주로 취급하는 물건은 텔레비전, 냉장고, 시계 등이다. 전당포가 잘 운영되지 않기 때문에 중고 제품, 차압품뿐 아니라 새 제품까지 전시하고 사고파는 등 일종의

---

154) 「간부들에겐 행복을 키워가는 보금자리… 주민들에겐?」, 자유북한방송, 2007년 4월 25일 자.

상점 같은 분위기라는 증언이 있다.155)

3) 송금 대행업자: 대관집, 외화벌이 회사, 환전상

1990년대 중반 이후 널리 확산된 비사회주의적 부분, 즉 장마당 경제의 활성화는 사금융 발달이 뒷받침되지 않으면 불가능한 것이었다. 국가은행이 제 기능을 하지 못하는 상황에서 장마당 경제는 나름대로 은행을 대체하는 시스템을 만들어낼 수밖에 없었다. 대관집은 북한 전국에 있는데, 대관집 덕분에 사람들은 국가은행을 거치지 않고서도 돈을 원하는 곳에 송금할 수 있다. 대관집은 엄밀히 보면 한국 사회의 지역별 지점에 해당한다. 은행이 해야 할 일을 각 지역의 돈이 있는 집이 대신하는 것이다.

북한의 국가은행들이 부실해지면서 이처럼 개인들이 환전 업무와 송금 대행까지 해주고 있다. 그중 상대적으로 자금력을 가진 외화벌이 회사들은 은행 업무를 대행하고 수입을 올리는 것이다. 국경 지방에 상주하고 있는 외화벌이 회사들이 전국에 있는 돈주들과 네트워크를 형성해 은행 업무를 수행하고 있다. 일부 개인들이 송금 대행을 맡고 있지만 북한 주민들은 개인보다 외화벌이 회사의 송금 대행을 더 신뢰하고 선호한다고 전해진다.

따라서 주요 도시에 상주하는 외화벌이 무역 회사들은 전국 각지에 돈거래망을 형성해놓고 적지 않은 수익을 올리고 있다. 예를 들면 국경 지방에서 다른 지방으로 돈을 보낸다고 가정할 경우 전화로 상대방 수령자와 금액 수령 여부를 확인하고 수령액과 그 수령액의 10%(수수료)를 추가해 외화벌이 회사에 전달한다. 또 외화벌이 회사들은 각 공장·기업소 간 물건이나 대금결제 중개를 통해서도 수수료를 챙기면서 돈을 벌고 있다. 국경경비 대원들도

---

155) 「탈북자 김○○(농장원, 여, 2013년 1월 탈북)와의 인터뷰」, 자유아시아방송, 2014년 9월 12일 자.

미화 1000달러를 가족에게 보낼 경우 약 3~10%를 수수료로 떼고 나머지를 가족들에게 전달할 수 있다고 한다.[156]

북한에서 이런 송금 방식이 처음으로 시작된 것은 중국 화교들이 조선중앙은행을 거치지 않고 친척들끼리 돈을 전달하면서부터였다. 그러나 2000년 대를 거쳐 큰돈을 모은 신흥 돈주들이 나타나면서 북한 전역에 정착되고 있다. 최근 몇 년 간 북한에서 휴대 전화(손전화)가 급증하면서 개인 간 송금 대행도 한층 탄력을 받고 있다고 한다. 특히 신흥 돈주들이 집결해 있는 도시로 알려진 평양시, 평성시, 남포시 일대의 환전 상인들은 신의주, 혜산시, 청진시 등 국경 일대의 돈주들과 네트워크(연결망)를 형성하고 서로 송금해주고 수수료를 챙기는 것으로 알려졌다.[157] 돈주들도 신용을 쌓아야 앞으로 이러한 거래를 계속할 수 있기 때문에 고객의 신뢰를 얻기 위해 노력한다. 이처럼 송금 대행이 북한 내부에서 상당히 활성화되고 있는 것으로 드러나고 있다.

여기서 주목할 대목은 개인들끼리 또는 회사 간 돈거래를 대행해주는 돈주와 무역 회사들에게 휴대 전화는 없어서는 안 될 수단이 되었다는 점이다. 휴대 전화의 이용이 확산되면서 지금은 나름대로 송금을 안전하게 할 수 있는 사금융 시스템이 구축된 것이나 다름없다. 북한 당국이 사경제 활동을 위한 휴대 전화의 사용은 통제하지 않기 때문에 사실상 송금 수단이 되고 있는 것이다.

---

156) 「북 돈주, 손전화 이용해 환전업무 대행」, 자유아시아방송, 2013년 6월 28일 자.
157) 같은 방송.

제4장 사금융(돈주) 확산의 영향과 함의 및 전망

1. 사금융(돈주) 확산의 다양한 영향
2. 사금융 발전의 한계와 전망

1. 사금융(돈주) 확산의 다양한 영향

1) 사금융(돈주)의 기업화·분업화·대형화

북한 내 사금융 확산과 관련해 가장 주목할 대목은 시장경제 체제에서 볼 수 있는 조직화, 즉 기업화·분업화·대형화 현상이 나타나고 있는 점이다.[1] 이는 북한 내 사적 경제활동의 기업화 현상과 밀접한 연관을 맺고 있다. 기업화 현상을 '영리를 목적으로 생산, 판매, 서비스 따위의 사업이 조직적으로 행해지는' 모습이라고 규정한다면 북한에서도 1990년대의 자발적이고 방임적인 시장화를 거쳐 2000년대에는 시장경제 및 자본주의 원리에 따라 비교적 조직적인 경제 활동이 나타나고 있다. 북한에서 사적 경제활동이 조직적으로 이루어짐에 따라 개인끼리 돈을 빌려주거나 돈주가 기관이나 개인에게 돈을 빌려주는 자본 시장이 초보적 수준에서 형성되고 있다.[2] 특히 북한 경제의 중추를 차지하는 유통 부문에는 신용 거래가 상당히 발달해 있다. 북한은 은행 같은 담보 대출이 없기 때문에 개인과의 신용 거래가 중요하다.[3]

---

1) 사금융의 기업화 현상에 대한 다양한 실태는 윤인주, 「북한내 사적 자본에 의한 기업적 현상 연구」, 491~553쪽.

2) 같은 글, 533쪽.

원래 중앙계획경제 아래에서는 금융은 없고 재정만 존재할 뿐이다. 국유 은행은 단순한 재정출납 기관에 불과했다. 하지만 금융 개혁이 진행되면 은 행은 점차 기업에게 자금을 융자해주는 역할뿐 아니라 주민들을 대상으로 예금과 대출까지 담당하게 된다. 즉, 경제체제 개혁 → 재정과 금융의 분리 → 금융 발전 → 금융 개혁이라는 수순을 밟게 되는 것이다. 북한은 부분적 경제체제 개혁 단계에 머물러 있고 사금융이 발전하고 있을 뿐이다. 다만 사 적 자본에 의한 기업화 현상이 진전되면서 북한 당국이 금융 개혁의 필요성 을 절감하고 있는 점은 눈여겨볼 만하다.

북한 내 사금융 기업화 현상과 관련된 다양한 사례는 앞서 살펴본 것처럼 북한 이탈주민의 증언 및 북한 내부소식을 전하는 전문 매체들의 보도 등을 통해 확인되고 있다. 사적 자본을 가진 다양한 돈주의 등장, 국영 기업에 대 한 사적 자본의 대부 투자, 국가 기관의 명의 대여, 불법 생산, 고용과 임노동 관계 등이 대표적인 사례들이다. 과거에는 국가적 소유나 협동적 소유에 의 거해 당국만이 재산권을 행사해왔으나 이제는 개인도 사적 소유에 관한 재 산권 행사가 가능해졌다. 경영 주체도 다양화되어 정부 기관으로부터 기업, 지배인, 가족, 개인 등으로 확대되었다. 돈주들은 합작 투자를 통하여 조직화 (분업화)·기업화(대형화)의 방향으로 나아가고 있기도 하다.[4]

선행 연구들[5]은 탈북자들이 직접 겪거나 보고 들은 내용을 토대로 사유화 의 실상을 구체적으로 전하고 있다. 사유화 유형은 파트너십 계약형, 공공 자산 임차형 등으로 구분되는데, 예를 들면 전자는 농장 및 공장에 대한 대부 투자의 형태를 취하고 후자는 선박 등 어로 장비와 화물차 같은 운송 수단, 건물 등 생산 수단의 명의를 대여해 개인 영리활동에 사용하는 경우이다.

---

3) 같은 글, 534쪽.
4) 곽인옥, 「북한 시장의 실태 분석 및 변화과정에 관한 연구」, 66쪽.
5) 그중 대표적인 연구는 윤인주, 「북한의 사유화 현상 및 동학에 관한 연구」이다.

사영 기업의 발달은 농업·광업·수공업·상업 부문에서 상당히 구체적인 모습으로 나타나고 있었다. 구체적으로 살펴보면 농장·공장·기업소에 대한 대부 투자는 북한 이탈주민의 70% 내외가 목격했다. 명의 대여는 수산업에서 50%대 후반, 광산업에서 약 30%, 음식 가공업에서 약 80%, 상점에서 약 70%, 식당에서 약 80%, 화물차 운송업에서 약 75% 정도가 개인에 의해 이루어진다고 말했다.[6] 요컨대 식품이나 생필품 등 현실적으로 요긴한 품목의 생산과 유통에서 사유화 정도가 높고 건물, 농기구, 선박, 차량, 기계 등 생산수단과 당국의 허가 내지는 노동력을 많이 필요로 하는 사업일수록 사유화 정도가 낮았다. 또한 수산업과 광업에서 사유화가 진전을 보인 것은 바다를 접하고 있고, 지하자원이 풍부한 북한의 지리적 특성 및 외화벌이에 급급한 북한 당국의 통제가 느슨해졌기 때문인 것으로 풀이된다.[7]

함흥시장의 사례를 보면 돈벌이 행위도 다양해지고 분화 현상도 뚜렷하게 나타나고 있다. 대표적으로 각종 '대행업'이 성행하는데, 예컨대 시장에서 짐을 부치려는 상인들을 물색하는 사람, 물건을 포장해서 역에 운반해주는 사람, 기차 화물칸에 실어주는 사람 등 매우 세분화된 형태의 대행업자들이 나타나고 있다.

예를 들면 돈을 받고 여행하는 사람들의 짐을 운송해주거나 화물차 또는 버스를 이용해 고객을 나르는 업자가 있다. 북한에서 대부분 운송 기재는 국가 소유이기 때문에 공장, 기업소, 당 기관, 보안부, 보위부, 군부대 등에서 수익의 일부를 주고 차를 빌려 사용한다. 고객의 여행 거리와 짐의 무게에 따라 값이 책정되는데 대부분 1km를 가는데 400원(0.05달러) 정도이다. 도(道)와 도를 통과할 때는 통행증이 없어도 단속 초소에 돈과 뇌물을 주어 모

---

6)   같은 글.
7)   박흰일, 「통일 후의 사유화조치가 성공하려면」, ≪남북물류포럼≫, 칼럼 제261호(2015년 2월 5일).

면한다. 장마당과 역전을 중심으로 삼륜 자전거 또는 수레로 짐을 날라주는 '짐꾼'은 50kg 쌀 포대 1개 기준으로 1km를 가는데 보통 1만 원(1.2달러)을 받는다. 여행자를 상대로 잠을 재워주고 돈을 받는 개인 주택 소유자 또는 여인숙과 민박을 혼합한 형태로 기차역이나 공공 장소 장마당 주변에 집을 갖고 있는 '대기숙박업주'도 등장했다. 개인들이 운영하며 하룻밤 자는 데 보통 북한돈 8000원에서 최고 10만 원(1~10달러)까지 받는다.[8]

그리고 장거리 여행객들을 대상으로 한 역전의 숙박업자들이 여행객의 각종 편의를 봐주는 대가로 소개비 및 수수료를 받고 있다. 최근 소식에 의하면 함흥에서 3대 부자는 '얼음(빙두) 장사', '비닐 장사', '차판 장사'라는 말이 있다고 한다. 차판 장사는 화물차를 사서 대량으로 도매 장사를 하는 것을 말한다. 그 외에도 남녀 단둘이 들어가는 한증탕이 유행하고 있으며 퇴폐 문화가 퍼지고 있다고 한다.[9]

사정이 이렇다 보니 돈주들 간의 경쟁이 치열해지고 우열이 나타나기도 한다. 이에 따라 금력과 권력이 월등한 돈주들은 특정 비즈니스 분야에서 독점적 지위를 점유하고 폭리를 취하고 있다. 한 가지 예를 들면 최근에는 평양을 비롯한 주요 거점도시에서 돈주가 운영하는 사설 운송업체들이 지속적으로 늘어나고 있다. 북한의 주요 도시마다 국영 '무궤도 전차 사업소'와 '먼(장)거리 차 사업소'가 있지만 기존 버스들이 노후화되었고 연유(휘발유, 디젤유)가 부족한 데다 이들 사업소가 자금난을 겪고 있다. 반면 돈주가 투자한 버스 및 써비차 운송 기업소들은 계속 늘어나고 있다. 결국 당국은 돈주들의 운수업 확장을 어쩔 수 없이 용인하고 있다는 것이다. 개인 버스 운송업은 2000년대 초 평양시를 비롯한 2~3개 도시에서만 운영되어왔지만 지금은 전국으로 확대되어 버스 10대가량을 보유하고 있는 회사들이 수십, 수백 개에

---

8) 곽명일, "북한의 인기직업 10가지", ≪통일신문≫, 2015년 1월 18일 자.

9) 같은 신문.

달할 것이라는 증언도 있다.[10]

돈주들은 돈을 투자해 중국 측 사업 파트너를 통해 차량(주로 3000~4000달러짜리 중고 버스, 화물차)을 구입한 뒤 당국에 일정한 돈을 상납하고 평양(중앙) 소속 명칭의 운송 회사를 차리고 있다. 예를 들면 내각 산하 '평양운수무역회사'와 '평양운수총국'은 개별 돈주들과 '경제 타산안(허가서)'을 작성하고 일정 정도의 이익을 상납받아서 운수업을 허가해주고 있다. 각 지역에 평양운수무역회사와 평양운수총국 명칭의 버스 회사들이 운영되는데 이는 중앙기관과 결탁해 운송업 허가를 받은 '돈주 회사'라고 보면 된다.

돈주들이 개인 운수업에 뛰어들면서 운임도 시장경제 원리에 의해 책정되고 있다. 돈주가 운영하는 운송 업체들이 늘어나면서 경쟁도 치열해지고 운임(運賃)이 지속적으로 오르고 있는 것이다. 한 북한전문 매체는 "2년 전 까지만 해도 청진-무산 간 버스 요금이 8000원이었는데 지금은 5만 원으로 올랐고 청진-김책 간 버스는 8만 원으로 종전보다 10배 올랐다"면서 "연유와 중국 위안화 시세에 따라 돈주들이 제멋대로 운임을 올리고 있다"고 내부 소식통의 말을 전하고 있다.[11]

북한 내에서 사유화가 예상을 뛰어넘어 진척되고 있다는 사실은 사유화에 대한 개념적 고찰을 통해 좀 더 분명하게 드러난다. 이 분야의 연구 전문가인 마리아 라빈은 사유화 개념을 협의와 광의로 구분해 정리했다. 그에 따르면 협의의 사유화란 "국가라는 주체가 사적(private) 주체에게 재산권을 법적으로 양도하는 것"이다.[12] 반면 광의의 사유화는 "경제 활동의 탈국가화(destatisation)에 기여하는 다양한 조치"를 뜻한다. 여기서 주목할 대목은 시장화가

---

10) 최송민, 「돈주, 北 私경제화 견인… 운송업 독점해 폭리」, 데일리엔케이, 2015년 3월 27일 자.

11) 같은 글.

12) Marie Lavigne, *The Economics of Transition: From Socialist Economy to Market Economy*, pp.155~157.

진전되면서 대규모 국유 부문도 시장 규칙과 경쟁에 노출된다는 점에서 국영 기업의 시장화 또는 상업화도 광의의 사유화에 포함된다는 점이다. 나아가 전반적인 소유권이 아닌 부분적인 사적 재산권을 행사할 수 있도록 생산수단이나 국유 자산을 장기 임대하는 것도 사유화 개념에 포함된다. 또한 신규 사영기업을 설립하여 민간 부문을 형성하는 것도 사유화에 속한다.

한편 사유화 메커니즘은 소규모 사유화와 대규모 사유화로 구분된다.[13] 전자는 소규모 국가 자산을 판매, 경매, 임차 등으로 개인에게 양도하는 경우이다. 주로 무역·서비스, 트럭 운송, 건설 부문에서 일어나는데 행상에서 시작해 인적 자본에 의존하는 서비스 부문으로 발전한다. 많은 경우 2차 경제 또는 비공식 경제에서 이미 존재해온 기업 활동이다. 구체적인 방법으로는 이전 주인에게 반환(restitution), 국유자산 매각(divestment), 민영화를 통한 금융 조달(financing)이 있다. 후자는 대규모 국영 기업을 사유화하는 것으로 속도가 느린 편이다. 이때 국영 기업을 효율적인 자본주의 기업으로 전환시켜 국유 부문이 시장 방식을 따를 수 있도록 하는 것이 관건이다. 개인에게 나누어줌으로써 국가에 수익이 생기지 않는 대규모 민영화, 국내 자본에 의지하는 자발적 민영화, 해외 자본에 의지하여 외국 투자자를 대상으로 직접 매각하는 방식 등이 있다.

북한의 경우 공식적으로 개혁·개방을 선언하지 않고 있고, 계획경제의 틀을 유지하려고 하기 때문에 사유화나 민영화라는 용어를 쓰기는 이르다. 하지만 공식적인 법 제도적 측면보다 실질적인 측면을 보면 사적 경제가 확대되면서 사유화가 상당히 진척된 것으로 평가할 수도 있다. 이러한 변화로 미루어 보건대 사실상 북한에서 체제 전환이 이미 부분적으로 진행되고 있다고 볼 수도 있다. 체제 전환은 사적부문 활동(private sector activity)의 확대와

---

13) 같은 책, pp.159~160.

밀접한 연관이 있기 때문이다. 체제 전환의 주된 구성 요소인 사유화는 새로운 사적 부문을 창출하거나 기존의 국영 기업을 사영 기업으로 바꾸는 것을 의미한다.[14) 사회주의에서 시장경제로 가는 이행 경제에서 사유화는 국가의 산하 기관에 지나지 않던 국영 기업을 상업적인 기관으로 — 민영화하든 공기업으로 남겨두든 — 변모시키는 것을 뜻하기도 하는데, 동유럽에서는 이를 '시장화'로 부르기도 했다.

2) 새로운 세력의 등장과 사회 분화(social stratification) 가능성

사금융의 발달은 출신 성분을 바탕으로 한 획득적 지위를 중요시하던 북한 사회를 바꿔놓을 잠재성을 보여주고 있다. 개인의 사(私)경제 능력에 따른 새로운 계층 분화의 맹아가 싹트고 있는 것이다.

북한 당국은 노동당원이 나라의 중심 계층이라고 선전하지만, 주민들 사이에서는 장마당의 돈주들이 북한을 유지하는 기본 계층으로 여겨지고 있다는 평가도 나온다.[15) 북한은 당과 행정 기관은 물론 근로 단체의 말단 간부조차 모두 노동당원이어야 한다. 노동당원이 아니면 어떤 직급에도 승진할 수 없기 때문에 당연히 사람들의 기초적인 목표는 당원일 수밖에 없다. 하지만 북한도 돈이 모든 것을 결정하는 사회로 변해가면서 노동당원증은 점차 대중적인 관심에서 밀려나고 있다고 현지 소식통들이 전하고 있다. "예전에는 미혼 여성들이 첫 번째로 손꼽는 결혼 상대가 당원이었지만 지금은 돈만 많으면 굳이 당원이 아니어도 된다는 게 보편적인 인식"이라는 것이다.

북한 체제에서 주민들의 사회적 신분은 북한식 표현에 따르면 '계급적 토대'와 성분16)에 의해 속박되어 있다. 북한 주민들이 정치 자본을 축적하기

---

14) 같은 책, p.155.
15) 「북 사회 중심계층은 돈주들」, 자유아시아방송, 2016년 2월 11일 자.

위해서는 본인의 의지와는 무관한 토대[17]와 성분[18] 같은 선천적 요인이 갖추어져야 한다. 이러한 요인 때문에 북한 주민들에게는 정치 자본을 축적할 수 있는 권리가 누구에게나 주어지지 않고 세습되는 경향이 있다.

시장의 발달은 '돈주'라 불리는 신흥 부유층과 이를 비호하는 부유한 권력층을 형성했고 이는 북한의 충성도와 성분에 기반을 둔 계층 구조에 미묘한 변화를 가져오고 있다. 정부의 비공식 통계에 따른 것이지만, 북한의 대외무역과 시장경제의 규모가 커지면서 5만~10만 달러 이상의 재산을 보유한 자산가가 24만 명가량 되는 것으로 추정된다. 북한의 각종 경제정보를 종합해 분석한 결과이다. 최고 자산가 중에는 중앙당 간부나 외교관, 외화벌이 상사원, 시장에서 돈을 번 '돈주' 등이 많다.[19]

하지만 우리가 여기서 주목할 대목은 돈주라는 신흥 부유층의 등장과 급성장에도 불구하고 당이나 정권 기관의 간부들이 여전히 부와 권력을 독차지하고 있을 가능성이 높다는 점이다. 탈북자 조사에 따르면 정치적 위계질

---

16) "사회계급 관계에 의해 규정되는 사람들의 사회적 구분, 곧 어떤 계급의 사상이 그의 머릿속을 지배하고 있는가 하는 것을 알기 위하여 출신과 직업, 사회생활의 경위에 의하여 사회 성원을 사회적 부류로 나눈 것"이라고 정의하고 있다. 북한사회과학원 언어학연구소, 『조선말대사전(1)』(평양: 사회과학출판사, 2006), 738쪽.

17) 북한식 표현으로 계급적 토대라 하는데 혈통 또는 족보와 관계되는 것으로 정치 신분을 규정 짓는 요인이다.

18) 성분은 사회적 신분을 규정 짓는 요인으로 출신 성분과 사회 성분으로 구분된다. 전자는 본인의 출생 당시 아버지의 신분을 의미하는 것으로 가정이 처한 사회 계급적 관계를 반영하는데 '좋은 성분' 순으로 보면 군인, 노동자, 농민, 사무원, 학생 등이다. 후자는 본인의 사회 첫 진출 시 가지게 되는 신분을 의미하는 것으로 본인의 사회 계급적 관계를 반영한다. 노동당원인 경우 노동당에 입당할 당시의 본인 신분, 즉 직업을 기준으로 정하고 있다. 사회 성분에서 '좋은 성분'은 군인이며 그다음이 노동자이다. 김영희·김병욱, 「사회적 신분에 따른 북한관료들의 사경제 활동 연구: 관계자본의 축적을 중심으로」, 227쪽.

19) "통일이 미래다: 北 5만~10만 달러 이상 資産家 24만 명", ≪조선일보≫, 2014년 2월 11일 자.

서에 기초한 계층 구조는 여전히 상당히 고착화되어 있다. 서울대학교 통일평화연구원이 2014년 8월 탈북자 149명을 대상으로 북한에서 가장 잘사는 직업이 무엇이냐는 질문을 한 적이 있는데 중앙당 간부(73.5%)와 사법 관련 기관 간부(18.4%)가 1위와 2위를 차지했다. 이는 시장 활동을 통해 부를 축적한 상인 계층이 있음에도 권력을 가진 고위 당 간부 및 행정부 관료들이 북한에서 여전히 최고 부유층으로 인식되고 있음을 보여준다. 매우 흥미로운 대목은 구소련 등 다른 사회주의 국가들의 사례를 보면 시장경제 체제로의 전환 이후 사회주의 체제 아래에서 돈을 많이 번 돈주들보다 당이나 군 간부 출신이 시장경제에 더 잘 적응했고 성공한 기업인이 되었다는 점이다.

다른 사회주의 국가에서 사유재산 제도가 철폐된 이후 정권 기관의 간부, 즉 정치 관료(political bureaucracy)가 행정적으로 독점 권력을 가지고 있기 때문에 온갖 특권과 경제적 혜택을 누려왔다.[20] 1980년대 들어와 소련에서도 장사를 통해 돈을 잘 버는 사람들이 생기기 시작했다. 흥미로운 것은 소련 체제가 무너진 이후 그들 가운데 성공한 사람이 거의 없다는 점이다. 러시아 출신인 안드레이 란코프(Andrei Lankov) 교수의 설명에 따르면 지금 러시아의 대기업을 경영하는 사람들 중에 당 간부, 정보 기관의 간부, 군인 출신이 압도적으로 많다. 또한 교수나 연구자로 지내던 학자 출신도 적지 않게 발견되었다. 그러나 소련 시대의 돈주, 즉 비공식적으로 돈을 잘 벌던 사람들은 거의 없었다고 한다.[21]

왜 이런 현상이 벌어지게 되었을까. 제일 중요한 것은 사회주의 시대에 장사를 했던 사람들이 배운 기술과 솜씨는 시장경제로 바뀐 러시아에서 쓸모가 없어졌다는 것이다. 그들은 어떤 간부와 연락해야 하는지, 누구에게 뇌물

---

20) Milovan Djilas, *The New Class: An Analysis of the Communist System*(New York: Praeger, 1957).

21) 「러시아 신흥 부자는 구소련 간부」, 자유아시아방송, 2015년 1월 8일 자.

을 줘야 하는지, 위반해도 되는 규칙은 무엇인지 알았지만 합법적인 사업에 필요한 기술이 무엇인지에 대해서는 별로 아는 게 없었다. 그래서 소련 시대의 부자들은 역설적으로 시장경제에 적응하기가 너무나도 어려웠다고 한다.

반대로 간부들은 크게 성공했다. 그들은 합법적인 사업을 하는 데 필요한 기술을 사회주의 시대에도 배울 수가 있었다. 그뿐만 아니라 그들은 국가 소유의 재산을 통제했었기 때문에 이러한 소유물을 자신의 개인 재산으로 만드는 데도 상대적으로 용이했다. 바꾸어 말해 그들은 국가 재산을 관리했던 사람들로서 국가 재산을 제일 쉽게 훔칠 수 있었다. 현재 러시아 대기업을 소유한 사람들 가운데 대다수가 소련 시대에 해당 기업소의 지배인이나 당 비서를 지내던 이들로 알려져 있다.

학자와 지식인이 — 많지는 않지만 — 대기업의 주인이 된 경우는 다음과 같이 설명할 수 있다. 그들은 실제 경험은 별로 없었지만 시장경제 이론에 대해 잘 알았고, 국제 시장에서 외화벌이를 하는 방법을 학교에서 책으로 배웠었다. 그들은 기회가 생기자마자 이 같은 지식을 활용하여 사업을 시작하고 성공했다. 물론 이렇게 성공한 학자 출신 대부분은 실권을 유지한 당 간부 출신 공무원들과 많이 결탁했다. 흥미로운 점은 당 간부 출신들이 장사꾼들보다 젊은 교수들과 더 쉽게 손잡았다는 것이다. 그래서 소련의 경우에 시장화는 장사꾼들의 성공이라기보다 공산당 간부들의 성공이라고 할 수 있다. 그들은 지금도 러시아에서 특권 계층이자 지배 계층으로서 나라를 통치하고 있다.

현재 북한에도 이와 유사한 현상이 나타날 가능성이 있어 보인다. 당 간부들은 여전히 특권과 혜택을 누리고 있다. 그래서 최근 북한을 떠나온 탈북자들에 따르면 권력층은 각종 이권사업과 중요 정보를 장악하고 있는 데다 상인 계층의 뒤를 봐주면서 뇌물을 받아먹기 때문에 자연스럽게 부를 축적한 것으로 파악된다. 실제로 탈북자들은 이런 유착 관계에 대해 대체로 일치된 증언을 하고 있다. 또한 경제적 계층 분화의 이유를 인식하는 데 있어서도 개인의 성격이나 노력, 교육 수준보다는 본인 직위의 높고 낮음이나 정치 사상성의 차이, 권력층과의 안면 관계를 가장 중요하게 여기고 있다. 이는 정치적 요인들, 즉 네트워크나 뇌물 등을 활용한 권력유착 관계가 있어야 출세하거나 성공할 수 있다는 의미인데 이를 뒷받침해주는 것은 사적 경제활동을 통해 축적된 부이다.

오늘날 북한은 자본력과 시장적응 능력을 바탕으로 한 성취적 지위가 이전보다 중요시되는 사회로 변하고 있는 게 분명해 보인다. 이른바 신흥 부유층의 등장과 성장은 신분과 계층의 분화 현상을 낳고 있다. 개인의 시장적응 능력과 개인이 소유한 사회 자본, 즉 시장활용 능력을 비롯해 정보공유 능력, 당과 보위 간부 등 정치 권력과의 네트워크 능력 등에 따라 신분 상승의 가능성이 높아진 것이다. '돈주'들이 사업을 하는 데 필수적으로 요구되는 능력은 기동성과 정보력의 확보. 더 많은 정보력은 더 많은 수익을 발생시키기 때문에 정보를 얻기 위해서는 자금을 아끼지 않는다. 당국의 단속과 통제에서 벗어나려면 정보가 있어야 하고 이는 고위 간부들과의 특별한 유대 관계를 통해 확보되는 것이다. 따라서 돈주들은 사법권을 쥐고 있는 간부들과 특별한 유대를 형성하고 있다. 모든 간부에게 잘할 수는 없지만 법 기관이나 당 기관의 최고 책임자들에게는 아끼지 않고 투자한다.

앞에서 설명한 (당 간부 등을 제외한) 신흥 부유층, 즉 돈주들은 대부분 시장활용 능력, 나아가 사금융 활용 능력 등을 발휘해 정치적 하위 계층에서 경제적 상위 계층으로 상승한 경우이다. 북한에서 2002년 7·1조치 이후 돈에 대한 인식이 바뀌면서 돈을 중심으로 직업을 통해 사람을 평가하는 기준이 생겼다고 한다. 1980년대까지만 해도 재포(재일 북송교포), 화교는 아무리 돈이 많더라도 출신 성분(토대)에 따라 부정적 평가와 홀대를 받았다. 하지만 이제는 토대나 출신 성분, 직위보다는 경제 능력에 따라 대인 관계와 친구 관계가

〈그림 4-1〉 시장적응 능력과 계층 상승

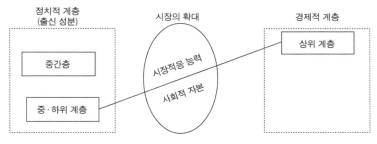

자료: 김직수, 「'돈주'의 형성과정에 대한 연구」, 36쪽.

바뀌고 있다. 장사하는 사람들에 대한 부정적 인식 또한 바뀌었다. 너도나도 장사를 오래 하다 보니 노하우가 생겨 당장의 이익보다는 장기적인 안목을 가지고 물건 값을 정해 팔고 있다. 감가상각, 돈의 회전율에 대한 생각도 자연스럽게 만들어졌다.[22] 오늘날 북한에서 경제력이 더욱 중요시되는 가운데 돈주 등 사금융을 주도하는 세력들의 위상도 비례적으로 높아지고 있는 실정이다.

돈주는 내부 연계를 바탕으로 위로는 기존의 기득권 세력인 간부 계층과 결탁을 점차 강화해나가면서 세력을 키우고, 아래로는 노동자 계층의 노동력을 활용하여 자본을 증식시키고 있다. 즉, 경제력을 갖고 있는 돈주와 기존 기득권 세력의 격차는 점차 좁아지고 유착된 관계로 변화하고 있는 반면, 기존 중간층을 이루었던 노동자 계층과 돈주의 격차는 점차 확대되고 있다. 이러한 계층 간 격차의 확대가 북한 사회의 계층 갈등과 이로 인한 사회 불안정성을 가져올 가능성도 완전히 배제하기 어렵다.

---

22) 곽명일, "북한의 인기직업 10가지", ≪통일신문≫, 2015년 1월 18일 자.

3) 정보 유통의 변화와 금융 경제의 활성화

사금융의 발달은 정보 유통의 변화를 가져왔다. 정보는 곧 돈이자 자본이고 안전을 보장하는 수단이다. 최근에는 휴대 전화가 확산되면서 정보 유통이 훨씬 빠르게 확산되고 있고 이에 따라 빈부 격차 못지않게 경제 주체들 간의 정보 격차도 벌어지고 있는 것으로 파악된다. 적지 않은 탈북자들이 정보와 자본 증식이 매우 밀접한 관계를 맺고 있다고 증언한다. 성공한 돈주들이 변화하는 정치·경제·시장 상황에 민첩하게 대응하는 능력은 바로 정보력에서 나오고 있고, 이런 정보력의 차이가 돈주들의 성패를 좌우한다고 말한다. 단속 정보는 지역별 시장 정보, 환율의 변화 동향, 시장 수요의 변화, 인맥과 관련된 정보 등으로 매우 다양했다. 돈주들은 휴대 전화 덕분에 이동성이 크게 향상되었고 가격과 환율을 포함한 시장 정보를 좀 더 효율적으로 교환할 수 있게 되었다.

한편 북한에서 휴대 전화는 환차익을 추구할 수 있는 자금이동 수단으로 쓰여 개인 간·기업 간 사금융 거래를 더 신속하고 원활하게 하는 데 기여하고 있다. 또 탈북자들이 북한에 남아 있는 가족들에게 돈을 보내는 송금 수단으로도 사용되는 등 휴대 전화가 사금융 활성화에 기여하는 측면도 주목할 부분이다. 탈북자들이 연간 송금하는 규모는 1000만 달러(2011년 기준)에 이르는 것으로 추산되는데, 특히 한국에서 들어오는 송금은 '한라산 줄기'라고 불릴 만큼 북한 주민들 사이에서 중요한 자금원이 되었다.[23]

어쨌든 김정은 정권이 휴대 전화의 사용에 관대한 입장을 취하고, 비공식 시장이 발전해 신흥 부유층이 부상함에 따라 휴대 전화를 사용하는 층이 빠르게 확대되었다. 특히 돈주들에게 휴대 전화는 부의 상징일 뿐만 아니라 그

---

[23] 김연호, 「북한의 휴대 전화 이용실태: 북한의 통신혁명은 시작되었는가?」, US·KOREA Institute at SAIS, Voice of America, 13쪽.

들의 비즈니스 활동을 더욱 원활히 진행할 수 있도록 돕는 역할을 한다. 휴대 전화는 주요 도시뿐만 아니라 다른 큰 도시와 무역을 진행하는 농촌 마을에서도 많이 사용되고 있다. 북한의 비공식 시장이 확대되면서 중국 휴대전화 밀수는 상인들 사이에서 큰 인기를 얻었다. 또한 고려링크는 국내 시장상인들의 기동성 확보에 기여했다. 비공식 시장에서 도·소매 상인들이 시장 정보와 상황을 알 수 있게 했고 휴대 전화를 통해 물품 거래가 이루어질 수 있도록 했다. 심지어 시장에 출시되기 전인 물품의 거래도 휴대 전화를 통해 가능해졌다. 휴대 전화는 원거리 무역에도 유용하다. 상인들은 수량과 가격뿐만 아니라 출고 방법을 통화로 결정할 수 있다.24)

북한의 체신성과 함께 이동통신 사업을 하고 있는 이집트의 오라스콤텔레콤은 2014년 6월 북한의 휴대 전화 가입자 수가 240만 명을 넘어섰다고 밝힌 바 있다. 2008년 12월에 3G 서비스를 시작한 뒤 1년 만에 10만 명, 2012년 2월에는 100만 명, 2013년에는 100만여 명이 추가되었다. 2015년 12월 한국의 통계청이 발간한 『2015 북한의 주요 통계지표』에 따르면 북한의 이동 전화 가입자 수는 280만 명으로 인구 100명당 11.19명으로 나타났다. 통계청은 1995년부터 『북한의 주요 통계지표』를 매년 발간하고 있다. 올해에는 국제전기통신연합(ITU)의 '이동 전화 가입자 수' 통계표를 신규로 추가해 북한의 이동 전화 가입자 수를 처음으로 수록했다. 북한 대부분의 지역에서 국내통화와 문자 메시지 전송, 사진 전송, 국내용 인트라넷을 사용할 수 있다.25) 대규모 상거래를 하는 사람들은 도청과 감시를 피하기 위해 남의 이름을 빌려 개통한 휴대 전화(손전화), 즉 '대포폰'을 사용하기도 한다.26) 돈주들은 휴대 전화를 여러 개 갖고 있는 경우도 있어 실제 휴대 전화를 갖고 있는 주민

---

24) 같은 글, 13쪽.
25) 「북 휴대폰 가입자 240만, 증가세 둔화」, 자유아시아방송, 2014년 9월 9일 자.
26) 「북한에도 '대포폰' 사용자 많아」, 자유아시아방송, 2014년 10월 8일 자.

은 (2016년 초 기준) 최소한 300만 명 이상으로 추정된다.

2014년 북한이 중국에서 수입한 스마트폰 등 IT 기기가 사상 최대치를 기록했다. 이는 북한에서도 IT 기기의 사용이 점차 보편화 단계로 나아가고 있음을 보여주는 신호로 해석된다. 한국무역협회의 무역 통계에 따르면 북한이 2014년 중국에서 수입한 '셀룰러망이나 다른 무선망을 활용하는 전화기'는 모두 8284만 3000달러(약 906억 원)어치에 달했다.[27] 이는 2013년 수입액인 4402만 9000달러의 2배에 가까운 액수로, 해당 항목의 통계치가 잡히기 시작한 2007년 이후 최대 규모다.

노트북을 포함하는 '10kg 이하 무게의 휴대용 자동정보처리 기기'의 수입액도 2336만 9000달러로 2013년보다 16% 증가했다. 이 또한 통계치가 나오기 시작한 1998년 이후 최대치다. 2014년 북중 무역에서 북한의 전체 수입액은 3% 감소했지만 IT 기기의 수입액은 대폭 늘어난 것이다.[28] 김정은 시대 들어 북한은 경제 형편이 점차 나아지고 부유층도 두터워지면서 평양을 중심으로 스마트폰 같은 IT 기기를 사용하는 인구가 빠르게 증가하고 있는 것이다.

4) 사회 자본(신용 및 관계)의 맹아적 성장

자본은 표면상 경제 자본이 동원되어 축적되는 것이지만, 실질적으로는 기술력과 정보력(문화 자본), 인적 연결망(사회 자본)의 복합 작용에 의해 형성된다. 사회적 자원의 측면에서 자본을 정의하면 자본가 계급은 경제 자본으로 언제든지 전환될 수 있지만, 구체적인 모습을 명확히 드러내지 않는 문화 자본이나 사회 자본과 같은 은폐된 형태의 자본을 축적하여 불평등을 재생

---

27) 「북한, 지난해 중국산 스마트폰 수입 사상 최대」, 연합뉴스, 2015년 1월 30일 자.
28) 같은 뉴스.

산할 수 있다.29) 사회 자본을 "제도화되었건 혹은 제도화되지 않았건 상호 면식이 있어 알고 지내는 사이에 지속적으로 존재하는 관계의 연결망을 통해 얻을 수 있는 실제적이고 잠재적인 자원의 총합"이라고 했다.30) 사회 자본은 행위자가 혈연, 지연, 학연 등과 관련한 집단 속에 접근함으로써 확보할 수 있는 인적 자산이다. 사회 자본은 인적 연결망 이용 과정을 통해 축적된다. 북한의 돈주들은 사회 자본을 매우 중요시한다. 권력자들과 유착함으로써 남보다 유리한 경제활동 조건을 마련할 수 있으며 이를 통해 더 많은 이득을 얻을 수 있다.31)

신용이 뒷받침되지 않고서는 사금융이 발달할 수 없다. 북한에서도 사금융 시장이 성장하면서 신용이 갈수록 중요시되고 있다. 적지 않은 돈주들을 인터뷰한 선행 연구에 따르면 신용은 돈거래 상대방과의 관계, 직접 고용 노동자들과의 관계, 권력과의 관계 등 모든 관계에서 핵심 가치로 자리 잡고 있다. 한마디로 신용이 없으면 돈주로서 성장하기 어려운 환경이 만들어지고

〈표 4-1〉 경제적 계층 분화에 대한 북한 주민의 인식

연도	정치 사상성	본인 직위	교육 수준	가족(친척) 관계	권력층 안면 관계	개인 성격, 노력	출신 성분	전체
2012년	29	56	1	2	20	7	8	123
	23.6%	45.5%	.8%	1.6%	16.3%	5.7%	6.5%	100%
2013년	42	43	0	1	24	4	19	133
	31.6%	32.3%	0%	.8%	18%	3%	14.3%	100%
2014년	41	44	1	1	33	6	22	148
	27.7%	29.7%	.7%	.7%	22.3%	4.1%	14.9%	100%
전체	112	143	2	4	77	17	49	404
	27.7%	35.4%	.5%	1%	19.1%	4.2%	12.1%	100%

자료: 장용석, 「북한사회의 시장화와 소득분화」, 55쪽.

---

29) 유석춘·장미혜, 「사회자본과 한국사회」, 『사회발전연구』, 제8집(2002), 91쪽.
30) 같은 책, 19쪽.
31) 김영희·김병욱, 「사회적 신분에 따른 북한관료들의 사경제 활동 연구: 관계자본의 축적을 중심으로」, 251~254쪽.

있는 것이다. 신용을 보증할 수 있는 공적 기관이 사실상 존재하지 않는 북한에서 신용이 없는 사람은 사업을 확장시켜 돈을 버는 것이 어렵다.[32]

나아가 신용은 고위 간부들과의 관계를 유지하고 생존을 도모하는 데도 필수적이다. 2012년부터 2014년까지 3년 사이에 탈북한 이들을 대상으로 실시한 조사에서도 권력층과의 안면 관계는 평균 19% 비중을 차지하며 경제적 계층 분화에 영향을 미치는 중요 요소로 지적되었다.

일부 사례이긴 하지만 기존 자산이 없이도 정보력과 인맥, 신용을 활용해 돈 있는 사람들한테 '투자금'을 받아 '돈주'가 된 경우도 있다고 한다. 신용을 중시하고 능력에 따라 보상을 받는 시장경제 논리가 확산되고 있는 것이다. 사업을 지속적으로 확장하는 데도 신용 확보는 필수다. 신용은 자신의 뒤를 봐주는 간부들과의 관계뿐만 아니라 동료, 피고용 노동자 등과의 원만한 관계를 유지하는 데 꼭 필요하다. '돈주'들은 대체로 신용을 중시하고 노동자들의 능력에 따라 차등적인 보상을 하는 등 자본주의적인 가치관이 몸에 밴 것으로 보인다.[33] 지금 북한에서 '돈주'가 된 이들은 대부분 이런 조건들을 일찍부터 습득하고 경제 활동에 적절히 활용한 계층이라고 할 수 있다.

5) 비공식 네트워크의 형성과 확산

사금융의 형성과 발전 과정에서 필수적인 것은 양질의 비공식적 네트워크를 확보하는 것이다. 적지 않은 돈주들은 사금융 거래에 따른 법적 보호와 뒷받침을 받지 못하고, 정부의 단속과 통제로부터도 자유롭지 못하기 때문에 이 같은 공식 제도의 공백과 문제점을 극복하기 위해 비공식적 네트워크를 적극 활용하고 있다.

---

32) 조정아 외, 『북한 주민의 일상생활』, 272쪽.
33) 김직수, 「'돈주'의 형성과정에 대한 연구」, 18쪽.

이런 네트워크는 사금융 주체를 중심으로 간부 권력층, 일반 노동자, 동종 업자 간의 관계를 중심으로 형성된다. 시장을 통해 자본을 축적한 돈주들은 대개 정치적 신분이 좋지 않았기 때문에 기존 권력층과의 네트워크 연계를 통해 자신의 신변을 보호하고 사업 안정성을 확보하며 나아가 자본 증식의 기회를 포착하는 데 유리하게 활용할 수 있었다. 여기서 말하는 권력층은 주로 북한에서 사법·검찰·보위 업무를 담당하는 일군들이다.

권력층과의 관계 형성 및 발전은 주로 뇌물을 수단으로 이루어지지만, 나중에는 사업 파트너 관계로 발전하기도 한다. 가끔은 선제적으로 뇌물을 제공하기도 하는데 이는 현재는 물론 미래의 비즈니스 안정성과 수익을 겨냥한 선행 투자의 성격을 내포하기도 하다. 예를 들면 노동당과 검찰, 보안부 등과 양호한 관계를 유지해온 부유층들은 2009년 북한 당국이 전격적으로 화폐 개혁을 실시했을 때 큰 손실을 입지 않았다고 한다.[34]

'외화벌이는 교화벌이'라는 말이 성행할 정도로 외화벌이 종사자들은 막대한 위험 부담을 갖고 살아야 한다. 큰 수익을 올릴 수 있는 만큼 위험의 크기도 비례하는 것이다. 특히 단속을 피하기 위해 힘이 있는 특수 기관이나 당 기관을 선정하고 그 산하에 외화벌이 기구를 만드는 것이 중요하다. 처음부터 끝까지 회사의 모든 활동을 위한 자구책을 혼자서 모색하고 이중 삼중의 법적 위험부담도 겪어야 하는 투자자, 즉 돈주 입장에서는 그래도 특수 기관에 소속된 외화벌이 기구를 만드는 것이 최선의 선택으로 통한다.

사금융 주체들과 권력층의 관계는 정치력과 경제력의 교환 관계로 설명되기도 한다. 돈주들은 자신들이 가진 경제력을 통해 부족한 정치력을 보완하고 권력층은 정치력을 제공하는 대가로 경제력을 확보하는 것이다. 흥미로운 대목은 정치 권력들도 일정한 부를 축적하고 나서 돈주들을 통해 자본 증

---

34) "北 3040 '돈주'들, 세인트존 원피스·롤렉스 시계로 富 과시", ≪한국경제≫, 2014년 12월 3일 자.

식을 도모하고 있는 점이다. 일부 간부들은 돈주에게 자신의 돈을 투자하여 이윤을 남기는 좀 더 적극적인 방식을 사용한다. 즉, 잘 알고 지내던 돈주에게 단속 정보를 주거나 단속 대상에서 제외해주는 대가로 자신의 돈을 투자한다.

돈주들은 간부들과의 긴밀성을 높이기 위해 수익금을 분배하는데 이는 돈주들이 간부들과의 공생 관계를 강화하기 위해 사용하는 대표적인 전략이다. 돈주들은 간부들과 돈독한 관계를 유지하기 위해 자기 자식과 간부의 자녀를 혼인시킴으로써 더 긴밀한 결탁 관계를 꾀하는 경우도 있다고 한다.[35] 이는 정치 권력들의 생계와 권력의 유지 및 확대를 위해서도 끊임없는 자본 증식이 필요한 오늘날 북한의 실상을 잘 설명해준다.

사금융 주체들은 간부들과의 관계뿐 아니라 일반 노동자와의 네트워크 유지도 매우 중요시한다. 2002년 7·1경제관리개선조치가 취해진 이후 기업 자율성이 확대되면서 돈주들도 고용과 해고, 임금 지급과 같은 노무 관리에서 상당한 자율권을 행사할 수 있게 되었다는 점은 앞서 지적했다. 이러한 이유로 고용자인 돈주와 피고용자인 노동자들 사이의 관계가 형성되었는데 이들의 상호 관계는 수직적이고 지배-종속적인 경우가 많은 것으로 기존 연구들은 밝히고 있다.[36]

노동자들은 본인과 가족의 생계를 유지하기 위해 돈주들에게 의존할 수밖에 없다. 양자의 관계가 수직적이고 일방적이긴 하지만 고용주인 돈주들은 노동자들의 생산성을 향상시키고 비법 활동에 따른 문제 발생의 소지를 없애는 차원에서 인센티브를 제공하거나 관혼상제를 챙기는 등 원만한 고용-피고용 노사 관계를 유지하려고 노력한다.

돈주들을 중심으로 한 사금융 주체들은 동종 업종 간의 경쟁과 협력 관계

---

35) "[북한의 지하경제] '돈주'의 형성 ⑩", ≪통일신문≫, 2014년 4월 9일 자.
36) 공용철, 「북한의 노동시장 형성에 관한 연구」, 59~79쪽.

〈그림 4-2〉 지역 돈주 간 협력 네트워크

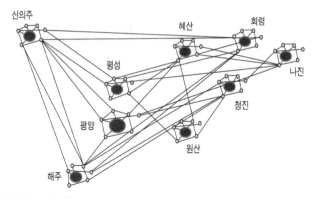

자료: 곽인옥, 「북한 시장의 실태 분석 및 변화과정에 관한 연구」, 59쪽.

를 통해 자본 증식을 도모하기도 한다. 시장이 확대되고 이에 따라 외화벌이 사업을 둘러싼 이권 다툼이 치열해지면 돈주들 간의 경쟁이 더욱 심화될 수밖에 없는 것이다. 외화벌이의 경우 이윤이 높은 품목의 와크를 분배받거나 원천을 지속적으로 축출할 수 있는 '노른자위' 자리에 기지를 확보하기 위해 경쟁이 발생하는 경우가 흔하다고 한다.

반대로 돈주들 간의 이해관계가 같거나 협력을 통해 이익 규모를 키울 수 있는 경우에는 협력 관계를 형성하기도 한다. 선행 연구에 따르면 달러 송금 등과 관련해 돈주들끼리 전화, 휴대 전화 등을 통해 긴밀한 네트워크를 형성하고 환율 정보를 공유하면서 공동의 이익을 도모하기도 한다.[37]

이런 협력으로 사금융 거래와 관련된 유익한 정보를 공유하고 국가의 감시와 통제로부터 공조를 취하기도 한다.[38] 어떤 측면에서는 협력적인 거래 관계를 맺는 동료 돈주가 많으면 많을수록 북한에서 대자본가로 성장할 수 있는 가능성도 커진다. 다른 돈주 인맥을 통해 초기 비용을 줄이면서 새로운

---

37) 곽인옥, 「북한 시장의 실태 분석 및 변화과정에 관한 연구」, 59쪽.
38) 김직수, 「'돈주'의 형성과정에 대한 연구」, 46쪽.

사업에 빠르게 착수함으로써 성과를 낼 수 있기 때문이다. 돈주들 간의 연계망은 당국의 견제에 대응하는 데도 활용되고 있다.

6) 사금융 발전에 따른 빈부 격차와 생활수준 격차의 확대

한편 사금융의 확산으로 북한 사회 내 빈부 격차는 더욱 커지고 있다. 시장 확대로 나타난 오늘날 북한의 가장 큰 숙제는 빈부 차이인지도 모른다. 사실 북한에서 빈부 격차가 시작된 시점이 1980년대라는 것이 놀랍다. 재일교포 귀국자들은 가족이나 친인척들이 보내주는 돈이나 물건으로 부유한 생활을 하고 있어 북한 주민들에게 선망의 대상이었다고 한다.[39] 북한 주민들의 결혼식에서도 빈부 격차에 따른 양극화 현상이 심화되고 있는 것으로 전해졌다. 결혼철을 맞아 다양한 커플들이 결혼을 하고 있지만 간부와 돈주 자녀들은 '달러 잔치'를 하고 있는 반면, 빈곤층 자녀들은 소박한 결혼식을 하고 있다고 한다. 가난한 주민들은 장마당에서 산 한복 저고리를 입고 기념 촬영을 하지만 간부나 돈주의 자녀들은 150달러짜리 저고리나 양복을 입고 비싼 돈을 주고 빌린 벤츠 승용차로 이동하면서 녹화 촬영을 한다는 것이다. 또한 결혼식의 빈부 차이는 밤이 되면 더욱 확연하게 드러난다. 일반 주민들은 촛불을 켜놓은 어두운 방에서 손님들을 대접하지만 간부와 돈주들은 변전소에 달러를 주고 전기를 받아 환한 집에서 가라오케로 노래하며 즐긴다고 한다.[40]

농민, 광부와 같은 시장 소외층은 물론 "가장 빈곤층으로 추락하기 쉬운 집단이 어머니가 아픈 집"이다. 남성은 국가에서 정해준 직장을 이탈할 수

---

39) 탈북자 강○○(당 간부, 남, 2015년 탈북)와의 인터뷰, 2015년 11월 30일.
40) 「北 결혼식 양극화 심화⋯ 주민 '촛불잔치' 돈주 '달러잔치'」 데일리엔케이, 2015년 3월 27일 자.

없지만 여성들이 장마당에서 장사를 통해 가계를 꾸려가기 때문이다. 빈부 차이가 형성되고 돈주가 등장하면서 초보적인 노동 시장이 형성되었다. 예를 들면 일당제 노동이나 월급제 가정 교사와 가정부 등이 나타난 것이다.[41]

시장적응 능력과 더불어 사금융 활용 능력의 보유 여부가 잘사는 주민과 그렇지 않는 주민 간 소득 격차를 확대시키고 이런 구조가 고착화되는 것이다. 시장화가 진전됨에 따라 돈주들을 중심으로 부의 집중 및 이에 따른 독과점 현상 등이 나타나고 있고, 이로써 부익부 빈익빈 현상도 불거지고 있다. 시장의 확대는 자본과 인맥, 시장 능력과 같은 사회적 자원을 획득한 사람들에게 자산 증식의 기회를 제공했지만 자본을 활용한 독과점과 매점매석 등의 폐해도 남겼다.

돈과 권력이 결탁하면서 이런 경향은 더욱 심해지고 있다. 이에 따라 일반 주민들은 세금(장세) 부담과 단속에 따른 뇌물 증가를 버티지 못하고 시장 활동에서 실패하는 악순환을 겪고 있다. 북한의 시장 제도화 수준이 그다지 높지 않기 때문에 돈이 있는 권력층은 불법의 경계가 모호한 시장에서 권력이 있는 간부들과 합작해 시장 가격을 자유로이 결정하는 등 아무런 제약 없이 시장경제 활동을 진행하고 있는 것이다.

심지어 북한의 도(道)와 시(市)의 전기 공급을 담당하는 전력 감독원들이 돈주(신흥 부유층)들에게 돈을 받고 전기를 공급해주고 있는 것으로 전해졌다. 국가는 비교적 싼 가격에 전기를 공급하는데 이것이 제대로 되지 않자 돈주들이 고액의 돈을 주고 전기를 사용하고 있다는 것이다. 이는 공장·기업소 중 정상 가동되는 곳에 공급하는 전기를 개인들에게 주는 것으로, 지역 송배전부 간부들의 쏠쏠한 '돈벌이'가 되고 있다고 한다.[42]

---

41) 중국으로 나온 북한주민 다수를 인터뷰한 공용철 KBS PD가 민화협 여성위원회가 주관한 강연회(2012년 5월 9일 오후 2시 국가인권위원회 8층 배움터)에서 밝힌 내용이다.

이런 현상은 사금융을 통해 이익을 보는 자본가 계층과 그렇지 않은 계층 간의 생활 양식과 소비 수준의 격차를 크게 벌려놓고 있다. 이와 같은 격차는 계층 간 위화감을 조성하고, 오늘날 북한 사회의 갈등을 불러일으키는 주요 요인으로 지적된다. 금융·비금융 투자를 통해 비교적 손쉽게 자본 증식을 도모한 돈주들의 경우 생활비 규모가 클 뿐만 아니라 고급 주택과 외국산 생필품, 자녀의 과외 교육 등과 같은 '사치 취향'의 소비를 보이면서 일반 주민들과 그 생활 양식이 뚜렷하게 구별된다. 특히 돈주들은 상대적으로 북중 국경지역이나 중국에 나가기가 쉽기 때문에 외부 문물과 접촉할 수 있는 기회도 많고 이것이 그들의 생활 양식에 드러나기도 한다.

사채업, 부동산, 도·소매 등을 통해 돈을 번 북한의 부유층들은 대체로 수십만, 수백만 달러의 자산을 보유하고 있는 것으로 전해진다. 평양의 부유층 여성들은 한 벌에 2000달러인 세인트존 원피스, 남성들은 1만 달러의 롤렉스 시계를 집중적으로 사들이고 있다. 이들은 부를 과시하는 것을 좋아해 고급 자동차나 요트를 구입하는 것도 주저하지 않는다.[43] 또한 대부분 가정부를 고용하고 있다. 고급 사교장과 술집, 명품 숍들도 많으며 고급 간부들의 소비 수준은 웬만한 외국인 못지않다.[44]

간부나 돈주들은 자녀의 고액 과외에 열심이다. 특히 지방에 사는 부유층들은 평양의 유명 대학에 다니고 있는 대학생들을 지방까지 불러 자녀들을 과외시키고 있다는 것이다. 북한은 '사교육'을 금지하고 있어 불법으로 '과외'를 하는 경우는 있지만 이번처럼 평양 대학생이 지방까지 내려가는 것은 매우 드문 예로 앞으로 북한 내 과외 시장이 점점 확산될 것임을 예상케 한다.

---

42) 「北 돈주, 무려 1500배 요금 내고 사용하는 것은?」, 데일리엔케이, 2015년 3월 17일 자.
43) "北 3040 '돈주'들, 세인트존 원피스·롤렉스 시계로 富 과시", ≪한국경제≫, 2014년 12월 3일 자.
44) 같은 신문.

김정은 체제 들어 산업 부문의 CNC화(컴퓨터 수치 제어 기술화)를 집중적으로 선전해오면서 과외 과목에도 변화가 나타나고 있다. 몇 년 전까지만 해도 간부 부모들은 자녀들의 과외 과목으로 인문이나 사회 쪽을 선호했지만 최근에는 기초(컴퓨터, 외국어, 물리, 화학) 과목이나 예술 부문을 선호한다. 북한의 학부모들도 국제 사회의 추세에 맞게 자녀 교육에 열을 올리고 있음을 알 수 있는 대목이다.[45]

정부 내부 분석자료[46]도 북한 내 빈부 격차를 주목하고 있다. 시장을 매개로 하는 경제 활동이 늘어나면서 주민의 시장 의존도가 높아지고 있으며 지역별·개인별 소득 격차가 나타나고 있다는 분석이다. 최하층의 월평균 가구 소득은 1만 원 미만인 반면 최상층의 월평균 가구 소득은 55만 원 이상으로 무려 55배나 차이가 난다. 외화를 사용할 능력이 있는 평양 지역의 중·상류층을 중심으로 소비가 활성화되고 있고, 농촌 지역이나 국경으로부터 먼 지역, 교통이 발달하지 않은 지역일수록 빈곤하며, 시장이 발달하고 자본과 상품의 유입이 많은 지역으로 경제적 부가 집중되어 있다.

특히 아파트 주택 생활의 차이는 계층 간 차이를 명료하게 드러낸다. 경제력 격차로 인해 나타나는 가장 눈에 띄는 차별화는 주거 환경의 차이라고 할 수 있다. 특히 김정은 시대 출범 이후 건설된 고급 호화 아파트는 이곳에 거주하는 신흥 부유층, 권력층과 그렇지 않은 일반 주민들 사이의 격차를 가장 잘 보여주며, 심지어 이들 서로 간의 주거 공간이 점차 분리되는 현상까지 가시화되고 있다. 소득 수준의 향상으로 아파트 거주자가 증가하고 주택 시장이 활성화되고 있는데, 주택 거주권을 사고파는 것으로 주택 소유자가 된, 즉 '돈을 주고 집을 샀다'는 비율이 60% 이상에 이르고 있다. 경제력이 높을수록

---

45) 「북한 '과외시장', 간부·돈주들 중심으로 점점 확산」, 데일리엔케이, 2014년 9월 24일 자.

46) 「북한 경제·사회 변화상」(정부 내부 분석자료, 2014년 6월 1일).

자기가 직접 집을 짓는 경우가 많으며 하위 계층일수록 국가에서 배정해준 집에서 거주하는 비율이 높은 것으로 분석되고 있다.

자녀 교육에서도 경제력 차이에 따른 차별성이 발견된다. 평안남도 평성의 한 사례를 보면 신흥 부유층의 자녀들을 중심으로 예능이나 컴퓨터 등의 개인 교습이 증가하고 있으며, 하루에 1~2시간씩 수업을 하면 그 대가로 쌀 10kg 정도를 벌 수 있기 때문에 과외 선생들 간의 일자리 확보 경쟁이 치열하다고 한다.[47] 이 같은 경제력 차이에 따른 소비 문화의 차별화는 점차 확대되고 있다. 이는 경제적 부가 일부 상위 계층에 집중되고 이들이 쌓은 부가 구매력으로 전환될 수 있는 사회적 환경이 만들어져 있기 때문에 가능하다. 과거에는 이런 소비 패턴을 보이는 것이 매우 위험스러운 일로 간주되었으나 김정은 정권 출범 이후에 상업 활동이 장려되면서 이전까지 억제되어 있던 경제력 격차에 따른 생활 양식 및 소비 문화의 차이가 당국의 묵인 아래 자연스럽게 표출되고 있는 것으로 평가된다.

7) 자본과 권력의 유착 구조화

북한에서 사금융의 발달은 필연적으로 자본과 권력의 유착 관계를 강화한다. 시장의 확대와 신흥 부유계층의 형성 그리고 이에 대응하는 북한 당국의 시장 단속과 통제 정책은 정치 권력과 경제 권력 사이의 규합을 더욱 강화하는 결과를 초래했다. 시장에서 성장한 신흥 부유층은 이러한 단속과 통제에서 벗어나기 위해 자신들의 경제력과 기존의 정치적 기득권 계층이 소유한 정치력을 교환하는 전략을 선택한다. 기존의 정치적 기득권 세력 또한 단속이 강화되는 과정에서 점하게 된 우월적 지위를 바탕으로 '돈주'들과 결탁하

---

47) 좋은 벗들, ≪오늘의 북한소식≫, 제433호(2011년 12월 14일).

여 부를 획득한다.[48] 그러나 당과 정권 기관의 간부들은 돈주들로부터 상납은 받지만 직접 장사에 뛰어들지는 않는다.[49] 아무리 돈이 좋아도 권력만큼 안전을 보장해주지는 않기 때문이다.

이처럼 고난의 행군 이후 경제력을 바탕으로 한 새로운 경제적 기득권층이 형성되는 과정에서 기존 정치 세력과의 정경 유착 및 부정부패가 심화되고 있다. 이는 새로운 기득권층의 형성에 대한 정당성을 상실시킬 가능성이 있다. 특히 신흥 부유층 일부가 비법 활동과 정치권과의 불법적 결탁을 통해 성장해가는 가운데 부가 집중되고 빈부 격차가 심해짐으로써 일반 인민들과의 갈등을 야기할 소지 또한 점차 확대되고 있다고 할 수 있다.

김정은 정권 출범 이후 사금융 세력과 권력의 유착은 거의 공식적 관계로까지 발전했다. 예를 들면 북한 당국은 김정은 우상화를 위한 건설 과제를 평양시 중앙 기관과 내각, 군대에 맡기고 이곳 책임자들은 돈이 있는 사람들(돈주)을 찾아가서 그들에게 특혜를 약속하고 공사를 맡긴다. 이 돈주들은 공사가 끝나면 건물 사용권을 넘겨받아 투자금을 회수하도록 계약을 맺고 있으며 노력영웅 칭호와 훈장, 김정일·김정은 표창장을 받는 식으로 사회적 명예도 획득하고 있다. 북한 돈주들이 이처럼 사회적 부뿐만 아니라 명예도 획득하게 되면서 주민들은 '돈의 위력'을 실감하고 있다.[50]

시장 활동에 대한 통제가 다소 느슨해지면서 시장에서 활동하는 돈주와 국영 기업들 간의 협력이 크게 증가되었다. 김정은 체제에 들어와 나타난 다양한 신종 사업들은 이런 협력의 결과이다. 돈주들은 공장·기업소까지 개입하고 있다. 과자나 빵, 떡을 생산하는 기업소를 꾸리는 데 돈을 투자하는 등

---

48) 양문수, 「2000년대 북한의 반시장화 정책 실태와 평가」, ≪현대북한연구≫, 제15권, 1호(2012), 118~120쪽.

49) 탈북자 강○○(당 간부, 남, 2015년 탈북)와의 인터뷰, 2015년 11월 30일.

50) 「북한 돈주, 경제 '좌지우지'」, 자유아시아방송, 2014년 12월 15일 자.

공업 부분에까지 돈주들이 관여한 지 오래다. 과거에는 기관·기업소의 명의를 빌려 돈주들이 사업을 하는 것이 일반적이었는데 최근에는 도(道)인민위원회의 허가를 받아 자체적으로 돈벌이를 하는 돈주들도 늘고 있다. 돈이 된다고 하면 돈주들은 북한 각 영역에 진출하고 있고 북한 기관들도 자체 운영비를 벌기 위해 돈주들과의 거래를 트고 있는 것이다. 공장·기업소 간부들과 돈주들은 사업을 구상하는 데 깊은 관계를 형성하고 있으며 돈이 많은 돈주들을 자기편으로 만들려고 공장·기업소 세력 간 '알력 다툼'도 생겨나고 있다. 나아가 이제는 돈주들이 종업원을 직접 고용하는 추세다.[51]

이러한 사경제 영역의 확대와 더불어 그동안 북한 당국에 의해 철저히 관리되어왔던 주택 시장과 노동력 고용 부분에서도 시장화·사유화 현상이 심화되고 있다. 신의주를 중심으로 살림집(아파트)이 건설되고 또한 개인이 살 수 있게 되면서 이를 통한 주택 시장이 활성화되고 있다. 어느 누구도 살림집 내부 꾸미기를 책임지지 않기 때문에 중개인을 통한 한국산 내부장식 자재의 수입도 활발하게 이루어지고 있다고 한다. 집을 수리하는 업자도 생겨나고 여기서 일공(日工)도 나오고 있다. 주택을 사기 위해 개인 돈장사군(고리대업자)에게 돈을 빌리는 일이 자연스러워진 것이다.

돈주들은 국영 기업소 간부들과의 친분을 활용해 각종 이권사업에 참여하고 있다. 북한에서는 국가가 하지 못하는 것을 개인 돈주들이 대신 하고 있는 셈이다. 돈주들의 사업 영역은 국가건설 사업으로 빠르게 확장되고 있다. 재정난에 허덕이는 북한 당국은 돈주들의 재력을 이용해 국가건설 사업을 하고 있는 것이다. 신의주의 경우 대표적인 국가 사업인 아파트 건설이 대대적으로 진행되고 있는데 이 건설 사업에 돈주들이 대거 참여해 막대한 돈을 투자한 것으로 전해진다. 돈주들은 아파트 건설이 완료되면 일정 부분 대여

---

51) 「北 돈주, 쌀 800kg 살 수 있는 400만 원짜리 패딩 구입」, 데일리엔케이, 2016년 1월 20일 자.

권(분양권)을 받는 조건으로 투자를 하고 있다. 돈주들은 대여권을 갖고 개인들을 대상으로 사실상 아파트 매매를 해서 돈을 벌어들인다. 특히 이 과정에서 주요 간부들은 돈주들로부터 막대한 뇌물을 받고 공생 관계를 형성한다.

부패를 고리로 한 돈주들의 사업 영역은 계속 확대되고 있고, 미래에는 더욱 그럴 것으로 전망된다. 기존 돈주들은 도·소매업을 비롯해 개인 살림집 거래, 운수업 등의 사업에 참여해왔지만 최근에는 국가건설 사업에 참여해 수익을 올리고 있다. 예를 들면 평안남도 순천화력발전소에서 폐열을 이용한 수영장과 목욕탕이 2014년에 건설되었는데 이 건설 사업에 여러 명의 돈주들이 투자를 했다. 발전소 터빈에서 나오는 폐열이 그동안 활용되지 못하고 있었는데 돈주들이 폐열을 이용해 수영장과 한증탕을 건설하자고 제안해 이 건설 사업이 추진되었다. 당국에서는 허가만 내주고 건설 사업에 필요한 돈은 개인 돈주들이 투자해 건설이 진행되었다. 이 수영장에 수용 가능한 인원은 200명이며 이윤 배분은 국영 발전소와 개인 돈주들이 각각 5 대 5로 나누기로 했다. 순천화력발전소 측은 지난해부터 수영장 수익으로 공장 자금을 벌어들이고 있다. 수영장은 목욕탕과 한증탕, 식당과 매점을 비롯한 현대적 편의 시설들을 갖추고 있다.[52]

또한 돈주들과 유착 관계를 맺고 있는 북한 간부들은 뇌물을 통해 사적 자본을 축적하지만 겉으로는 철저하게 당과 수령에 대한 충실성으로 포장하고 있다. 관료들은 직위(정치 자본)를 이용해 사적 자본을 축적하는데 이는 뇌물 축재의 형태로 나타난다. 사실 간부들이 돈주로부터 금품을 받으면 법적 처벌을 받게 되어 있다. 그러나 그 돈이 당과 수령에 대한 충실성 차원에 사용된다면 처벌이 아니라 표창을 받는 경우가 많다고 한다. 일부 간부들은 이러한 현상을 악용하여 3 대 7 원칙을 고수하고 있다. 즉, 30%는 충실성을 표현

---

52) 「北 국가건설도 능력 부족… 돈주, 투자로 건설 진행」, 데일리엔케이, 2015년 3월 16일 자.

하지만 나머지 70%는 본인이 챙기는 것이다.[53]

사회주의 체제는 자본주의 체제와 달리 관료들이 경제 자본을 축적하는 데 용이한 조건들을 많이 갖추고 있다. 공적 소유에 기초한 관료제가 운영되고 있으므로 관료들이 공공 재화와 서비스를 손쉽게 이용할 수 있다. 잔존하는 사회주의 국가들의 개혁·개방이 국가 소유권에 대한 상징화, 이용 및 처분권에 대한 시장화를 통해 진전하고 있는 것에 비추어 보면 북한 관료들의 국가 재산 이용권을 통한 경제 자본의 축적은 북한의 체제 변화에 적지 않은 영향을 줄 것으로 기대된다.[54]

북한 관료들의 국가 재산 이용권을 통한 경제 자본의 축적은 관료가 기업 재산을 횡령하여 자본을 축적하는 경우이다. 기업의 정치 관료나 경제 관료는 담당자와 공모하여 기업 내 고정 재산이나 유동 재산을 이용한다. 회계 담당자와 결탁하여 공장·기업소 현금으로 고리대금업을 하거나 설비를 빌려주고 개별적으로 사용료를 챙기는 경우도 있다. 관료들 속에서 같은 행위가 만연한 것과 관련해 당국은 2004년부터 '국가재산횡령죄'를 정하고 "관리일군 이직 직무상 또는 의무 실행상 보관 관리하고 있는 국가·사회단체·협동단체의 재산을 횡령한 경우"에도 처벌하도록 하고 있다.[55]

정치 관료들은 경제 자본을 축적함에 있어 경제 관료보다 양호한 조건에 있다. 고급 매점, 수입품 판매 등 수입을 늘릴 수 있는 업종을 독점하기가 쉽고 백화점이나 종합 시장 내에서도 입지 조건이 좋은 곳을 차지할 수 있다. 주로 정치 관료들에게 주어지는 당국의 '특별 공급'도 이들의 경제자본 축적에서 큰 몫을 차지한다. 특별 공급은 특수 공급소를 통한 주별공급 형태와

---

53) "돈주는 어떻게 충실성을 인정받나", ≪통일신문≫, 2014년 9월 1일 자.

54) 김영희·김병욱, 「사회적 신분에 따른 북한관료들의 사경제 활동 연구: 관계자본의 축적을 중심으로」, 246쪽.

55) 2004년 4월 29일 최고인민회의 상임위원회 정령 제432호로 수정 보충된 북한 '형법' 제93조. 같은 책, 154쪽.

신정이나 김일성 부자의 생일 등을 맞이해서 선물 형태로 이루어진다.[56]

주목할 대목은 북한 당국이 국가 재산의 이용과 관련해 유연성을 보이고 있는 점이다. 2003년부터 개인이나 기업도 국가 재산을 합법적 경영 활동에 이용할 수 있도록 하고 있다. 이른바 공공재산 임대이다.[57] 북한은 내각 결정 24호를 통해 무역 회사들이 국영 상점, 식당 등을 임대할 수 있도록 허용했다. 이에 따라 무역 회사들이 국영 상점을 통째로 인수하여 운영하거나 개인 돈주들이 국영 상점 내 매대를 임대받아 운영하는 사례가 나타나고 있다. 이 경우 관료들은 기업 간판을 내세워 합법적으로 생필품을 대량 구매해 시장에 판매하여 이득을 얻거나 개인들의 장사품을 대량으로 판매해주는 대신 판매 수입의 일부를 나눠 가지기도 한다.

관료들은 경제 자본의 축적에 가족 구성원이나 친인척, 특히 부양 여성을 동원한다. 그것은 자본 축적과 관련 있는 위법 행위가 적발되었을 때 부양 여성의 결함이나 가정 혁명화를 제대로 하지 않은 과오 정도로 무마하거나 약화시킬 수 있기 때문이다. 부양 여성의 장사 방식은 관료들의 직권이나 빽(안면 있는 사람)의 수준에 따라 달라진다. 상위급 관료의 부양 여성은 외화 장사나 기업 상품을 도매인에게 넘겨주고 대가를 받는 식이지만 하위급 관료의 부양 여성은 시장에서 직접 장사를 한다. 경제 관료들은 정치 자본의 축적 수단으로 경제 자본을 축적하는 경우가 있다. 일본이나 중국, 캐나다 등에서 살고 있는 친척들이 보내준 돈을 희사하여 조그만 사업소 지배인이나 군부대 산하 외화벌이 기지장 자리를 차지하는 경우도 있다. 이런 활동은

---

56) 김정일 명의로 공급되는 선물은 대성은행을 운영하고 있는 당 39호실이 맡고 있는 것으로 알려져 있다. 선물 내용은 시기에 따라 다른데 대체로 최신형 가전 제품부터 의류, 식품에 이르기까지 외국산 제품이 주를 이룬다.

57) 공공재산 임대에서는 임대자가 이용권과 소득권을 전부 부여받는 형태로 재산권을 행사하게 된다. 임대자는 국가에 임대료를 납부하면 된다. 임강택·김성철, 『북한 재산권의 비공식 이행』, 16쪽.

정치 자본의 축적에 필요한 여유 자금을 국외에서 해결할 수 있는 대상들 속에서 진행된다.

북한 당국도 관료들의 폐해를 상당 부분 문제점으로 인식하고 있는 것으로 보인다. 김정은은 2016년 신년사에서도 "엘리트들이 다른 주머니를 찬다든가 나쁜 짓 할 생각을 말라는 말"이라고 경고했다. 그는 "당 조직과 국가기관은 인민 중시, 인민 존중, 인민 사랑의 정치를 구현하여 인민의 요구와 리익을 절대시하며 인민들의 정치적 생명과 물질문화 생활을 책임지고 끝까지 돌봐주어야 한다"면서 "당 조직들은 민심을 틀어쥐고 광범한 대중을 당의 두리에 튼튼히 묶어세우며 일군들 속에서 일심단결을 좀먹고 파괴하는 세도와 관료주의, 부정부패 행위를 반대하는 투쟁을 강도 높게 벌려야 한다"고 강조했다.[58] '세도와 관료주의, 부정부패 행위'에 대한 사정이 강도 높게 계속될 것임을 시사하는 대목이다.

김정은 국방위원회 제1위원장은 2015년 2월 18일 노동당 중앙위원회 정치국 확대회의를 열어 결정서를 채택하면서, '주민생활 향상'을 가장 중요한 국가적 목표로 내세우고 이례적으로 배격해야 할 악습으로 '세도(권세의 부당한 행사)', '관료주의', '부정부패'를 꼽았다.[59] 북한의 공식 문서가 세도와 관료주의 척결을 강조하는 것은 상투적 표현이지만 부정부패를 거론한 것은 이례적이다. 북한에서 시장경제 요소가 확산하면서 간부들이 권력을 남용해 이권을 챙기는 사례도 늘어나고 있음을 방증하는 것으로 보인다. ≪로동신문≫은 2015년 3월 4일 이례적으로 강한 어조로 간부들의 사리사욕 추구를 경계하며 청렴한 생활 태도를 주문했다. 앞서 2월 18일 노동당 중앙위원회 정치국 확대회의에서 '부정부패 행위와의 투쟁'을 선언한 것의 연장선으로,

---

58) 「2016년 김정은 노동당 제1비서 신년사 전문」, 조선중앙TV, 2016년 1월 1일 자.
59) 「노동당 중앙위원회 정치국 확대회의 결정서 채택」, 조선중앙통신, 2015년 2월 19일 자.

북한이 간부들의 기강 잡기에 본격적으로 나선 신호로 해석된다.

노동당 기관지 ≪로동신문≫은 이날 '유훈관철에서 일군(간부)들은 기수, 전위 투사가 되자'라는 제목의 글에서 "청렴결백과 배치되는 물욕은 사상적 변질의 첫걸음"이라고 경고했다. 신문은 "일군이 사생활에 지나치게 머리를 쓰게 되면 점차 혁명 과업에 무관심하게 되며 혁명 열이 식어지게 되어 결국 일군으로서의 자격을 상실하게 된다"고 지적했다.[60] 특히 더 주목할 대목은 간부들은 일반 주민들보다 잘살면 안 된다고 강조한 점이다. 신문은 "우리 일군들은 다른 사람들보다 절대로 잘살기를 바라지 말아야 하며 인민들과 똑같이 생활하는 것을 체질화·습성화해야 한다"고 역설했다. 간부들이 주민들의 평균적인 생활수준 이상으로 부유해질 생각조차 하지 말아야 한다는 극히 강한 표현으로 사리사욕 추구를 경계한 것이다. 김정은 시대 들어와 시장경제가 더욱 확산하면서 빈부 격차가 커지고 지위와 권력을 이용해 부를 축적하는 간부들이 늘어나자 북한이 민심 이반을 막고자 기강 잡기에 나선 것으로 해석할 수 있다.

북한 정권이 이처럼 부정부패 척결을 국가적 과제로 들고 나온 것은 김정은 시대 들어 확산된 시장경제에 편승해 권력 기관들이 부를 축적하는 사례가 늘어났기 때문으로 분석된다. 장마당에 대한 통제가 느슨해지면서 시장 활동에 개입하는 권력 기관들의 부패가 심해지고 있는 것으로 보인다. 이는 지난해 탈북자들을 대상으로 설문 조사한 결과에서도 드러난다. 북한 주민들이 사업을 하는 데 가장 큰 애로 사항으로 꼽은 것은 '단속과 뇌물'이었다. 2012년과 2013년 같은 조사에서 탈북자들의 가장 큰 고민거리는 '사업자금 마련'이었다. 또 탈북자들이 북한에서 가장 잘사는 직업으로 꼽은 1위는 '중앙당 간부'였고 2위는 '법 기관 간부'였다.

---

60)   "유훈관철에서 일군들은 기수, 전위 투사가 되자", ≪로동신문≫, 2015년 3월 4일 자.

북한 지도부는 관료들의 부패가 정권에 대한 민심 이반을 불러올 가능성을 무엇보다 우려하고 있다. ≪로동신문≫[61]이 "모든 일군들이 대중의 신망이 높은 인민의 참된 충복이 되어야 우리 혁명의 천하지대본인 일심단결이 더욱 반석같이 다져진다"고 강조한 대목은 곱씹어 볼 만하다. 신문은 '윗물이 맑아야 아랫물이 맑다'는 속담을 인용하며 "책임일군(고위 간부)들부터가 고지식하고 청렴결백하게 생활해야 아래 일군들을 통제할 수 있다"고 덧붙였다. 이런 경고와 우려에도 불구하고 오늘날 북한에서는 자본과 권력의 유착이 더욱 구조화되고 있다.

8) 고리대금의 폐해 심화에 따른 사회적 불안정성 증대

땀 흘려 일한 대가로 수입을 늘리기보다는 돈놀이로 한번에 큰돈을 벌 수 있다는 유혹에 빠져 돈을 빌려 사업을 하다가 망한 사례가 속출하고 있다.[62] 또 대부분의 고리대금업자들은 집을 담보로 개인들에게 돈을 꾸어주는데, 이러다 보니 나중에 장사가 망했다든지 제때 돈을 갚지 못한 사람들은 집을 빼앗기고 길거리에 나앉는 경우도 많다.

기존 연구들은 돈주들을 중심으로 한 사금융 확산이 경제력 불평등 구조를 확산시키고, 정경 유착과 부정부패를 구조화하는 등 북한의 사회 변화에 매우 부정적인 영향을 미치는 것으로 설명하고 있다. 이런 설명은 경제적 부가 일부 사금융 주체들에게 집중되고 이것이 생활 수준을 통해 차별적으로 나타나면서 경제적 부를 획득하지 못한 주민들의 상대적 박탈감과 소외감이 커지고 사회적 갈등으로 발전할 가능성이 증가하고 있다는 전망으로 이어진다. 구조화된 정경 유착형 부익부 빈익빈 구조는 북한 체제의 불안전성을 심

---

61) 같은 신문.
62) 「고리대금 폐해 심각」, 자유아시아방송, 2011년 8월 29일 자.

화시킬 요인으로 작용할 수 있다는 것이다.[63]

2014년 가장 최근 사례만 봐도 고리대의 폐해는 심각해 보인다. 최근의 고리대 이자율은 이전보다 낮아지기는 했지만 북한 내 경기가 좋지 않아 사채를 쓴 사람들이 이자를 갚는 것도 쉽지 않다고 한다. 북한전문 매체와 인터뷰를 한 무역업자도 "아무리 장사가 잘되는 버스 사업도 매달 350~400달러 정도 버는데, 이자 500달러를 내고 나면 남는 게 없다"고 털어놓았다. 북한에서 45인승 대형 버스의 가격은 현재 1만 5000달러 수준인데, 이 장거리 버스를 계속해서 운행해도 한 달 이자돈을 벌기가 어렵다는 사례는 고리대로 돈을 빌리는 주민들이 이자 빚을 갚기 위해 고군분투하고 있고, 특히 다수가 적자 인생을 살고 있음을 엿볼 수 있다.[64]

2. 사금융 발전의 한계와 전망

1) 사금융의 양면성과 당국의 이중적 대응 전략

북한 내 사금융 활성화 현상은 '사회주의의 얼굴을 한 자본주의'라는 양면성을 잘 보여준다. 고위험 고수익 추구형 투자, 사적 자본의 축적 일반화와 같은 자본주의의 특징이 여러 형태로 나타난다. 그러나 공식적으로 이들 특징의 상당 부분은 사회주의 제도적 틀 내에서 이루어지는 것이다. 이런 사금융 기업화 현상은 체제 전환국의 재산권 변화 및 사유화 유형과도 비슷하다는 평가를 받고 있다.[65] 사정이 이렇다 보니 북한 당국은 사금융에 대해 단

---

63)   양문수, 「2000년대 북한의 반시장화 정책 실태와 평가」 참조.

64)   「북 사채업자, 연 60% 고리대 돈장사」, 자유아시아방송, 2014년 11월 20일 자.

65)   윤인주, 「북한내 사적 자본에 의한 기업적 현상 연구」, 496쪽. 사금융의 양면성

속과 검열을 지속하면서도 현실적으로는 용인하고 있는 것으로 보인다. 따라서 현재 북한에는 이른바 비사회주의적 현상이 확산되면서 생산, 유통, 자본, 노동 시장 등에서 다양한 제도적 모순이 만들어지고 있다.

북한 당국의 입장에서 사금융 활성화는 재정 수입을 증대시키고, 계획경제 아래에서는 불가능한 경제사회적 발전을 이끌어내고, 배급제를 대신해 주민들의 먹는 문제를 향상시키고, 고용을 창출하기 때문에 억압할 수만은 없다. 사금융 시장의 발달은 노동 시장의 형성과 확대를 유도할 수밖에 없는데 이는 사적 자본이 지속적으로 부의 확대를 추구하는 과정에서 새로운 노동력을 필요로 하기 때문이다.[66]

더구나 공장·기업소가 돌아가지 않아 월급과 배급이 제공되지 않는 상황에서는 노동 시장에 실제로 공급되는 노동력의 규모가 상당하다. 광업·수산업 부문 외에 노동력이 많이 투입되는 부문은 상업과 건설업이다. 탈북자 인터뷰에 따르면 개인적으로 장사나 사업을 하는 사람들의 상당수가 다른 사람을 돈 주고 고용했다. 사적 자본이 노동력을 동원하는 일이 많아지면서 미약하나마 노동 시장에도 교섭력이 생겨나기 시작했다. 노동자들은 노동 시장의 수요를 보고 더 높은 임금을 제공하는 곳으로 갈 수 있는 기회가 생겼다. 유사 직종별로 연결된 인맥은 노동 시장의 동원력으로 이용되기도 한다. 노동 기술과 능력에 따라 임금이 어떤 형태로든 차등 지급되거나 선발되는 경우도 발생하고 있다. 일당을 받고 일을 하러 다니는 그룹도 있다. 인력을 요구하는 곳은 많은데 제시하는 일당에 차이가 나면 일당을 올려달라고 요구하기도 한다. 일을 잘하든지 못하든지 기본적으로 지급하는 임금은 같지

과 당국의 이중적 대응 전략을 다룬 윤인주 연구는 주목할 만하다. 여기에서는 수십 명의 탈북자 인터뷰에 기초한 '북한 내 사적 자본에 의한 기업적 현상'에 대한 윤인주 박사의 연구 내용을 중심으로 설명한다.

66) 같은 글, 535~536쪽.

만 일을 잘하는 경우 보너스를 받는다. 쌀, 기름, 설탕을 보너스로 받으면 나눠 갖기도 하고 대신 다른 사람에게 술을 사기도 한다.

국가가 하지 못하는 역할을 사적 자본가들이 대행하고 있는 것이다. 이런 이유 때문에 북한 당국은 사금융 활동을 적당히 용인하면서 국가재정에 기여하거나, 인민 경제사회 발전에 도움을 줄 수 있는 방향으로 이루어진다면 문제를 삼지 않았다. 하지만 이런 정책도 북한 체제를 심각하게 훼손할 정도를 넘지 않는 범위 내에서만 허용된다.

북한 당국은 사금융 확산, 특히 고리대금업의 폐해에 대한 심각성을 인식하고 관련 처벌법규를 제정했으며 단속도 강화해왔다. 나아가 사금융을 공적 금융으로 전환시키기 위해 상업은행의 설립까지 시도했다. 2004년 7월에는 다양한 위법 행위를 해당 기관이 처벌할 수 있도록 '행정처벌법'을 제정했다. 이는 2002년 7·1경제관리개선조치 이후 시장경제적 요소들이 확산되면서 발생하는 다양한 자본주의 폐해를 막기 위해서였다. 암거래 고리대 행위는 매음 행위, 부당한 이혼, 파혼, 사회주의 생활 양식을 벗어난 옷차림 등과 함께 공동생활 질서를 어긴 행위로 간주해 이를 어길 경우 경고, 벌금, 변상, 몰수, 자격 정지 등 불이익을 줄 수 있도록 했다.

화폐 개혁이 시작되기 직전인 2009년 5월에는 보안 당국이 불법적인 고리대 행위를 하는 자들을 엄벌에 처한다는 내용의 경고문을 발표했다. 이는 고리대금업자들의 횡포가 더 이상 방치할 수 없는 사회적 문제로까지 번졌기 때문인 듯하다. 그해 11월 30일, 북한 당국이 기습적으로 강행한 화폐 개혁은 많은 주민들의 반발을 샀으나 돈 없는 농민들과 절대적인 도시 빈곤계층들로부터는 크게 환영을 받았다고 한다. 특히 북한은 화폐 개혁을 실시하면서 "화폐교환 이전에 거래된 개인들의 빚을 법적으로 일체 무효화한다"고 선포함으로써 과도한 사채에 짓눌렸던 주민들의 환심을 사기도 했다.[67] 2009년 북한의 화폐개혁 조치는 개인의 소유를 평등화한 혁명적인 조치였다. 신권 교환을 일정액으로 한정해 일부가 시장에서 축적한 부를 사실상 국가가 몰수한 것이다.

2011년에도 북한 당국이 고리대금업이나 부동산 투기, 차량을 이용한 대규모 장사 행위에 제동을 건 사례가 있었다.[68] 북한 당국은 2011년 8월 초부터 간부와 근로자들의 학습, 강연회를 통해 "사회의 공정성을 해치는 자본주의적 요소들을 뿌리 뽑아야 한다"며 '고리대금업'과 '부동산 투기', '차판 장사꾼들'에 대한 대대적인 단속에 들어간 바 있다.

최근에는 북한 국가안전보위부가 '109상무'를 통해 '장물(쓸모 있는 물건, 돈이 될 만한 물건)'을 담보로 한 금전 사기꾼들에게 엄중히 경고했다. 앞으로 장물을 통한 금전 거래가 적발되면 거래자의 재산을 몰수할 것이라고 선포한 것이다. 애초 불법 영상물을 통제할 목적으로 인민보안부(한국의 경찰) 내에 조직되었던 109상무와 그 산하의 '대부무역회사'는 2015년 국가안전보위부 소속으로 이관되었다. 이제 국가안전보위부에 소속된 109상무가 불법 영상물뿐 아니라 개인 간 금전 거래까지 통제하게 된 것이다. 주민들 사이에서는 장물을 담보로 한 고리대업자들의 횡포를 엄벌한다는 국가안전보위부의 조치를 긍정적으로 보는 시각도 있는 듯하다.[69]

그러나 다른 한편으로는 앞서 살펴본 것처럼 사금융이 북한 경제의 활성화에 윤활유와 같은 역할을 하면서 기여하고 있는 측면도 많기 때문에 북한 당국은 재정을 보완하고 각종 경제건설을 유지하는 데 사금융을 이용하고 있다. 개인 장사꾼을 비롯해 공장·기업소·협동농장 같은 단체들은 독립채산제 운영에 따른 독자 생존을 위해서 사금융에 절대적으로 의존할 수밖에 없고, 당 간부 등 기득권 세력들은 사적 이익을 챙기기 위해 돈주들과 다양한

---

67) 「북, 고리대금업자들 다시 활개」, 자유아시아방송, 2011년 3월 16일 자.
68) 「북 당국, '자본주의적' 착취행위에 제동」, 자유아시아방송, 2011년 8월 29일 자.
69) 「보위부, 고리대업자 단속 선포」, 자유아시아방송, 2016년 3월 25일 자.

협력 관계를 맺고 있다.

김정은 정권 출범 이후 사금융에 대한 의존도가 심화되면서 돈주들의 위상과 영향력이 더욱 공고화되고 있는 추세다. 인터뷰에 응한 북한 주민들은 "돈주들이 없으면 국가건설 과제를 수행한다는 것은 상상도 하지 못한다"고까지 증언하고 있다.[70] 예를 들면 지난 3년간 평양 일대에 집중 건설된 (김정은 우상화를 위한) 창전아파트, 문수물놀이장도 돈주에 의해 지어졌고, 결국 그것이 김정은의 업적으로 포장되고 있다는 것이다. 북한 당국이 김정은 우상화를 위한 건설 과제를 평양시 중앙 기관과 내각, 군대에 맡기면 이곳 책임자들은 돈이 있는 사람들을 찾아가서 그들에게 특혜를 약속하고 공사를 맡기는 식이다.

이처럼 북한 당국은 공식적으로 사금융 활동을 단속하고 통제하면서도 비공식적으로는 철저히 실리를 추구하는 이중 전략을 펼치고 있다. 북한 당국은 부족한 재원을 확보하기 위해 공식적으로 돈주들의 자본을 활용하는 동시에 그들이 과도하게 성장하여 북한 체제를 유지하는 데 걸림돌이 되지 않도록 통제하는 이중적 접근을 하고 있다. 특히 외화벌이 사업에 개입해 있는 돈주를 통제하기 위한 다양한 수준의 검열을 실시하고 있는 것이 대표적인 사례이다.

사적 자본에 의한 기업적 현상을 대하는 북한 당국의 대응에는 규율 강화와 실리 추구라는 양면이 존재한다.[71] 규율 강화 측면에서 비사회주의 검열이 존재하지만 모든 활동을 상시로 단속하지는 않는다. 사실상 북한 주민 대다수가 불법적인 경제 활동에 크고 작게 연루되어 있어 모두 다 처벌하기는 불가능하다. 또 검열 기관을 둘러싸고 부패가 성행하기 때문에 처벌 대상자가 검열망을 빠져나가기도 한다.

---

70) 「북한 돈주, 경제 '좌지우지'」, 자유아시아방송, 2014년 12월 15일 자.
71) 윤인주, 「북한내 사적 자본에 의한 기업적 현상 연구」, 535~536쪽.

결국 북한 당국은 사적 자본의 활동을 때때로 묵인하거나 방임하고, 오히려 조장하고 있다고 봐야 한다. 국가에서 원자재와 자금을 공급하지 않고 계획 목표를 달성하라고 강제하는 것은 사적 자본을 동원하라는 것과 다름없다. 이는 북한 당국의 현실적인 한계이기도 하지만 국가 능력이라는 측면에서 보면 새로운 평가도 가능하다. 국가 능력은 "국가 영토를 효과적으로 다스리기 위한 정부의 능력"으로 정의된다. 이는 다시 네 가지 능력으로 구분된다.[72) 중앙의 정책 입안자들이 "국익"으로 인지하는 것을 추구하기 위해 사회로부터 재정 자원을 동원하는 능력(추출 능력), 국가의 사회경제적 발전을 지도하는 능력(조정 능력), 상징과 합의를 이용해 지배하는 능력(정당화 능력), 무력의 사용 혹은 위협을 통해 지배하는 능력(강제 능력)이다. 이 능력들은 정치 체제의 생존과 기능에 요구되는 것들로서 개념적으로 분리되지만 실제로는 밀접하게 연결되어 있다.[73) 추출 능력으로 보면 북한 당국은 사적 자본이 만들어내는 경제 활동을 일부 용인하면서 비(非)예산 수입에 동원하고자 한다. 조정 능력으로는 계획경제를 통한 사회경제적 발전이 불가능한 상황에서 사적 자본을 통한 경제 활동을 현상 유지 및 관리에 이용하는 것으로 보인다. 정당화 능력으로는 비사회주의 검열을 통해 '자본주의 황색 바람'을 단속하고 개인이 지나치게 부를 축적하는 것에 대한 사회적 경각심을 지속시키고 있다. 비사회주의 검열 과정에서 사용되는 무력과 위협은 그 자체가 국가가 발휘할 수 있는 강제 능력이다.

예를 들면 무역 회사는 개인 자본이 움직이는 대표적인 기관으로서 국가

---

72)   Theda Skocpol, "Bringing the State Back In: Strategies of Analysis in Current Research," in Peter B. Evans, Dietrich Rueschemeyer, and Theda Skocpol(eds.), *Bringing the State Back In*(New York: Cambridge University Press, 1985), pp.3~37; 이무철, 「북한의 경제조정 메커니즘의 변화 경향 분석」, 윤대규 엮음, 『북한체제전환의 전개과정과 발전조건』(한울아카데미, 2008), 112~113쪽.

73)   윤인주, 「북한내 사적 자본에 의한 기업적 현상 연구」, 537쪽.

의 추출 능력이 발휘되는 구심점이다. 국가 무역을 한다고 하지만 사실은 개인 무역으로 돈을 거두어들인다. 1년에 10만 달러라는 계획이 떨어지면 무역 회사는 책임지고 그 돈을 마련해야 한다. 수단과 방법을 가리지 않고 시장에 상품을 공급해서 개인들이 보유하고 있는 외화를 추출해야 한다. 이처럼 무역 회사의 수입 활동은 국내 중간 도매상들이 가진 자본을 재정으로 흡수하는 역할을 한다. 상품을 수입하여 국내 도매상에게 넘기는 과정에서 차익을 남기고 그들이 가진 달러까지 거두어들이는 것이다. 그 과정에서 외화가 무역 회사에 연계된 사경제 부문으로 유출되기도 하지만 재정 확충에도 기여하는 것이다. 이런 비슷한 사례는 개인의 상거래, 외화벌이 등에서도 볼 수 있다. 국가에 수입금 일부를 상납한다면 위법 행위는 묵인된다. 국가로서는 별도의 재정 지출 없이 수입을 확보할 수 있기 때문에 오히려 적극 장려한다. 이는 국가의 사회경제적 발전을 지도하는 능력, 즉 조정 능력을 발휘하는 사례라고 할 수 있다. 이런 맥락에서 보면 국가가 개인에게 명의를 대여하는 방식으로 재정을 확충하는 것은 자연스러운 현상이다.

다만, 국가에서 금지하고 있는 불법 도강이나 밀수 밀매를 비롯해 송이 장사, 금 장사 등 국가 재산에 손을 대는 일은 단속 대상이 된다. 북한 당국은 이른바 비사회주의 검열을 통해 국가의 정당화 능력 및 강제 능력을 발휘한다. 북한의 '비사회주의 그루빠(이하 비사그루빠)'는 비사회주의적인 요소의 척결을 내세우며, 당과 국가안전보위부, 인민보안부의 요원들로 구성된 감찰 조직의 힘이 필요할 때만 조직되는 기구로서 상설 기구는 아니다. 대규모 비사회주의 검열은 5년에 한 번 정도 있고, 어떤 경우에는 3년 연속으로 검열을 하면서 특정 행위를 근절하기도 한다. 일단 검열이 들어오면 보통 6개월이 소요된다. 6개월에서 1년 정도 검열을 하는 사이에 문제되는 사람들은 잡혀간다. 그러면 다시 어느 정도 시간이 흘러야 그만한 장사꾼이 등장한다. 규모 있게 장사를 하기 위해서는 4~5년이 지나야 한다. 돈을 많이 벌고 재산이 축적되었을 즈음에 다시 단속을 하는 것이다. 그 사이에는 검열을 해도 크게 단속할 만한 것이 없다. 대대적인 검열이 있으면 몇 사람만 감옥에 가도 영향력이 대단하다. 감옥에 들어간 사람 밑에서 장사하던 사람들이 다 망하기 때문이다. 특권층에 있는 사람이 검열에 걸릴 경우 그 사람에 연관된 사람을 쫓다 보면 40~50명씩 집단으로 걸려들 때도 있다. 정당화 능력 차원에서 이러한 비사회주의 검열을 통한 처벌은 희생양의 본보기가 된다.[74]

2) 제약 요인과 생존 전략 : 붉은 자본가, 체제 변혁의 동력이 될 수 있을까?

북한 당국의 입장에서 시장은 약화된 계획경제를 보완해주는 공간이기도 하지만 자본주의 요소가 성장할 수 있는 공간이자 외부 문화와 정보의 소통 공간이기도 하다. 따라서 시장 정책과 관련해서는 허용과 통제를 반복할 수밖에 없다. 하지만 김정은 시대에 들어와서 사금융과 돈주 등이 비약적으로 발전하고 성장하면서 북한 당국은 이제 단순히 시장을 통제하는 수준으로는 사금융과 돈주의 성장을 막을 수는 없는 단계에 이른 것으로 판단된다.

일각에서는 북한에서도 붉은 자본가가 등장했음을 예고하기도 했다. 붉은 자본가는 공산당의 통치 아래 자본을 운영한다는 점에서 자유 민주주의 체제의 자본가와는 근본적으로 다르다. 붉은 자본가는 공산당이 지도하고 규율하는 틀 안에서 자본을 운영하고, 계획경제와 시장경제의 기능을 동시에 활용하며, 국가가 소유한 자산을 이용해 자본을 운영해나간다. 이와 같은 개념 틀에서라면 북한에도 이미 붉은 자본가들이 다수 포진하고 있다고 볼 수 있다.

그럼에도 불구하고 북한의 사경제 활동은 사유 재산권 보호, 경제 활동의

---

74) 윤인주, 「북한내 사적 자본에 의한 기업적 현상 연구」, 539~540쪽.

자유, 계약 이행 등을 보호하는 법 제도의 뒷받침을 받지 못하고 있기 때문에 한계에 직면해 있고, 이와 비슷한 맥락에서 사금융의 제도화·공식화 수준이 낮기 때문에 아직까지는 지속 가능한 발전을 기대하기 어려워 보인다. 물론 최소한 김정은 정권이 경제적으로 안정될 때까지 돈주에 의해 지탱되는 경제 시스템은 당분간 지속될 것이다.

그러나 북한 당국이 필요에 의해 사금융 활성화를 허용해도 사유 재산권, 경제 활동의 자유, 계약 이행을 보호하는 법률과 제도가 보장되지 않는 한 사금융 활동은 근본적으로 불안정할 수밖에 없다. 북한에서는 돈을 빌려주는 행위, 즉 사금융이 불법이기 때문에 빌려준 돈을 못 받는 경우 해결책이 미흡하다. 재산을 은폐해야 하는데 누군가에게 돈을 빌려주면 재산 규모가 드러나는 문제도 있다. 또 폭력이나 살인이 나면 본인도 다칠 위험이 있다. 그뿐만 아니라 단기적인 투기성 활동이 주를 이루기 때문에 한순간에 경제적인 타격을 입고 몰락할 여지도 많다.[75] 많은 탈북자들의 증언에 근거하면, 고위직 간부들은 갑자기 자신의 위치를 위협받거나 이해관계에서 벗어날 경우 '돈주'와의 기존 연계를 부정한다.[76] 또한 돈주들이 국가기관 명의로 비즈니스를 수행한다 해도 부여된 국가계획에 대해서는 책임을 져야 한다. 국가계획을 수행한 돈주는 인정을 받지만 그렇지 못한 돈주는 엄격한 검열을 거쳐 형사처벌 되기도 하고, 심지어 총살까지 당하는 사례도 있다고 한다. 북한 당국은 국가계획 수행과 관련해서는 돈주들과 타협하지 않는다. 국가에서 명의를 대여하지만 모든 운영은 돈주들이 했기 때문에 어떤 식으로든 책임을 물으려 하는 것이다. 그래서 돈주들은 늘 위험에 노출되어 있다고 할 수

---

75) 최봉대, 「1990년대 말 이후 북한 비공식경제 활성화의 이행론적 함의」, 윤대규 엮음, 『북한체제전환의 전개과정과 발전조건』(한울아카데미, 2008), 182쪽.

76) 신의주에서 비사그루빠 검열에 걸린 돈주들이 자신들에게 뇌물을 받은 간부들을 평양에 신소한 사건이 발생하기도 했다. 좋은 벗들, ≪오늘의 북한소식≫, 제263호 (2009년 1월 27일).

있다.

더구나 앞에서 살펴보았듯이 대부분의 경제 활동이 비사회주의적 방식에 기반을 두고 있기 때문에 당국의 입장에서 필요성이 없어지거나 필요 이상으로 성장했을 경우 돈주들을 정리할 가능성도 있어 보인다. 북한에 등장한 현실적 사유권이 충분한 법적 보장을 받지 못하는 권리라는 점을 고려하면 북한 당국은 돈주들의 재산을 언제든 압류할 수도 있는 것이다. 이런 실제 사례도 보고되고 있다.[77] 북한의 공안 당국이 돈주들의 재산을 강제로 압수하는 사건이 잇달아 발생한 것으로 알려졌다. 중국 무역업자를 통해 알려진 소식에 따르면 북한 보위부와 보안부가 돈주들의 재산을 빼앗는 사건이 여럿 있었다는 것이다. 예를 들면 2016년 1월 중순 평양에서 20인용 버스를 구입해 운영하던 사람이 버스를 압수당했고, 2015년 11월에는 아파트 공사장에 투자했던 한 돈주가 2만 달러를 빼앗겼다. 이런 사례는 북한의 사적 재산이 정책 변화에 따라 쉽게 위험에 노출될 수 있음을 시사한다. 물론 돈주들도 뒷배경이 든든할 경우 쉽게 당하지는 않는다. 주로 권력과의 연계가 취약한 돈주들이 희생양이 된다. 그럼에도 불구하고 당이 출처를 묻지 않을 테니 투자하라고 권유한 뒤 돈주들이 일정한 돈을 벌 때까지 기다렸다가 재산을 빼앗는 행태는 북한 내 사적 자본가의 형성에 가장 큰 걸림돌로 작용하고 있음이 분명하다.

어쨌든 돈주들은 막강한 경제력을 보유하고 있으면서도 체제에는 순응할 수밖에 없는 것이다. 따라서 공식적으로 제도적 환경이 갖추어지지 않은 북한에서 사적 자본으로 경제 활동을 하는 돈주들은 생존을 위해 추가적인 노력을 하지 않을 수 없다. 이들은 시장에서의 치열한 경쟁은 기본이고 북한의 빈번한 정책 변동에 대응해야 하며 각종 사찰기관의 감시, 이웃의 시기를 견

---

77) 「김정은은 '투자 보장' 공안은 '투자 강탈'」, 자유아시아방송, 2016년 2월 1일 자.

더내야 한다.[78] 돈주들은 변덕스러운 정책에 신속하게 대응해야 하고 필요할 경우 어쩔 수 없이 위장을 통해 사적 자본을 보호하고 증식할 수밖에 없다. 부유층은 부정 수입을 은폐하고 소득 명분을 세우기 위해 다른 사업을 하는 것처럼 위장하기도 한다. 영리한 사람들은 돈을 많이 벌고도 돈 있는 티를 내지 않는다. 큰 돈주는 자기 돈을 직접 넣지 않고 화교를 앞에 내세운다. 화교는 중국과의 관계가 있기 때문에 검열하기가 복잡한 점을 이용하는 것이다. 돈주들이 비사그루빠의 검열을 피하는 방법도 다양하게 발달되어 있다.[79]

이처럼 돈주들은 기존의 계층적 기반보다는 경제적 능력을 발휘해 경제적 신분만 상승한 상태이기 때문에 정치적 상층부에 속하는 계층에 비해 신분 안전의 확보라는 측면에서 취약할 수밖에 없다. 각종 비법활동 또는 비사회주의적 영리 활동을 통해 부를 축적해왔기 때문에 고위 간부에게 의존하는 것이 불가피한데, 이 간부 또한 최고 국가권력의 사정권에 들었을 경우 무력화될 수 있는 것이다. 이는 경제적 능력을 바탕으로 정치적 신분 체계의 중·하층에서 경제적 신분 체계의 상층으로 진입했다고 해도 불안정한 지위에 머무를 수밖에 없다는 것을 뜻한다.[80] 하지만 그렇다고 사금융의 미래를 부정적으로만 전망할 수는 없을 듯하다. 김정은 정권이 사적 경제활동을 억제하고도 생존할 수 있는 충분한 재정 능력이 확보되지 않는 한 사금융을 적절하게 용인할 수밖에 없을 것이고, 나아가 사금융을 공적 금융으로 전환하려는 시도를 이어갈 것으로 예상된다. 또한 민간이 보유한 외화를 합법적·제도적으로 환수하려는 노력도 지속적으로 펼칠 것이다.

현재 평양 등 대도시를 중심으로 고급 소비문화가 발전하고, 각종 편의·

---

78) 조정아 외, 『북한 주민의 일상생활』, 217쪽.
79) 윤인주, 「북한내 사적 자본에 의한 기업적 현상 연구」, 540~546쪽.
80) 최봉대, 「북한 도시 사적 부문의 시장화와 도시가구의 경제적 계층분화」, 69쪽.

위락 시설이 증가하고 있는 것은 북한 당국이 민간이 보유한 외화를 흡수하려는 시도와 연관이 있다. 김정은 시대 들어 사회기반 시설이 확충되는 대신 대형 물놀이장 등 편의 시설만 잇따라 들어서고 있는 것에 대해 북한 학자들은 주민들이 가지고 있는 외화를 국영 부문으로 흡수하기 위해서라고 이야기한다. 경공업 공장을 많이 건설하면 인민 생활이 좋아지는데 왜 편의 시설만 건설하는지 외부에서는 의문을 가지겠지만, 북한 학자들의 주장에 따르면 주민들의 외화를 국영 부문에 흡수하기 위해서는 그런 시설들이 어느 정도 효용이 있다는 것이다.[81]

문제는 북한 당국이 사금융을 공적 금융으로 전환할 수 있는 신뢰할 만한 제도적 장치를 마련하지 못하고, 은행의 자금중개 기능을 제대로 작동시키지 못하는 한 각 경제 주체들의 사금융 의존 현상은 더욱 심화될 것이라는 점이다. 자본주의적 요소가 깊숙하게 북한사회 내부에 침투하고 빈부 격차가 갈수록 커져 저소득층에 대한 사회경제적 불평등 문제가 지속적으로 심화된다면 분명 김정은 체제를 위협하는 요인으로 작용할 수 있다.

그러나 사금융 확산이 체제 안정에 부정적 영향을 미칠 가능성은 매우 낮아 보인다. 돈주 등 사금융 주체들이 철저히 권력층에 종속되어 있기 때문이다. 현재 북한에서 권력층의 비호 없이 사적 경제활동을 하는 것은 불가능하다는 것이 탈북자들을 대상으로 실시한 면담에서 드러난 공통된 견해였다. 사적 경제활동과 함께 사금융이 국가 경제를 주도하고 있기는 하지만 그 주체들인 돈주들은 여전히 국가의 강력한 통제 아래에 놓여 있다.

오히려 단기적으로 사금융의 발달은 사적 경제주체의 이윤 추구를 충족시키면서 시장경제의 진전이나 경제 성장에 긍정적 영향을 주는 핵심 동력으로 작동하리라 전망된다. 이런 측면에서는 사금융 활성화를 북한 체제의 단

---

81) 「미무라 미쓰히로 환일본해경제연구소(ERINA) 연구부장과의 인터뷰」, 자유아시아방송, 2014년 12월 16일 자.

기적 안정 요소로 평가할 수도 있다. 북한 당국은 사금융을 이끌고 있는 돈주에게 사실상 주요 경제건설 사업을 위탁하면서 국정 목표인 주민 생활의 향상을 가시적으로 보여주는 데 어느 정도 성공하고 있는 듯하다. 민간이 보유한 외화를 세금제도 정비나 국영 편의시설 및 소비유통 시설의 확충 등을 통해 지속적으로 환수하고 있다.

또한 계획을 달성하기 위한 통제 수단으로만 통화가 광범위하게 유통되면서 북한 정부도 통화를 이용한 재정지출 기능을 회복하게 되었다. 기업들의 생산 능력이 점차 강화되면서 국가의 재정 수입도 함께 증가하고 있고, 이에 따라 재정 확충도 이전보다는 크게 진전된 것으로 보인다. 북한 당국이 이렇게 확충한 재원을 산업 자본으로 전환시켜 공장을 짓고 인프라를 건설하는 등 체제 변화의 선순환으로 이어지게 하고 있는지는 좀 더 확인이 필요하다. 다만 외부의 부정적 시각, 즉 "김정은 체제의 통치 자금이나 일부 부유층의 소비 자금으로 흥청망청 흘러가고 있다"는 평가와 달리 늘어난 재원으로 주민 생활의 향상을 위한 농업과 경공업, 과학기술 부문을 비롯해 건설 자금으로 배분되고 있는 측면도 주목해야할 것 같다.

2015년 1월 26일 자 ≪조선신보≫는 평양지국발(發)로 북한사회과학원 경제연구소 연구사인 리기성 교수의 말을 인용해, 2013년 3월 전원회의 이후 북한이 경제 건설과 핵무력 건설을 병진시키는 전략적 노선을 채택한 뒤 "조선의 국내총생산은 최근 년간에도 상승 궤도를 착실히 오르고 있다"며, "병진 노선에 따라 나라의 자금이 불어난 것만큼 그것을 인민 생활과 직결되는 농업·경공업 부문에 돌리도록 했다. 또한 경제 발전에서 선도적 역할을 하는 과학기술 부문, 나라의 체모를 일신해나가는 건설 부문에 대한 투자액도 늘렸다"고 보도했다. 식량 증산, 수산 부문의 성장, 각종 공장의 증설 등도 병진 노선에 기초한 경제 시책, 인민생활 향상을 위한 국가예산 배분의 실효성이 눈에 보이는 성과로 나타나고 있다는 것이다.[82]

그렇지만 동시에 북한 당국은 사금융 활성화에 따른 많은 대응 과제를 안게 되었다. 여러 과제들 가운데 특히 중요한 것이, 금융이 자본 축적을 유도하고 이 자본이 생산 자원을 효과적으로 배분할 수 있도록 하려면 중·장기적으로 좀 더 현대적인 금융 관리 시스템이 구축되어야 할 것이다.

---

82) "북한사회과학원 경제연구소 연구사 리기성 교수와의 인터뷰", ≪조선신보≫, 2015년 1월 26일 자.

제5장 사금융 확대에 따른 현대식 금융 관리 시스템의 구축 시도와 과제

1. 북한 당국의 금융제도 개선 시도
2. 현금 카드, 외화 카드, 전자 상거래의 등장과 함의
3. 시장화와 금융 개혁의 과제들

1. 북한 당국의 금융제도 개선 시도

시장화가 진행되면 금융 활동이 활발해지는 것은 자연스러운 현상이다. 1995~2002년에 북한은 경제난이 최고조에 이르면서 재정이 고갈되었고 이에 따라 국영 기업들에 대한 재정자금 지원을 크게 축소하거나 중단했다. 심각한 경영난에 봉착한 국영 기업들은 은행 대출에 의존했으나 이마저도 재원 부족으로 여의치 않자 사금융에 접근했고 이러한 수요 증가가 사금융의 급속한 발전을 초래했다. 북한도 나름대로 이런 환경 변화에 대응하고자 금융·대출 제도를 정비하는 노력을 기울였지만 성과는 미미했고, 금융 기능의 향상을 위한 근본적인 제도 개혁이 필요했다.

북한 당국은 1995년 증가하는 대출 수요에 대처하기 위해 제도를 일부 변경해 주민 예금으로 제한되었던 대출 재원의 범위에 기업 예금을 비롯해 예금 자산 중 인출되지 않은 채 은행에 일시적으로 남아 있는 자금을 포함시켰다. 또한 대출 금리도 예금 금리보다 낮은 수준으로 인하했다. 그러나 대출 대상을 확대하고 금리를 인하한 조치는 기업들의 과다 자금수요로 인해 재원 범위를 뛰어넘는 대출을 불러왔을 가능성을 보여준다. 왜냐하면 2002년 7·1경제관리개선조치의 핵심 내용은 임금·가격 인상이었기 때문이다. 또한 은행 대출이 증가하자 현금 통화가 늘어나고 시장 물가가 상승했다. 게다가 국가의 재정 지원이 축소되면서 기업 자금이 부족해지자 기업 간 거래에서도 물품구입 대금을 지급하지 못하는 사례가 증가했다. 그러나 북한 당국은 구매자의 은행 잔고를 확인한 후 거래하도록 하는 정도의 미봉책만을 제시했다.

이처럼 열악한 대·내외적 금융 환경에서 북한은 예금 유인책 등 단기적 대응으로 일관하고 있다. 북한은 주민의 현금을 은행 기관에 집중시켜야 한다고 주장하고 금융 분야의 통제, 화폐 유통의 중요성을 강조하는 등 조금씩 금융 제도를 개혁하고자 시도해왔다. 특히 돈주를 비롯해 주민들의 수중에 있는 유휴 화폐, 외화 등을 환수하기 위해 은행저금제도를 정비한 점이 눈길을 끈다. 북한은 경제 발전을 하고 싶어 하지만 국제적으로 강도 높은 경제·금융 제재를 받고 있어 제약이 많다. 이런 이유로 북한은 지속적으로 금융제재 해제를 열망해왔다. 하지만 북한의 핵개발 때문에 갈수록 금융 제재는 강화되고 있는 상황이다. 북한 당국은 주민들이 갖고 있는 유휴 화폐를 경제·국방 건설에 활용하는 것이 최선책이라고 믿고 있다. 북한 당국의 의도는 북한 내에서 발행되고 있는 다양한 논문들을 통해 확인된다. 이 같은 맥락에서 보면 북한 당국이 사금융을 공적 금융으로 전환시키는 것이 최대 현안인 셈이다.

2014년 1월 20일에 발행된 ≪김일성종합대학학보≫ 제1호에 실린 논문 「김일성-김정일 주의에 의하여 밝혀진 재정관리의 기본방향과 자금문제 해결 방도」는 방대한 국방·경제건설 자금을 조달하는 방법으로 '유휴화폐 자금동원'을 들었다.[1] 논문은 "일부 화폐자금은 정상적인 생산 과정이나 유통 통로에서 벗어나 일시적으로 기관·기업소·주민의 수중에 머물러 있게 된다"며 "유휴화폐 동원은 국가의 자금 수요를 충족하는 보충적 원천으로 재정수

---

[1]   「외자 유치 목마른 北, '장롱 달러'에 눈독」, 연합뉴스, 2014년 6월 12일 자.

입을 늘려준다"고 설명했다.

이어 "국가는 은행을 통해 모든 기관·기업소의 유휴화폐 자금을 장악하고 저금, 보험을 통해 주민의 유휴 화폐를 동원해야 한다"며 "은행은 유휴화폐 자금을 수중에 집중시키고 이를 대부 공간을 통해 이용해야 할 것"이라고 강조했다. 또 "자금문제 해결을 다른 나라의 원조에 의존하면 금융적 예속을 면할 수 없다"며 유휴화폐 동원은 외자 유치에 앞서 국가적 목표인 '자립경제' 실현을 위해 꼭 필요한 정책임을 강조했다. 북한은 경제 활성화를 위해 2000년대 초반부터 저축을 통한 기관·주민의 유휴화폐 동원을 강조해왔지만 국가에 소득이 공개되고 돈을 되찾지 못할 수 있다는 불안감 등으로 주민들은 저축을 꺼려왔다.

한편 북한은 김일성종합대학 등을 통해 경제 및 금융과 관련된 연구를 하고 있는 것으로 보인다. 2014년 김일성종합대학은 학보를 통해 시장경제 체계의 금융·경제 분야에 대한 폭넓은 연구를 진행한 사실을 공개했다.[2] 그리고 2015년 7월 김일성종합대학은 학보를 통해 저금 활동 활성화를 위한 연구를 진행했다고 밝혔다. 「저금 활동에 대한 통계적 분석 방법의 몇 가지 문제」 보고서를 보면 북한은 주민들의 예금·적금이 사회주의 강성국가를 건설하는 데 중요한 의의를 가진다고 주장했다. 또 김정일이 생존 시 "주민들 속에서 저금·보험 사업을 활발히 벌려야 한다"며 "저금과 보험은 유휴 화폐를 동원·이용하는 수단이며 현금 유통을 원활히 보장하기 위한 중요한 방도다"라고 교시했다고 덧붙였다. 이런 연구 내용들로 볼 때 북한이 경제·금융 분야에 높은 관심을 갖고 있다는 것을 알 수 있다. 예금·적금 활성화, 국제 금융, 증권 시장 등 여러 방면에 관심을 갖고 있는 것이다.

---

2)　김일성종합대학출판사, ≪김일성종합대학학보≫, 제60권 제2호(2014); 김일성종합대학출판사, ≪김일성종합대학학보≫, 제61권 제1호(2015). "인민의 예금·적금이 강성대국으로 나아가는 초석입네다", ≪디지털타임스≫, 2015년 8월 7일 자에서 재인용.

북한의 경제 잡지인 《경제연구》는 2012년 7월 30일 자에서 "현금 유통의 공고성은 주민의 지불 능력 있는 수요에 따른 소비 상품량을 보장해 주민의 수중에서 유통하는 현금을 제때에 은행 기관에 집중시켜야 실현된다"면서 "국가은행으로의 화폐자금 집중은 경제 건설을 다그치기 위한 화폐 자금의 계획적이며 통일적인 이용을 실현할 수 있게 한다"고 강조했다.[3] 이 같은 주장은 북한 당국이 통화량에 대한 관리를 강화하는 방향으로 고민하고 있음을 보여주는 것으로 해석된다.

이런 가운데 2012년 북한의 민사협조은행이 소개되고, 이 은행이 주민들의 신뢰를 얻기 위해 취한 정책이 주목을 받았다. 즉, 이 은행은 고객 신분의 비밀을 보장해주거나 정기저금을 이용한 고객의 경우 만기일 전에 원금이나 이자를 먼저 찾을 수 있도록 한다고 소개되었다. 북한의 제일신용은행, 민사협조은행 등이 제공하는 상품 중, 특히 외화 저금 서비스를 보면 보통저금과 정기저금 등에 이자를 제공하면서 시중에 유통되는 외화를 환수하려는 의도가 잘 나타나고 있다.

2012년 북한에서 금융 개혁의 움직임이 엿보이는 가운데 북한 은행의 외화 저금 안내문(〈사진 5-1〉)이 눈길을 끌었는데, 북한이 저금에 대한 이자를 어떻게 계산하고 지급하는지를 엿볼 수 있다.

이 안내문을 보면 보통저금과 함께 6개월짜리 정기저금에서 최대 10년까지 정기저금 상품이 소개되어 있다.[4] 일반 예금을 의미하는 보통저금은 연 이자율 1%, 일정 기간 계속해서 돈을 입금해

〈사진 5-1〉 북한 민사협조은행의 외화 저금 안내문

자료: 자유아시아방송, 2012년 8월 28일 자.

---

3) 「경제건설을 위한 화폐자금 집중 요구」, 연합뉴스, 2012년 8월 28일 자.
4) 「북 은행, 외화저금에 대한 이자 계산은?」, 자유아시아방송, 2012년 8월 28일 자.

야 하는 정기저금은 최저 2.5%(6개월)에서 최장 9%(10년)의 연 이자율이 제공된다. 이는 북한의 또 다른 은행인 제일신용은행의 이자율 지급 방식과 크게 다르지 않다.

민사협조은행의 외화 저금 안내문에 따르면 연 이자의 날짜 계산은 1년을 360일, 1개월을 30일로 하고, 저금에 대한 이자는 돈을 찾기 전날까지로 계산하며 기한 전에 찾는 정기저금은 보통저금으로 취급하고 있다. 또 정기저금의 만기일이 지나면 원금에 만기일까지 계산된 이자의 총액을 합한 금액으로 종전 조건과 같이 저금을 연장하며, 은행이 이자율을 변경할 때는 이미 약정된 기간까지는 종전 이자율을 적용한 뒤 이자율을 변경한 후에 찾지 않은 저금은 변경된 이자율로 새롭게 연장한다고 설명하고 있다. 이는 미국이나 한국의 일반 은행에서 제공하는 예금 서비스와 비슷하다.

이 밖에도 만기 전에 정기저금의 원금을 찾을 때 6개월의 경우 기존 연 이자율보다 훨씬 적은 0.5%, 1, 2년인 경우 6개월까지는 0.5%, 그 이후는 1%로 하며 3년 만기 정기저금도 6개월까지는 0.5%, 2년까지는 1%로 한 뒤 3년 이후부터는 기간에 따라 이자율을 차등 적용하는 등 기존 금리보다 훨씬 낮은 이자율을 지급한다고 은행 측은 설명하고 있다. 그리고 안내문의 맨 마지막 문장에는 미리 이자를 찾은 고객이 원금도 미리 찾으면 이자를 뺀 나머지 원금에서 이자를 계산해 지급한다고 기재되어 있다.

연 이자율을 지급하며 보통저금·정기저금 서비스를 제공하는 북한 제일신용은행과 민사협조은행은 평양 시민뿐 아니라 외국인도 이용할 수 있고 달러나 유로, 엔, 파운드 등의 외화로도 예금할 수 있다. 하지만 은행을 좀처럼 신뢰하지 않는 북한 주민들이 얼마나 많이 저금 서비스를 이용하고 있는지는 알 수 없다. 북한 주민들은 여전히 은행을 불신하고 있기 때문에 시중의 화폐가 제대로 금융 기관에 환수되지 않고 북한 당국이 필요할 때마다 신규로 화폐를 발행하면서 통화량 증가, 물가 상승의 악순환을 불러오고 있다.

한편, 북한은 2002년 '외국인투자은행법'에 이어 민간 금융 활성화를 위한 '상업은행법'을 제정하는 등 금융제도 정비에 나서면서 금융 전문가 양성에 박차를 가해왔다. 조선중앙은행은 2002년 실시된 7·1경제관리개선조치 이후 기업소의 책임경영제 도입 등 경제개선 조치에 따라 각 공장·기업소를 상대로 자금 대출을 확대했다. 2012년 8월 12일 자 ≪로동신문≫은 "중앙은행 평양지점은 유동자금 공급과 대부(대출) 사업을 잘해 공장과 기업소의 자금 수요를 원만히 보장하고 있다"며 "지점 일군들이 공장과 기업소를 직접 방문해 자금 계획을 수립하고 집행하는 데 도움을 주고 있다"고 전하기도 했다.

북한은 경제관리 체질 개선에 따른 선진 금융기법 도입이 불가피했고 이를 위해서는 전문가 양성이 필요했던 것이다. 조선중앙은행 관계자가 2002년 8월 중국의 4대 국영은행에서 금융 연수를 받은 데 이어, 2003년 8월에는 북한사회과학원 관계자도 중국에서 금융 연수를 받았고, 2004년 4월에는 베트남에서 국제 금융연수를 받았다.

북한은 대외결제 은행을 철저히 관리해 외환·신용 거래에서 발생하는 위험 예방과 관련 전문인력 양성을 강조하기도 했다. 북한의 경제 잡지 ≪경제연구≫는 2007년 제2호에서 "외화관리 사업을 개선 강화하기 위해서는 무역은행을 비롯한 대외결제 은행에서 발생할 수 있는 위험을 찾아내고 철저히 극복하는 문제가 중요하다"며 은행거래 과정에서 손실이 발생할 수 있는 위험성을 일컫는 '은행 위험'에 대해 자세히 소개했다. 북한의 경제 잡지가 시장경제 체제의 금융 거래에서 불거지는 이슈인 은행 위험을 자세히 소개한 것은 다소 이례적이었다.

≪경제연구≫는 우선 은행 위험을 금융 위험, 신용 위험, 운영 위험으로 나누고 금융 위험을 "자본주의 금융 시장에서 여러 가지 변화로 인해 불리한 결과를 가져올 수 있는 위험"이라고 설명하면서 금융 위험을 환율 변화에 따른 '환자 위험'과 금리 변동에 의한 '금리 위험'으로 구분했다. 이 잡지는 이와

함께 △은행관리 체계의 합리적 운영 △은행 위험에 대한 객관적 평가 △은행 위험을 방지하기 위한 전략 수립 등을 강조한 뒤 "은행 위험의 방지에서 성과 여부는 전적으로 은행경영 활동을 책임진 일군들의 자질과 능력, 역할에 달려 있다"고 밝혔다.

이 잡지는 특히 아무리 좋은 정보기술 수단이나 금융정보 자료가 있다 해도 "운행부문 일군들의 자질과 능력을 높이지 못하면" 위험을 정확히 파악·분석·평가할 수 없고 올바른 전략과 정확한 대책도 세울 수 없다며 "일군들이 언제나 자기의 자질을 높이고 은행 위험의 방지에 주의를 돌리고 머리를 쓰고 사색할 때 올바른 대책도 세워질 수 있다"고 강조했다. 또한 "현직 일군들은 현대적 정보기술 수단을 다룰 줄 알고 외국어에 능한 금융 전문가로 꾸리고(구성하고) 그들이 변천하는 현대 은행분야, 국제 금융거래 업무에 정통하도록 해야 한다"면서 국제 금융거래에 관한 '학습'을 주문했다.

김정은 정권 출범 이후 주민들의 예금기피 현상과 사금융 확산, 이중환율 구조와 외화선호 경향 등이 여전히 지속되고 있으나 예금 제도나 환율 및 외화관리 제도의 개선은 크게 이루어지지 않은 상황이다. 사경제가 확산되면서 북한 당국도 나름대로의 제도 변화를 모색하고 있는 것으로 파악된다. 또한 연구 중인 제도들도 개혁적 성격이 미미한 것으로 평가되며 따라서 예금 유인책 등 단기적 정책 대응과 더불어 본질적인 제도 개혁이 필요해 보인다. 북한 사회에 전반적으로 신용 문화를 정착시키는 것도 중요한 과제로 인식되고 있다. 김정은 정권이 경제를 재건하기 위해서는 국제 사회의 금융 제재로부터 벗어나는 것이 가장 중요하며, 그다음으로 필요한 것은 자체적인 금융 개혁과 빈곤을 탈출하려는 개선 의지이다. 이런 노력들과 함께 금융 개혁이 진행되면 사금융의 공적 금융으로의 전환, 경제 안정화, 외화 사용의 축소, 외자를 유치하기 위한 환경 조성 등의 효과를 기대할 수 있을 것이다.

2. 현금 카드, 외화 카드, 전자 상거래의 등장과 함의

사금융을 공적 금융으로 전환하기 위한 시도와 관련해 가장 주목할 대목은 최근 김정은 정권이 외화 정기예금, 외화 카드, 외화 상점의 이용 확대 및 전자 상거래 도입 등을 추진하고 있는 점이다. 아직 북한에서는 체크 카드나 선불 카드와 같이 현금을 계좌나 카드에 입금(충전)하는 형태로 사용하는 경우가 많지만, '신용 카드'도 곧 확산될 조짐을 보이고 있다. 북한의 계간 학술지 ≪정치법률연구≫는 2013년 가을호에서, 자본주의 사회에서 사용되는 신용 카드의 개념과 절차를 그대로 소개하면서 북한도 관련 절차와 대책을 마련·준비해야 할 것이라고 주장했다. 방북자에 따르면 평양을 중심으로 신흥 부유층이나 외국인 사업가들이 신용 카드를 사용하고 있다고 한다. '전성'카드 등 조선중앙은행을 중심으로 조선컴퓨터센터와 합작하여 시행된 북한식 신용 카드(크레딧 카드) 사용자가 조금씩 증가하고 있는 것이다.

북한 정부의 의도는 외화를 흡수함으로써 달러라이제이션 문제를 해소하고 시장에 분산된 사금융을 공식 금융기관으로 집중시킴으로써 시장경제에 대한 은행 통제를 강화하고 국내 자금을 동원해 경제 발전을 도모하려는 데 있다고 해석할 수 있다.[5] 북한이 내부에 유입된 외화를 거둬들이고, 외국인 관광객에게 현대화된 이미지를 보여주기 위해 새로운 외화 관리 시스템으로 도입한 전자결제 카드가 확산되고 있다. 이는 사금융 현상에 대응하기 위한 조치임이 분명해 보인다.

북한 당국은 무역은행과 특수 기관의 은행들에는 해외 근무·관리를, 그리고 외화벌이꾼, 파견 근로자 등 외화를 소지한 자들에 대해서는 3년 외화 정기예금을 권장하고 있다. 예금 금리는 연 7~9% 정도라고 한다.[6] 또한 IC 현

---

5)　이영훈, 「최근 북한 화폐금융의 문제점 검토 및 금융조치 평가」(2015 세계 북한학 학술대회: 오늘의 북한학, 한반도 통일을 말하다, 2015년 10월 13일), 151쪽.

금카드를 비롯해 '고려'카드, '나래'카드 등 외화 카드의 사용을 적극적으로 장려하고 있다. '고려'로는 당 38호실 산하의 외화 상점에서만, '나래'로는 평양 시내의 모든 외화 상점에서 거래가 가능하다. '나래'는 은행 계좌에 연동하지 않고도 충전(100~1000달러)해서 사용할 수 있기 때문에 뇌물로도 많이 사용된다.[7] 이와 함께 컴퓨터 및 휴대 전화로 검색해서 물품을 구입한 후 결제하는 전자 상거래 시스템 '옥류'가 2015년 초에 도입되었다. 또한 북한은 '상연'이라고 하는 전자 상거래 서비스를 도입했는데, 이 서비스를 이용하기 위해서는 중앙은행에서 발행하는 '전성'이라는 카드를 써야 한다.[8]

나아가 북한은 외화 상점의 이용 확대 및 외화로 조세 납부, 외화 거래의 허용, 협동 화폐 교환소 설치를 통한 시장 환율의 적용 등을 추진해왔다. 북한은 구역마다 외화 상점을 개설해 외국인뿐 아니라 외화를 소지한 외화벌이꾼, 해외에 파견된 관리, 노동자들이 이용하도록 허용하고 있다.[9] 또한 휴대전화 구입 등 일부 제품의 경우에는 외화 거래를 허용하고 있다. 시장마다 협동 화폐 교환소를 설치했는데, 이곳에서의 환율은 시장 환율과 비슷한 수준이라고 한다.[10]

북한에서 IC 현금카드가 처음 등장한 것은 2005년으로 거슬러 올라간다.[11] 이 카드는 결제 업무를 현대화하기 위한 목적으로 동북아시아은행에

---

6)   같은 글, 170쪽 재인용.

7)   최문, 「최근 북한의 경제·금융개혁: 함의와 과제」, 『북한과의 비즈니스와 금융』 (경남대학교 극동문제연구소, 2015).

8)   「조선에서 전자상업체계 '상연'이 개발되어 봉사활동에 도입되고 있다」, 조선중앙통신, 2015년 9월 8일 자.

9)   외화 상점들은 벌어들인 수익금(외화)으로 국가 납부금이나 '충성 자금'을 납부하고 있다고 한다.

10)   이영훈, 「최근 북한 화폐금융의 문제점 검토 및 금융조치 평가」, 170~171쪽.

11)   이하 북한의 전자결제 카드에 대한 기술은 남북교류협력지원협회, 「지금 북한은! 북한의 전자결제 카드」, ≪남북경협뉴스레터≫, vol.36, 2015년 12월호에 실린 글을 참고했다.

서 발행하기 시작했다. 2006년에 '상업은행법'이 채택된 점으로 미루어 보아 북한 당국은 2005~2006년에 나름대로 외화를 흡수하기 위한 금융제도 개편을 구상하고 실제로 시범적인 조치들을 취하려 했던 것 같다. 북한 언론매체는 "이(현금) 카드를 이용하면 돈을 안전하게 보관할 수 있고 개인 비밀이 철저히 보장될 뿐 아니라 저금한 돈을 아무 때나 찾을 수 있다"고 하며 개인정보 보호의 보장을 선전했다.[12] 이는 IC 현금카드가 금융 당국에 대한 북한 주민들의 뿌리 깊은 불신을 불식시키기 위해 고안된 것임을 시사한다.

또 동일 매체는 "여섯 가지 (외국) 화폐를 동시에 예금할 수 있으며 화폐 교환소에 가지 않고 카드 안에서 서로 다른 돈들을 즉시 교환할 수 있다"며 한 개의 카드를 여러 사람이 공동으로 소유하고 이용할 수도 있다고 강조했다. 하지만 이 내용은 북한주민 개인보다는 공장·기업소·단체·기관에 해당되는 것이다. 북한 주민들이 여러 외화를 동시에 보유하고 입금할 가능성이 낮고, 또 한 개 카드를 여러 사람이 공동으로 이용하는 경우는 거의 없기 때문이다. 따라서 북한 당국이 출시한 카드는 애초에 인민을 대상으로 한 것이라기보다는 외국인이나 외화를 많이 소유하고 있는 공장·기업소·단체·기관을 겨냥했던 것으로 추정된다. 그러나 이때 나온 카드는 말 그대로 현금 카드이기 때문에 은행에 예금한 금액만 인출하거나 결제할 수 있다.

IC 현금카드는 나중에 외화 결제카드로 발전한다. 2010년 조선무역은행은 '나래', 2011년 고려은행은 '고려'라는 전자결제 카드를 발행했다. '나래'는 외화를 충전한 뒤 호텔이나 외화

〈사진 5-2〉 전자결제 카드 '나래'

자료: 익명의 방북자.

12) 「현금카드의 장점」, 조선중앙통신, 2005년 9월 16일 자.

상점 등에서 사용하는 외화 직불카드이고,[13] 가맹점 카드인 '고려'는 결제 시스템이 갖춰진 외화취급 상점에서 상품을 구매하거나 서비스를 받을 때 사용할 수 있다. 이 밖에 경제특구인 나선경제무역지대에서 제한적으로 사용할 수 있는 전자결제 카드 '선봉'(황금의삼각주은행 발행)도 나왔다.[14]

2005년, 2010년만 해도 오늘날처럼 북한에서 전자결제 카드가 널리 사용될 것이라고 예상한 이는 많지 않았다. 외화가 장마당에서 널리 유통되었지만 은행과 당국의 의도에 대한 불신이 깊이 자리 잡고 있었기 때문이다. 더구나 2010년은 북한 정권이 화폐 개혁(외화를 환수하기 위한 강제적 조치로 평가받는다)을 단행한 다음 해였기 때문에 당국에 대한 불신이 극에 달해 있었다.

그러나 김정은 정권 출범 이후 돈주들의 투자가 허용되고 시장이 확대되면서 화폐 유통량이 늘어나고 신흥 부유층이 빠르게 성장했으며 전자결제 카드의 사용도 점진적으로 늘어났다. 2012년 8월 자유아시아방송은 '나래'카드를 구입하거나 사용할 수 있는 상점이 120곳을 넘어섰고 빠른 신장세를 보이고 있다고 보도했다. 고려호텔, 평양호텔은 물론 대동강식당, 외국인 숙소, 전시장, 합영 회사, 꽃집, 정육점, 보석상, 자동차 정비소, 약국까지 '나래'가 폭넓게 사용되고 있다고 전했다.[15] 결국 외국인들을 대상으로 발급된 전자결제 카드가 나중에는 여윳돈을 가진 북한 주민들을 통해서도 널리 활용되게 된 것이다.

---

13) 2010년 12월부터 '나래'라는 전자결제 카드가 사용되고 있다는 소식이 평양 주재 중국 대사관을 통해 알려지기 시작했다. 대외결제 은행 외화 교환소에서 2유로나 3달러(약 3000원)의 가입비를 내면 발급받을 수 있고 조선무역은행이 발행한다. 사용 방법은 체크 카드나 선불 카드와 비슷해서 가입비를 내고 발급받은 후 외화를 카드에 입금해서 사용하며 결제할 때는 네 자리 수 비밀번호를 입력한다. 파손되거나 분실했을 때 재발급도 가능하다.

14) 이 중 '고려'는 북한 원화를 결제할 수 있는 전자결제 카드로도 알려져 있다. 가입비는 알려져 있지 않지만 가입 방법이나 사용 방법은 '나래'와 비슷할 것으로 추정된다.

15) 「북 전자결제 카드 '나래' 얼마나 사용되나?」, 자유아시아방송, 2012년 8월 2일 자.

2015년 8월에는 신용 카드까지 도입된 것으로 알려졌다. 이 신용 카드는 조선중앙은행이 발급한 '전성'이라는 이름의 카드로서, 일단 전자 상거래용으로 활용되고 있는 것으로 보인다.

북한 당국은 2015년 9월 8일 조선중앙통신을 통해 '상연'이란 이름의 전자 상거래, 즉 전자결제 방식을 도입했다고 밝혔다. 북한에서 전자 상거래란 국가 컴퓨터망에서 소비자가 상품 소개를 보는 것은 물론, 상점에 돈을 들고 가지 않아도 컴퓨터망에서 카드로 물건 값을 지불하고 구입할 수 있는 방식이다. 이때 중앙은행에서 발행하는 '전성'카드를 이용해야 한다. 북한은 상업발전 추세에 맞추고 소비자의 편리를 위해 현금지불 방식이 아닌 전자결제 방식으로 전국 어디서나 24시간 이용할 수 있도록 했다고 주장했다. 북한에서는 예전에도 평양에 있는 서평양백화점 등 특권층과 외국인을 위한 일부 상점에서 현금 카드로 전자 결제가 가능했지만 전국 단위의 카드 사용을 공식적으로 발표하기는 이번이 처음이다.

북한 보도매체들에 따르면, 중앙은행이 발행하는 '전성'카드를 기반으로 새로운 전자결제 체계가 중앙은행 모든 지점과 많은 봉사 단위들에서 사용되고 있다.[16] '전성' 이용자들은 모든 대금 지급을 현금 없이도 전자 결제로 신속하고 정확하게 진행할 수 있으며, 또 다른 카드를 가진 이에게 송금을 할수도 있고 은행에서 현금을 찾아 쓸 수도 있다. 현재 중앙은행의 모든 지점들과 무역은행, 대성은행을 비롯한 은행들, 그리고 광복지구상업중심, 마식령스키장, 문수물놀이장, 옥류관, 청류관 등 봉사 단위들, 각 도(道) 내 체신기관들이 '전성'을 쓰는 전자결제 체계를 도입하고 있다. 이로 미루어 '전성'은 가맹점에서 상품을 현금 없이 살 수 있는 신용카드 기능에, 해당 은행계좌를 연결하여 사용하는 현금카드 기능이 결합된 카드로 보인다.

---

16) 「현금인출·송금, 대금결제 가능한 신용카드시스템 확대 웹사이트」, 조선의 오늘, 2016년 3월 16일 자 보도를 통일뉴스가 재인용.

그렇다면 강력한 국제 제재를 받고 있음에도, 북한 당국이 전자 결제 시스템을 구축하고 카드 사용을 적극 장려하는 의도는 무엇일까. 우선 민간이 보유한 외화를 국가재정으로 흡수하고 이를 관리하기 위한 조치라는 점은 분명하며, 외화의 유통 및 관리를 좀 더 효과적으로 하기 위한 목적도 엿보인다. 외화에 대한 북한 주민들의 의존도가 절대적인 상황에서 당국은 전자 카드의 사용을 장려해 외화를 유통시키고 관리할 수 있다. 이는 공식 국영은행의 기능을 정상화하기 위한 조치와도 밀접하게 연결된다. 외화 정기예금을 비롯해 외화 상점과 협동 화폐 교환소에서의 환전, 체신소를 통한 휴대전화 판매, 전자 상거래와 카드 이용 등을 통한 외화 거래는 모두 국영은행을 통해 이루어진다. 따라서 자연스레 국영은행의 역할이 커지고, 점진적으로는 일반 주민들의 국영은행 신뢰 수준도 높아질 수밖에 없을 것이다. 또한 전자 상거래 확대는 북한 원화의 기능을 회복하기 위한 조치로 해석할 수도 있다. 중앙은행이 발행하는 '전성'카드가 북한 원화도 취급하는지는 알려지지 않았지만, 중앙은행이 발행하는 카드라면 북한 원화를 거래 수단으로 할 가능성도 있는 것으로 평가받고 있다.[17]

카드는 고위 간부나 특권층을 관리하는 데도 유용하게 활용되고 있는 것으로 보인다. 김정은 체제 들어서 군 장령(장성)들에게 달러를 쓸 수 있는 현금 카드를 지급하고 있는 것으로 알려졌다. 현금 카드는 익명성을 보장하며 계급에 따라 작게는 200달러에서 많게는 1200달러까지 매월 차등해서 지급한다. 그래서 고위층 자녀들에게는 아버지가 준 현금 카드로 결제하는 일이 부의 상징처럼 여겨지기도 한다. 이처럼 특권 계층에 외화를 지급하면서 충성심을 유도하고, 외화를 현금으로 주기보다는 카드에 충전해서 지급하기 때문에 국영 고시환율이 적용되어 당국이나 특권계층 모두에게 서로 윈윈

---

17) 이영훈, 「최근 북한 화폐금융의 문제점 검토 및 금융조치 평가」, 172쪽.

효과를 가져온다. 한편, 현금을 많이 보유하고 있는 당정군 간부들에게 외화를 카드에 입금하고 결제하도록 유도하면서 고위층의 부패를 견제하고 재정 지출을 감시하기도 한다.[18)]

2015년 북한을 방문한 한 재미 동포에 따르면, 북한에서 외국인과 해외 동포는 미화 500달러 한도 내에서 '나래'카드(직불 카드, 현금 카드)를 발급받을 수 있었다. 특히 달러 사용자들이 쇼핑 센터나 식당에서 물건을 사거나 음식을 먹은 후 경우에 따라서는 잔돈을 거슬러 받기가 수월하지 않기 때문에 이 전자결제 카드를 사용하는 것이 유리하다고 판단해서 매번 이 카드를 사용했다고 한다.[19)]

이 카드는 현금 분실이나 도난의 위험이 없으며 카운터에서 계산할 때 본인만 아는 네 자리 수 비밀번호를 입력하기 때문에 도용 사고를 염려할 필요가 없다. 또한 체크 카드처럼 일정 금액을 충전하고 또다시 계속 사용할 수 있으며 현금과 동일하기 때문에 사용자들이 점점 늘어나는 추세다. 그러나 이 카드는 신용 카드가 아니라 직불 카드에 불과하다. 이 방북자가 물건을 구입하거나 식대를 계산하면서 다른 손님들을 지켜본 결과 고객의 30% 정도가 이 카드를 사용했다고 한다.

외국인 입장에서 환전할 때 시장 환율이 아닌 공식 환율이 적용된다면 카드 사용자는 손해를 볼 수도 있다. 외국인들이 평양을 관광할 경우 반드시 '나래'카드를 발급받도록 하고 있다고 한다. 자유아시아방송 2015년 6월 자에 따르면 평양을 방문한 중국인이 지폐로 환전을 요구했지만 거부당하고 '나래'에 외화를 입금해야 했다고 한다. 30유로를 입금했더니 북한 원화로 3443.6원이 입금되었고, 45달러를 입금했더니 4896.71원으로 처리되었다는

---

18) 남북교류협력지원협회, 「지금 북한은 북한의 전자결제 카드」, ≪남북경협뉴스레터≫, vol.36, 2015년 12월호.

19) 최재영, 「최재영 목사의 남북사회통합운동 방북기」, 통일뉴스, 2015년 10월 19일 자.

것이다. 이는 1유로에 118원, 1달러에 107원으로 거래한 것인데 시장 환율과 비교할 때 거의 80배나 차이가 나는 국영 고시환율로 처리된 것이다. 외국인이 시장 환율로 환전하여 사용하는 것보다 '나래'에 입금시켜 국영 고시환율로 거래하도록 유도하는 것이 북한당국 입장에서 크게 유리하기 때문에 '나래'로 결제를 유도하는 것 같다.[20]

어쨌든 북한은 민간에서 유통·보관되고 있는 달러(약 40억 달러로 추정된다)를 양성화하기 위해 2013년 3월 1일 부로 '협동화폐제'를 실시하고 각 개인과 기관이 외화 계좌를 개설하게 한 후 카드 이용을 적극 권장하고 있다. 2015년 2월 재일총련 기관지 ≪조선신보≫는 김천균 조선중앙은행 총재와의 인터뷰에서 "(조선중앙은행은) 나라의 경제 건설에서 제기되는 자금 수요를 국내 자금을 원활하게 회전시키는 방법으로 충족시켜나가는 데 주력하고 있다"면서 "그 일환으로 새로운 금융상품 개발, 인민생활 영역에서 카드 이용 등을 추진하고 있다"고 밝힌 바 있다.[21] 김정은 국방위원회 제1위원장이 2015년 12월 13일 열린 제3차 전국 재정은행 일군대회에 서한을 보내 재정은행 사업의 중요성을 설명하면서 '화폐 유통의 공고화'와 '금융 정보화 수준을 높일 것'을 강조한 것도 이와 관련이 있는 것으로 보인다.

외화 카드, 외화 상점, 외화거래 허용 등을 통한 외화흡수 조치는 은행 계좌와 연동되지 않기 때문에 개인 정보가 노출되지 않아 성과를 거둘 것이라 판단된다. 외화 카드의 경우 충전식으로 이용되고 있어 호텔, 상점, 식당, 주유소, 약국 등에서 광범하게 활용될 것이다. 그러나 외화 정기예금, 전자 상거래 등 은행 계좌와 연동되는 조치들은 북한 주민들의 은행에 대한 불신, 거래 투명성에 대한 거부감 등이 여전해 단기간에 가시적 성과를 거두기는 어려울 것 같다. 특히 공식 금융과 사금융의 이자율 차이가 너무 커서 비록 사

---

20) 「북, 외국인에 환전 거부·카드결제 유도」, 자유아시아방송, 2016년 6월 4일 자.

21) 「조선중앙은행, 전자결제 카드 '전성' 발행 확인되어」, 통일뉴스, 2015년 8월 20일 자.

금융의 리스크가 크다 하더라도 외화 정기예금보다는 사금융 거래를 선호할
가능성이 높아 보인다.

3. 시장화와 금융 개혁의 과제들

1) 현대식 금융 관리 시스템의 구축

일반적으로 경제 체제가 명령경제에서 시장경제로 전환하는 과정에서는
각 단계에 따라 어떤 개혁 과정과 경로를 찾고 또 좇아야 할 것이냐가 가장
커다란 고민거리이다. 개혁·개방 이후 시장화가 진행되면 금융 활동도 자연
스럽게 활발해질 수밖에 없음은 앞서 여러 차례 지적했다. 안정적인 고도 성
장을 하기 위해서는 경제의 혈맥이라 할 수 있는 금융의 역할이 매우 중요하
다. 시장경제에서 금융은 자원의 효율적 배분을 돕기 때문이다. 시장화의 조
류 속에서 어떻게 경쟁적·안정적 신용 제도를 구축해나갈 것인가가 금융 개
혁의 핵심 과제라고 할 수 있다. 시장화에서 가장 중요한 문제는 어떻게 거
시경제의 안정을 유지하면서 시장 규칙을 만들어나갈 것이냐에 있으며, 이
과정에서 금융은 매우 중요한 역할을 하게 된다.[22]

북한에서도 나름대로 시장화가 진전되고 있지만 금융 부문의 취약성이야
말로 가장 큰 문제점 가운데 하나라고 할 수 있다. 북한의 경제 관료들도 이
문제를 골칫거리로 여기고 있다. 북한은 1980년대까지도 서방 국가들과 달
리 화폐경제가 아니었으며 7·1경제관리개선조치를 취한 2002년에 들어와서
야 비로소 현대 세계에서 화폐경제가 얼마나 중요한지 알게 되었다. 현물 임

---

22)　임반석, 『중국경제의 개혁과 발전』(서울: 해남, 2005), 313쪽.

금에서 화폐 임금으로 전환됨에 따라 일반 근로자들에게는 생존을 위한 수단으로서 임금이 중요해졌고, 기업 입장에서도 현금이 있어야 원자재를 조달하고 종업원들에게 생활비를 지불할 수 있게 되었다.[23] 더불어 신용의 중요성도 점점 높아졌다. 은행의 주요 고객인 주민조차 은행을 신뢰하지 못하는 현실에서 북한 정권은 '신용'이라는 단어를 은행 이름으로 사용하기도 했다. 그 이유가 자본주의 경제 체제를 따라 하려는 시도였던 셈이다. 공산주의를 지향하는 북한이 자본주의 사회의 금융 체제를 흉내 내는 모습은 앞서 설명한 전자카드 결제 방식의 도입에서 쉽게 발견할 수 있다.

특히 북한은 중국, 러시아를 포함한 사회주의권 국가들이 시장경제로 체제 전환하는 과정을 생생하게 관찰해왔다. 북한은 시장경제에 근거한 국제사회에서 살아남기 위한 방법을 배워야 할 수밖에 없다. 그간 북한의 국내시장이 성장한 건 사실이지만 은행을 통하든 공공 기관을 통하든 화폐를 현대식으로 관리할 수 있는 금융 체제를 제대로 개발하지 못했다. 이 같은 이유 때문에 2002년 7·1경제관리개선조치가 나온 이후 활성화되고 있는 사금융을 방치할 수밖에 없었다. 따라서 앞으로 북한 당국이 취해야 할 우선 과제는 현대식 금융 관리 시스템을 구축하는 일이다.

금융은 국민경제의 혈액으로 비유될 만큼 국민경제가 원활히 운영되기 위해 꼭 필요한 부분이다. 중국에서 체제 전환기 이전인 중앙집중 계획경제 당시 금융은 본래 기능을 수행할 수 없었다. 금융은 국가계획 재정에 매몰되어 독립된 활동 영역을 거의 갖지 못했다. 기업 활동에 필요한 자금은 국가가 배분했고 기업 수중에 있는 자금은 그대로 정부에 상납해야 했으며 재정에 의해 모든 자금 문제가 해결되었다. 고정 투자를 위한 자금은 모두 국가재정에 의해 할당되었고, 은행 차입에 의한 조달은 유동 자금의 30%까지만 허용

---

23)　양문수, 『북한 경제의 시장화: 양태·성격·메커니즘·함의』, 261쪽.

되었기 때문에 은행 신용이 개입할 여지는 극도로 제한되어 있었다. 은행은 자금을 할당하기 위한 재정출납 기관에 지나지 않았다. 경쟁적인 은행신용 체계가 갖는 신용창출 기능은 중앙집중 계획경제에서 작동될 여지가 없었다.

1978년 이후 인민공사가 폐지되고 책임제가 실시되면서 이윤을 통한 유인 기능이 이식되고 가격 개혁에 의해 가격신호 기능도 회복되기 시작했다. 이에 따라 지금까지 국가가 지배해온 자금흐름 과정에 점차 각 경제 주체의 자주적 영역이 확대되어갔다. 지금까지 국가계획에 종속된 기구였던 기업과 개인에게 부분적으로 경영 자주권이 부여되고 국가가 개입하지 않는(혹은 못하는) 자금 흐름이 생겨났다. 중국의 경우 이 현상은 재정비중 하락으로 나타났다. 국내총생산에 대한 국가재정(중앙과 지방)의 지출 비중은 개혁과 함께 큰 폭으로 하락했다. 그 대신 민간 소비와 민간 투자가 증가했다.

국가계획 외 자금의 비약적인 팽창은 1978년 이후 경영 자주권의 확대와 함께 시작된 것이다. 개혁에 의해 집단 기업, 농촌 기업, 개인 기업, 외자 기업 등 비국유 기업이 크게 성장했다. 이 중 개인 기업의 증가 속도가 가장 빨랐다. 고정자산 투자의 자금 원천도 다양해졌다. 국가계획 자금에 의한 고정 투자는 격감하고 외자, 주식과 채권 발행을 포함한 기타 자금원이 급증했다.

개혁 이전에는 국가계획에 기초하여 투자 및 생산이 이루어졌고 국가계획 외 자금의 움직임은 매우 제한적이었다. 개혁과 함께 국가계획이 포괄하는 범위가 대폭 축소되고 국유 기업 외에도 무수한 집단 기업과 개인 기업이 나타났는데 이들 기업이 자주적으로 결정할 수 있는 자금의 양은 폭발적으로 확대되었다. 여기에서 재정으로부터 금융 자립이 시작되었다. 국가가 계획에 의해 직접 관리할 수 없는 자금이 팽창하면서 저축과 투자를 연결시키는 다양한 금융 통로가 출현하여 급성장했다. 국가계획 영역 밖에 출현한 대규모 자금은 다양한 개발 경제주체의 선택 행위에 맡겨졌으며, 이 자금 흐름은 사후적으로 파악할 수 있게 되었다.[24]

금융 발전의 첫 번째 통로는 예금이었다. 책임경영제가 도입되면서 수입이 많은 기업과 개인의 수중에 남은 자금 등에 힘입어 예금이 비약적으로 증가했다. 예금 외 결제성 예금을 취급하던 은행은 당좌성 예금, 정기 예금, 저축 예금도 취급하게 되었다. 예금의 원천은 개혁에 의해 크게 변화되었다. 기업·개인 예금 모두 현저한 성장을 나타냈는데, 특히 개인 예금의 성장이 두드러졌다. 개혁 이후 예금의 빠른 성장은 고성장에 따른 기업의 결제성 예금과 개인 저축의 빠른 성장에 힘입은 것이었다.

예금이 증대하게 된 원인은 대체로 다음과 같았다.[25] 첫째, 1978년 이후 경제개혁이 진행되면서 개별 경제주체의 자유 재량권이 확대되었고, 경제주체들의 활발한 경제 활동에 힘입어 1979년부터 1993년까지 15년간 국내총생산이 연평균 14.6% 성장했다. 둘째, 은행의 점포 수가 대폭 증가함으로써 개인이 은행을 이용하기 편리해졌다. 셋째, 1인당 소득과 저축률이 높은 도시 인구의 비중이 확대되었다. 넷째, 실질 예금금리가 대체로 플러스였다. 다섯째, 예금 이외의 증권 같은 여유 자금을 활용할 기타 제도적 조건이 정비되지 않았다.

1978년 이후 경제개혁에 의해 국유, 집단, 개인 등 경영 주체가 자유 재량권을 가진 자금량이 확대되었다. 이 자금의 확대는 금융 자산의 축적 및 성장으로 나타난다. 예금의 증대와 다양화는 금융자산 성장의 한 측면에 지나지 않는다. 개혁·개방 이후 중국 금융자산의 성장은 금융 개혁을 더욱 촉진시켰다. 금융 자산을 구성하는 5개 구성항목 가운데 성장률이 높은 순서를 보면 유통 화폐, 결제성 예금, 정기성 예금, 외화 예금, 증권(국채, 채권, 주식) 등으로 나타나는데, 일반적으로 이 순서는 금융 자산의 성장·심화·발전 단계를 보여준다.[26] 북한이 금융 개혁을 본격적으로 추진할 경우 이와 비슷한

---

24) 임반석, 『중국경제의 개혁과 발전』, 314쪽.
25) 같은 책, 315~316쪽.

경로를 예상할 수 있는데, 다만 북한은 중국과 다르게 개별 경제주체가 보유한 외화의 비중이 압도적으로 높은 점을 고려할 필요가 있다.

2) 상업 금융기관의 설립

북한의 사경제 부문이 확산되면서 북한 당국은 기업들을 효과적으로 지원하고 고리대 폐해를 줄이고 유휴 화폐의 이용을 극대화하기 위해 주민들이 자발적으로 은행 예금을 개설하는 환경을 조성해야 한다. 그리고 이런 조치의 일환으로 상업 금융기관을 설립하는 것이 필요하다. 통상적으로 금융 개혁은 체제 전환국들이 시장경제 체제로 경제 개혁을 추진하는 첫 번째 단계이기 때문에 북한이 본격적으로 금융 개혁을 추진한다면 의미 있는 신호로 해석할 수 있다.

현재까지 북한이 준비하고 있는 구체적인 금융 개혁에 대해서는 알려진 바가 없다. 다만 북한에서 새로운 경제관리개선조치들이 잇달아 나오면서 이러한 개혁이 성공하기 위해서는 금융 개혁이 불가피하다는 측면에서 다양한 전망이 나오고 있을 뿐이다. 북한에서 물가나 실업 문제 등을 다루는 거시경제 관리가 안 되어 있는 것은 금융 부문이 취약하기 때문으로 분석되고 있다. 국내 상업은행도 없고, 이에 따라 주민들의 은행 구좌도 없다. 그나마 구좌를 이용할 수 있도록 허가받은 사람은 극소수이다. 그러니 금융 부문에 대한 감독도 경제 자료도 있을 리 없다. 북한 같은 나라에서 금융통화 정책을 운용한다는 것이 매우 어려운 이유이다. 따라서 지금 북한은 시장경제를 운용하고 자금 흐름을 관리하기 위해서도 금융 부문을 정비해야 하며, 이를 통해 통계 자료를 얻고 인플레(물가 인상) 같은 경제 문제를 다루기 위한 거시

---

26) 같은 책, 318쪽.

경제 도구도 만들어야 한다.

현재 북한에서는 조선중앙은행이 화폐 발행과 금융 정책, 여신·수신 업무를 담당하고 있으며 조선금성은행, 조선합영은행, 고려상업은행 등 전문 은행들은 당과 정부의 재정 자금 입출금 및 외환 업무를 담당하고 있는 것으로 알려진다. 북한에서 금융 개혁이 이루어진다면 현재 조선중앙은행의 여신·수신 업무가 전문 은행으로 넘어가리라 예상된다. 구사회주의 국가들과 마찬가지로 중앙은행과 상업은행을 분리하는 이원적 은행 제도를 점진적으로 도입할 가능성이 높은 것이다. 사회주의 국가였던 러시아, 베트남, 중국 등이 금융 개혁 때 중앙은행의 예금·대출 업무를 상업은행으로 넘기면서 이원적 은행 제도로 변화했다. 그러면 중앙은행은 상업은행에서 자금을 대출해주는 기업들을 감독할 수 있게 된다.

실제로 최근 북한도 금융 개혁에 나선 듯하다. 금융 시스템에 새로운 변화를 도입하려는 움직임이 속속 드러나고 있다. 이에 따라 북한이 김정은 국방위원회 제1위원장의 5·30노작 발표 이후 개인의 처분권과 기업의 자율권, 지방의 분권화를 확대하면서 자금 마련을 위한 금융개혁 조치를 취하는 것 아니냐는 관측을 낳고 있다. 상업은행이 운영된다면 중국과 같이 정기 예금, 저축 예금 등이 우선적으로 활성화되어야 한다. 특히 개인들의 저축을 유도하기 위한 저축 예금이 도입될 필요가 있다. 저축 예금은 개인만 가입할 수 있으며, 입출금은 자유로운 반면 보통저금보다 높은 금리를 주는 상품이기 때문에 저축을 장려하는 유용한 수단이 될 수 있다.

3) 고리대금업에 대한 대응: 창업 지원하는 무담보 소액대출 제도의 도입

현 단계에서 사금융이 공적 금융으로 전환되는 것과 관련해 가장 시급한 과제는 고리대금업에 대한 대응책 마련이다. 이를 위해 우선 무담보 소액대출(마이크로 크레딧) 제도의 도입을 고려해볼 수 있다. 이 제도는 일반 은행에서 대출을 받을 수 없는 저소득자나 신용 등급이 낮은 사람들이 무담보로 소액 대출을 받을 수 있게 만든 일종의 융자 제도이다. 이하에서 소개할 방글라데시의 그라민은행, 한국의 미소금융 등 무담보 소액대출 사업이 북한에 적용될 가능성은 향후 검토할 만한 가치가 있다.

무담보 소액대출 사업은 1976년 방글라데시에서 처음 시작되었다. 방글라데시 치타공대학교의 경제학 교수 무함마드 유누스(Muhammad Yunus)는 자본금 27달러를 가지고 가난한 사람들을 위해 소액 대출을 해주는 그라민은행을 설립했다. 당시 방글라데시에서는 시민들이 하루 종일 일해서 번 돈의 대부분을 고리대금업자에게 이자로 갚아야 했고 그들은 빈곤에서 벗어나지 못했다.

유누스 교수는 방글라데시은행을 찾아가 왜 가난한 사람들에게 대출을 해주지 않느냐고 질문했고 은행 관계자들은 그들에게 담보가 없기 때문이라고 대답했다. 유누스 교수는 가난한 사람들도 은행에서 대출을 받을 수 있도록 하기 위해 직접 은행을 세웠다. 이 은행은 담보와 신원 보증 없이 하위 25% 사람들에게 대출을 해주고 오랜 기간 원금을 갚아나가도록 하는 신용대출 은행이었다. 이 은행은 크게 성공을 거두어 2000여 개 지점을 둘 만큼 발전했고 유누스 교수는 2006년 노벨 평화상을 수상했다. 이런 가난한 사람들을 위한 신용대출 제도인 마이크로 크레딧, 즉 소액 대출은 개발 도상국뿐만 아니라 미국과 영국 등 선진국에서도 빈곤 퇴치의 대안으로 주목받고 있다.

한국도 2009년 미소금융이라는 이름으로 마이크로 크레딧 사업을 시작했다. 미소금융은 제도권 금융 기관을 이용하기 어려운 사람들에게 자활에 필요한 창업 자금이나 운영 자금을 무담보·무보증으로 대출해주는 소액대출 사업이다. 소득이 적어서 일반 은행에서 융자를 얻기 힘든 사람이나 쌓아놓은 신용이 없거나 신용 등급이 낮은 사람들도 일정 자격을 갖추면 미소금융 지원을 받을 수 있다. 일반적으로는 저소득·저신용 계층에서 경제적으로 자립할 의지가 있는 사람들을 대상으로 하며, 특히 그들 중에서도 신용 등급 7등급 이하인 사람 또는 기초 수급자를 대상으로 하고 있다.

앞에서 말한 신용 등급이란 개인의 신상 정보와 금융거래 내역을 조회해 한 사람의 신용도를 평가하는 기준으로, 한국에서는 1등급에서 10등급으로 구분되며 1등급에 가까울수록 신용도가 좋다고 평가한다. 신용 등급은 3개 신용평가 기관의 심사를 거치는데 그중 1곳에서 7등급 이하로 판명되면 미소금융 지원 대상에 해당된다. 사실 7등급 이하의 신용 등급으로는 한국의 어떤 은행에서도 융자가 불가능하며 자신이 현금을 손에 쥐고 있지 않은 한 창업은 힘들다. 미소금융은 이렇게 희망을 잃은 사람들에게 다시 한 번 자립할 수 있는 기회를 주자는 데 그 목적이 있다.

한국 내에 연고가 없어 보증을 설 사람이 없고 또 정상적인 금융 거래가 없어 신용을 쌓을 수 없었던 탈북자들도 미소금융의 지원을 받을 수 있다. 미소금융은 무담보·무보증을 원칙으로 한다. 미소금융 가운데 탈북자들을 대상으로 하는 상품(하나미소금융재단의 H 하나론)이 별도로 있다. 미소금융은 창업 희망자에게는 5000만 원까지 기존 사업자에게는 3000만 원까지 창업 자금을 지원하며, 전자에게는 2% 후자에게는 4.5%의 대출 이자를 적용하고 있다.

그렇지만 모든 창업이 미소금융의 지원을 받을 수 있는 것은 아니다. 즉, 사치 성향적 소비나 투기를 조장하는 업종(골프·귀금속·골동품·도박·안마 관련 업종)들은 미소금융 대출 대상에서 제외된다. 또 창업·사업 자금이 아닌 단순 생활자금을 목적으로 대출받을 수 없다. 가장 중요한 것은 그 사람의 자립 의지이다. 둘째는 그 사람이 북한 이탈주민인지 그리고 한국에 정착한 지 5년이 되었는지 또 추가적으로 보유 재산이 많은지 아니면 보유 재산에 비해 채무가 과다한지를 보고 적격 대상인지를 평가한다. 탈북자의 경우 한국에 입국한 지 5년 이상이 되어야 한다는 규정이 있지만 예외도 있다. 입국한 지 3년이 지났고 또 창업을 희망하는 분야에서 6개월 이상 근무했으면 자격이 주어진다.

미소금융도 대출이기 때문에 꼭 상환해야 하지만 사정이 여의치 않을 때는 이에 대한 후속 지원도 따른다. 미소금융은 기본적으로 무담보이기 때문에 상환이 늦어진다고 해서 강제성을 내포하지는 않는다. 미소금융은 돈을 빌린 이후 사업에 성공해서 갚는 것이 원칙이기 때문에 상환이 어려운 사람이 있으면 어떤 점이 문제이고 어려운지를 파악해서 지원하는 등 다각적인 노력을 기울여 상환을 돕는다. 이처럼 대출 상환에 강제성은 없지만 앞으로의 신용등급 평가를 위해서 상환을 게을리해서는 안 된다. 사업이 번창해서 더 많은 투자가 필요할 때 신용 등급이 엉망이라면 더 이상의 자본을 끌어들이기가 어려우므로 좋은 신용 등급을 유지할 필요가 있다. 신용 등급을 잘 유지하려면 금융 기관과의 거래에 충실하고 정상적인 금융 거래 이외의 거래는 자제하며 신용 조회를 남발하지 않아야 한다.

사실 북한에서도 이러한 소액대출 사업을 시행한 전례가 있다. 국제농업개발기금(IFAD)은 2001년부터 황해북도 곡산군과 신계군, 양강도 삼수군과 풍서군의 46개 협동농장 내 4만 5000가구를 상대로 소액대출 사업을 해왔다. 농민들이 대출받은 돈으로 돼지 등 가축의 새끼를 사서 기르거나 씨감자를 사서 재배한 뒤 협동농장에 팔아 대출금을 갚는 형식이었다.

IFAD 담당자의 2008년 인터뷰 내용에 따르면, 북한에 상주하는 직원이 없는 상태에서 공정한 대출과 상환이 이루어지고 있는지 감시할 수 없었으며 소액 대출의 혜택을 받는 북한 주민들 대부분은 IFAD의 지원에 대해 전혀 모르고 있었다.[27] IFAD는 공정한 대출과 상환에 대한 감시가 어렵고 일반

---

27) 「유엔 농업기금, 북 대출사업 5년째 중단」, 자유아시아방송, 2013년 8월 12일 자.

주민들의 수혜 여부가 불투명한 상황에서 북한에 대한 지원 계획을 철회할 수밖에 없었다. 결론적으로 유엔의 대북 금융제재와 북한의 투명하지 못한 금융 체계가 복합적으로 작용하여 소액대출 사업이 지금까지 재개되지 못하고 있다. 이에 따라 IFAD의 북한 사업은 2008년 이후 중단된 상태이고, 2011년부터 대북사업 재개를 검토했지만 실제로 성사되지는 않았다.

IFAD는 1996년부터 2008년 6월까지 북한에 약 9810만 달러를 투자했다. 북한의 가난한 농민들에게 싼 이자로 돈을 빌려주는 형식이었으며, 주로 3대 사업(비단 원단을 생산하기 위한 양잠 개발이나 농·축산 복구, 고지대 식량 안보)을 지원했다. IFAD가 조선중앙은행에 기금을 전달하면 이것이 지방은행을 통해 북한 주민들에게 전해졌는데, IFAD 측은 평양에 상주하는 IFAD 직원이 없어 공정한 대출과 상환이 이루어지고 있는지 감시하기가 어려웠다고 밝혔다. 북한 측의 대출금 상환도 원활하지 못했다. IFAD가 공개한 2012 연례 보고서에는 2012년 북한과 관련한 대출 손실액이 약 40만 달러라고 기록되어 있었다. 또한 2008년 6월 이후 IFAD와 북한 은행의 금융거래 기록이 없었다.

창업을 지원하기 위한 소액대출 사업 외에 '워터 크레딧(water credit, 물이 부족한 빈곤층이 수도 시설을 설치할 수 있도록 무담보로 돈을 빌려주는 사업)'[28]도 향후 남북협력 사업으로 검토할 가치가 있어 보인다. 가난한 사람들에게 식수 확보가 보장된다면 그들은 물을 구하는 데 써야 할 시간에 다른 일을 할 수 있고 그로 인해 소득을 증대시킬 수 있기 때문에 긍정적 경제 효과를 불러올 수 있다.

북한도 오래된 상하수도 시설과 부족한 폐수처리 시설, 그리고 반복되는

---

[28]   Water.org의 공동 설립자는 물을 확보하느라 매일 수시간을 보내는 인도의 가난한 여인을 만난 뒤 '워터 크레딧'을 고안해냈다. 이 여인은 화장실을 지으려고 고리대금 업자에게 125%에 이르는 이자를 내고 있었다. 「소액대출을 통해 수도를 설치하는 지원 사업」, 자유아시아방송, 2011년 12월 1일 자.

물난리 등으로 주민들에게 안전한 물을 공급하는 데 어려움을 겪고 있다.[29]
워터 크레딧은 남아프리카, 남아시아의 빈곤지역 주민들뿐만 아니라, 고리
대금업에 시달리면서 열악한 식수·위생 시설로 고통받고 있는 북한 주민들
에게도 유익하게 활용될 수 있을 것으로 평가된다.

4) 입법적 과제

북한은 그동안 금융을 둘러싸고 적지 않은 변화를 경험했다. 우선 공장·
기업소의 경영 활동에 필요한 모든 자금을 국가가 책임지고 공급하는 기존
의 유일적 자금공급 체계에서 탈피하여 유동 자금, 심지어는 고정 재산의 보
수 자금도 공장·기업소가 스스로 조달하고, 은행 대출로 마련토록 하는 등
재정금융 정책의 변화가 이루어졌다. 또한 중앙 집권적 물자공급 체계가 기
능을 상실하자 기업소끼리 직접 거래하는 방식이 늘고, 시장 기능이 활성화
하자 현금 유통량이 크게 증가했으며, 공식 환율과 시장 환율의 이중환율 구
조도 심화되어왔다. 북한은 법제적 차원에서 이 같은 변화에 능동적으로 대
응하고자 '재정법'과 금융 관련 법들을 정비했다.

2007년에 수정 보충된 '재정법'(제36조)에서는 기관·기업소의 화폐 자금을
재정 계획의 범위 내에서만 이용하도록 하던 종전의 엄격한 통제를 완화하
여 기관·기업소·단체는 경영활동 과정에서 이루어진 순소득에서 국가 납부

---

29) 북한에서 활동하는 국제 기구들은 북한 주민들에게 가장 흔하게 발생하는 질병
중 하나가 오염된 식수에서 비롯된 설사병이라고 밝히고 있다. 유엔아동기금(UNICEF)
은 특히 2세 미만의 북한 영아 가운데 20%가 오염된 식수 때문에 설사병을 앓고 있으며
5세 미만의 영유아가 사망하는 가장 큰 원인이 바로 설사병이라고 경고한다. 북한 당국
은 2000년대 초부터 식수정화 사업과 폐수처리 시설의 지원을 국제 사회에 요청해왔
다. 독일의 비영리 단체인 '저먼 애그로 액션(German Agro Action)'을 비롯해 유럽의
여러 비정부 기구와 UNICEF, 국제적십자사 등이 북한에서 식수·위생 사업에 참여하고
있다. 같은 방송.

금을 국가 예산에 먼저 바치고 나머지를 자체 충당금, 장려금, 상금 기금과 같은 경영 활동에 필요한 자금으로 쓸 수 있도록 하는 등[30] 기업자금 운용의 자율성을 확대했다. 또한 2008년에 수정 보충된 '국가예산수입법'(제27조)에서는 국가의 투자를 받지 않고 생산·경영 활동을 하는 기관·기업소·단체는 국가 예산 납부금을 일정 기간 줄여줄 수 있다고 규정해 탄력성을 부여했다.

눈여겨볼 현상은 2006년에 '상업은행법'을 채택하여 기존 중앙은행이 상업은행의 기능까지 동시에 수행하는 단일 은행 제도로부터 중앙은행과 상업은행의 기능을 분리하는 이원적 은행 제도로 전환을 시도한 점이다. 그러나 북한이 재정비한 재정·금융 관련 법규들의 내용은 여전히 사회주의 법률의 일반적인 문제점으로 지적되는 개념의 미분화, 법령의 구체성 결여 등으로 자의적인 해석의 여지가 많다. 나아가 미비한 절차 규정, 불투명한 실효성 보장 등으로 법적 안정성이 보장되지 못하고 있다는 평가를 받는다.[31]

또한 금융 관련법규는 민감한 이해관계의 조정을 전제로 구체적·전문적·기술적 내용을 포함해 좀 더 세밀한 입법이 필요하나, 여전히 중앙 집권적 통제를 바탕으로 한 규제 위주의 추상적·명령적·통제적 성격을 내포하고 있다. 실물경제가 뒷받침되지 않는 북한 상황에서 금융 관련법제를 좀 더 개혁적으로 개편하기 위해서는 계획경제적 요소를 큰 폭으로 없애고, 시장경제에서 요구되는 경제 시스템을 도입해야 한다. 즉, 정치적 체제는 유지하더라도 중국이나 베트남 같은 사회주의권 국가의 개혁·개방 법제를 만들어내야 하는 것이다. 앞서 설명했듯이 김정은 시대의 북한은 중앙 집권적 자금공급 체계가 완화되고, 공장·기업소·협동단체 등에서의 분권화·자율화가 큰 폭으로 진행되고 있기 때문에 점차 시장경제적 요소를 강화하는 방향으로 나

---

30) 장명봉, 『최신 북한법령집』, 356쪽.
31) 이하 북한의 재정·금융 관련 법규들에 대해서 신현윤, 「북한의 최근 금융법 동향: 대외결제은행돈자리 규정을 중심으로」, 14쪽을 참조했다.

아가리라 전망된다.

한편 북한 경제에 시장경제적 요소가 부분적으로 도입되면서 불건전한 자금의 조성과 유통이 사회주의 경제의 부패 요소로 자리 잡는 것을 방지하고, 부족한 외화의 비정상적 흐름을 억제하기 위해 금융 관련법규로서 '자금세척법'이나 '대외결제은행돈자리규정' 등을 제정한 것은 어떤 측면에서 불가피한 현상이라고 볼 수 있다. 그러나 재정·금융 관련제도 개편에서 핵심이라고 할 수 있는 이원적 은행 제도가 성공적으로 정착하기 위해서는 단순히 단일 은행 제도를 해체하는 수준을 넘어 중앙은행 업무(central banking)와 상업은행 업무(commercial banking)가 분리되어야 하며 후자가 활성화하는 데 필요한 전문적·구체적 개선 방안이 하부 시행규정 등을 통해 마련되어야 한다.

구체적으로 국가재정이 그동안 부담하던 공장·기업소의 투자 자금을 상업성에 근거한 대출로 전환하는 과정에서 대출 심사를 비롯하여 대출채권 관리 및 부실 대출채권 회수 등에 관한 제도를 마련해야 하며, 대금 결제관련 문제를 해소하기 위하여 지급결제 제도를 개선해야 한다. 또한 중앙은행을 비롯한 금융감독 기관은 개별 금융기관의 건전성을 확보하기 위하여 상업은행이나 여신전문 은행 등에 대한 감독 기능을 강화해야 한다. 이와 함께 시장경제 활동이 활발해지고 시장에서의 유동 자금이 늘어나면서 사금융 활동이 증가하는 반면 공식 경제부문으로는 자금이 흡수되지 않는 문제를 해결하기 위해서는 예금 제도가 개선되어야 하며, 이중환율 구조를 개선하기 위해서는 새로운 환율 제도를 도입해야 한다.

특히 기업이 국가로부터 자금 공급을 보장받지 않음에 따라 국가 기업 이익금이나 거래 수입금을 납부하지 않는 대신 국가재정을 확보하기 위해 자본주의와 유사한 법인세 등을 공장·기업소로부터 징수하는 방식의 조세제도 개혁이 이루어져야 할 것이다. 그 밖에 북한 경제가 거시적 안정성을 유지하면서 투자 및 기업 금융을 원활하게 이루기 위해서는 재정·금융 개혁과 함께 기업 개혁도 상호 보완적으로 시행되어야 한다. 향후 공장·기업소 운영을 새로운 시스템에 적응시키기 위해서는 기업 경영의 대내적·대외적 권한 및 책임 관계, 자금 관계 등에 관한 것을 주요 내용으로 하는 기업 관련법제 개편이 검토되어야 할 것이다. 결국 경제 정책에서 전반적인 개혁이 요구되는데, 금융 통화(금리, 지급 준비율, 대출, 공개시장 정책), 재정, 환율 정책이 동시에 재정비되어야 비로소 사금융이 공적 금융으로 전환할 수 있는 기반이 갖춰지는 것이다.

나아가 향후 언젠가는 중국의 '물권법'과 같은 법제가 도입되어야 할 것이다. 2007년 3월 16일 전국인민대표대회에서 전격 통과된 '물권법'은 중국에 공산 정권이 수립된 이후 처음으로 사유 재산권 보호를 명문화한 법안이다. 기존 사회주의 질서와 충돌할 소지가 있다는 이유로 초안을 논의하는 데만 무려 13년이 걸렸다. 법률은 총칙에서 "국가는 사회주의 시장경제를 유지해야 하며, 일체 시장주체의 평등한 법률적 지위를 지지해야 한다"고 못 박아 법의 지향점을 분명히 했다. 당시 원자바오(溫家寶) 국무원 총리는 전국인민대표대회에서 성숙한 자본 시장을 세우는 것이 중국의 목표라고 강조했다.

이 법에 따라 중국에서는 합법적 소득과 부동산, 생활용품, 개인의 예금과 투자 등이 보호받게 된다. 이 밖에도 이 법은 농민의 토지임대 기한, 주민의 주택임대 기한이 끝난 뒤 자동으로 이를 연장하는 문제 등을 보장하고 있다. 예를 들면 중국에서는 주택용 토지의 사용 기간이 70년이지만 만기 이후에 자동 연장된다. 이는 사실상 개인의 토지 소유를 인정하고, '토지 국유'라는 사회주의의 근간을 스스로 허문 것으로 평가된다.

'물권법'은 2007년 10월 1일부터 본격적으로 시행되었고, 이를 위해 당시 후진타오(胡錦濤) 국가주석까지 직접 나서서 고위 지도부에게 '물권법' 제정과 실시를 충분히 학습하라고 주문한 바 있다. '물권법' 통과는 중국의 정치·경제 사회가 시장경제를 향해 더욱 매진하고 있음을 설명하는 사건으로, 기업들의 환영을 받았다. 그동안 중국 경제가 발전함에 따라 적지 않은 사기업이 성장했지만, 규모가 큰 기업은 자신들의 사유 재산이 보호받지 못할 수도 있다는 점을 우려해왔기 때문이다. 북한의 경우도 '물권법'이 도입되면 합법적 소득과 부동산, 생활용품, 개인의 예금과 투자 등이 보호받게 된다.

제6장 결론: 김정은 체제의 미래 전망

돈주나 사금융은 체제 전환이나 경제 개발의 초기 과정에 있는 국가들에서 생기는 필연적 현상이다. 사금융의 확대 발전은 금융 개혁에 대한 압박으로 이어진다. 통상적으로 금융 개혁은 대부분의 체제 전환국들이 시장경제 체제로 전환하는 중요한 단계로 간주되기 때문에 북한의 사금융 현상은 관찰과 연구의 대상일 수밖에 없다.

지금까지 살펴본 사금융의 다양한 실태는 북한에서 확산되고 있는 시장경제 메커니즘이 이제 소비 분야에서 시작해 점차 생산·금융 분야로까지 확대되고 있음을 잘 보여준다. 돈주나 사금융의 확산은 북한의 시스템을 근본적으로 바꾸는 시발점이 될 수 있다는 점에서 큰 의미가 있다. 사금융의 활성화는 북한 경제가 이미 상당 부분 시장경제 메커니즘에 의해 움직이고 있을 뿐 아니라 사회주의 국가들이 체제전환 초기 과정에서 경험한 궤적들을 답습하고 있다는 것을 보여준다. 사금융의 발생이나 시장이 확산되는 과정에서 자본의 투자 및 확대 재생산 현상 등은 구사회주의 국가들이 공통적으로 경험했던 것이다. 시장이 확산되면서 자본을 축적할 수 있는 공간과 기술, 기회가 증가함으로써 자본을 확대 재생산하는 방식도 다양해지는 것이다. 이는 북한도 지속 가능한 경제 발전을 위해서는 사회주의 국가들이 도입했던 금융개혁 추진이 불가피하다는 것을 시사한다.

김정은 시대에 들어와 돈주나 사금융이 비약적으로 발전하면서 북한 당국은 이제 단순히 시장을 통제하는 수준으로는 이들의 성장을 막을 수 없는 단계에 이른 것이다. 김정은 정권이 사적 경제활동을 억제하고도 생존할 수 있는 충분한 재정 능력을 확보하지 못하는 이상 사금융을 적절하게 용인할 수밖에 없을 것이고, 나아가 사금융을 공적 금융으로 전환하려는 시도를 이어갈 것으로 예상된다. 또한 민간이 보유한 외화를 합법적·제도적으로 환수하려는 노력도 지속해서 펼칠 것이다.

더구나 핵실험과 미사일 등 군사적 도발에 따른 국제 사회의 고강도 제재는 북한 당국으로 하여금 사금융 시장을 활용하고자 하는 유혹을 더욱 키울 것이다. 국제 사회의 제재가 김정은 정권이 어떤 경제 정책을 선택하게 만들지는 좀 더 지켜봐야 하겠지만, 제재 조치에 따라 외화 유입이 축소된다면 오히려 북한 내부의 사금융 시장이 외화를 조달하기 위한 수단으로서 기능할 가능성이 높아 보인다.

2016년 3월 3일 유엔안전보장이사회는 70년 역사상 비군사적 조치로는 가장 강력하고 실효적이라 평가받는 제재 결의 2270호를 채택했다. 이 결의는 북한의 경제 전반에 영향을 미칠 수 있는 조치들을 상당수 담고 있다. 또한 미국 정부는 3월 19일 연방 관보에서 북한 정부와 노동당의 자산을 동결하고 북한과의 특정거래 차단을 골자로 하는 행정 명령 13722호를 발동했다. 이 같은 다자·양자 간 대북 제재가 제대로만 이행된다면 북한의 수출과 김정은의 통치 자금에 상당한 타격을 줄 듯하다. 북한은 2013년 2월 제3차 핵실험 이후에도 국제 사회가 부과한 강력한 경제 제재를 받았다. 하지만 이런 제재 아래에서도 북한 경제는 위축되기는커녕 오히려 성장세를 보여주었다. 물론 제4차 핵실험 이후의 대북 제재는 그 범위와 강도에서 이전과는 차이가 많이 난다.

북한이 이번에도 제재를 극복할 수 있을지는 좀 더 지켜봐야겠지만 적어도 외화 수입의 점진적인 축소는 불가피해 보인다. 국제 사회의 제재는 수출,

해외 노동자 송출, 외국 관광객 유치 등에 위축을 초래함으로써 중·장기적으로 김정은 정권의 재정 축소로 이어질 것이다. 그럼에도 불구하고 김정은 정권은 핵무력뿐 아니라 경제 분야에서 비전과 성과를 보여줘야 한다. 하지만 중국과의 경제 관계마저 크게 위축된 상황에서 물자와 자금의 공급을 장담할 수 없게 되었다. 결국 현 단계에서 경제적 성과는 내자 동원에 달려 있는 것이다. 현재 북한경제의 초점은 국내 자금을 최대한 확보하고 그것을 효율적 배분하는 데 맞춰질 수밖에 없다. 이런 맥락에서 김정은 정권이 사금융 시장을 통해 국정운영 자금을 조달할 가능성이 높다고 판단하는 것이다. 정부뿐 아니라 자율경영 체제로 운영되고 있는 공장·기업소·협동농장 및 각종 기관도 사금융에 더욱 의존하게 될 수밖에 없을 것으로 전망된다.

김정은 정권은 여전히 경제 발전에 전력을 기울일 것이다. 북한이 전략적 노선으로 선택한 '경제 건설과 핵무력 건설의 병진 노선'을 관철시키기 위해서는 핵무력은 물론 지속적인 경제 건설을 이루어야 하고, 김정은 제1위원장이 신년사에서 강조했듯이 '인민생활 향상'을 보여줘야 한다. 일각에서는 김일성 주석이 주체사상을 통해 정치사상 강국을 건설했다면, 김정일 국방위원장은 선군정치를 내세워 핵무력에 기반을 둔 군사 강국을 건설했고, 김정은 제1위원장은 경제 발전을 통해 '북한의 덩샤오핑'이 되고자 한다는 관측도 나온 바 있다. 그러나 내부적으로는 여전히 사회 인프라와 생산 시스템이 낙후된 상태이고, 대외적으로는 핵개발과 장거리 미사일 실험으로 국제 사회의 강력한 경제 제재를 받고 있는 상황에서 과연 북한이 경제 건설에 성공할 수 있을까.

북한이 경제적 시련에 직면한 1990년대에는 국내 생산이 감소함에 따라 물품이 부족해 식료품이나 일용품을 취급하는 시장이 늘어났다. 시장에는 외국 제품이 많았다. 시장에서는 수요와 공급에 의한 가격 변동의 폭이 컸고 그 부담을 구매자들이 떠안았다. 경제 침체기는 1990년대부터 계속되었지만 북한은 "악순환의 시기는 벌써 벗어났다"면서 그 근거로 "국내 생산이 확대 국면에 있다"는 것을 꼽았다.[1] 북한 언론매체[2]는 평양육아원, 위성과학자주택지구, 문수물놀이장 건설 등 김정은 체제의 경제 성과를 나열하며 "조선은 지금 확고부동하게 행복의 궤도에 들어섰다"고 선전하고 있다. 특히 먹는 문제에서 큰 변화가 진행 중이라고 거듭 강조하며 포전담당제 등 각 경제 주체의 자율성을 대폭 높인 경제 조치에 대해 자신감을 피력했다. 또한 북한 당국이 각 경제 주체에 부여한 자율권·분권화를 경제 발전의 중요 동력으로 삼고 있음을 내비치기도 했다. 북한이 김정은 국방위원회 제1위원장의 5·30노작 발표 이후 개인의 처분권과 기업의 자율권, 지방의 분권화를 확대하면서 자금을 마련하기 위한 금융개혁 조치를 취하는 것이 아니냐는 관측도 계속해서 흘러나오고 있다.

실제로 북한 당국은 주민들이 축적한 자본을 끌어들여 경제 개발을 추진한다는 목표 아래 각종 예금·적금 상품을 개발하고 주민들의 신용카드 이용을 추진하는 등 금융 시스템에 새로운 변화를 도입하고 있다.

한편, 북한 노동당의 운명도 지속적인 경제 발전에 의존하고 있기 때문에 노동당은 이제 개혁·개방이라는 호랑이 등에서 내려올 수도 없다. 또한 1990년대 중반 이후 20여 년에 걸친 시장화의 역사는 북한 주민들이 시장을 배우고 시장에서 생존하는 방법을 체득하는 데 결코 부족하지 않은 시간이다. 이런 점들을 고려할 때 속도의 차이는 있을지언정 북한은 경제 발전이라는 목표를 향해 끊임없이 나아갈 것으로 보인다. 지속적인 체제 개혁으로 경제 발전을 추구하는 것만이 북한 주민이 잘사는 길이자, 노동당의 생존 수단이기 때문이다.

---

[1] "'우리식 경제관리방법'의 성공사례, 북한 편의점 '황금벌상점'", ≪조선신보≫, 2015년 2월 22일 자.

[2] "조선은 행복의 궤도에 들어섰다", ≪로동신문≫, 2016년 2월 3일 자.

일각에서는 북한 주민들의 사적 경제활동이 활발해지면서 시장경제 영역이 크게 확대되자 이를 체제 약화의 징후로 보기도 한다. 그러나 그러한 시각은 비약으로 비친다. 사회주의 경제에서 시장은 계획과 함께 경제 활동을 조정한다. 또한 시장이 확대된 것은 북한 당국이 통제를 강화하지 않고 일부 양성화했기 때문이다. 북한에서 사금융, 돈주의 활동 등을 포함한 시장 영역의 확대는 갈수록 가속도가 붙겠지만 당국의 통제 아래 있기 때문에 체제 약화의 징후로 보기 어렵다.

다만 모든 사회적 현상에 양면성이 있듯이 북한의 사금융 시장은 갈수록 모순 관계를 선명하게 드러낼 것으로 전망된다. 특히 빈부 격차의 확대는 북한 체제의 미래를 전망하는 매우 중요한 변수로 보인다. 북한의 사금융 시장은 국가가 상실한 공급 능력을 상징하는 존재이자 부족한 공급 능력을 메우는 보완적 역할을 하고 있다. 김정은 체제는 매우 강력한 국가공급 체제를 지향하고 있지만 근본적으로는 재정이 취약해 시장 상인과 돈주들이 형성·발전시킨 시장을 대안으로 활용하고 있다.

국가 생산이나 개인 생산물이 시장으로 몰리고 여기서 다양한 이윤이 창출되자 사금융과 돈주가 출현하고 국가는 가난해지는 부의 역전 현상이 발생하기 시작했다. 북한 당국은 시장 관리비를 걷고 각종 공출·헌납 운동을 벌이고 극단적으로 화폐 개혁까지 동원했지만 일시적이고 부분적인 효과만 거두었다. 사금융과 돈주의 확대는 북한 내 부자와 빈자의 불평등을 심화시키고 있다. 신흥 부유층이 크게 늘었다고 하지만 여전히 상당수 빈곤층이 존재한다.

북한 시장에는 더 많은 자율성을 요구하는 다수와 그렇지 않은 소수가 공존한다. 여기서 주목할 대목은 장사를 잘해서 남부럽지 않게 먹고사는 사람이든 하루 벌어 하루 먹는 대다수 영세 상인이든 모두가 사적 행위나 재산권을 법적으로 보호받을 수 있는 체제 변화를 원한다는 점이다. 사금융과 돈주의 활동 영역이 확대됨으로써 북한 주민들의 정체성은 수령에서 돈으로 이동했다. 사금융과 돈주의 확대는 주민들의 의식에 큰 변화를 가져오고 있다.

북한에서 사금융과 돈주가 주도하는 시장화는 놀라운 경제 활력을 만들어 내고 있다. 오늘날 북한에서 사적 거래와 사금융은 실과 바늘의 관계다. 사적 거래를 통해 돈을 번 신흥 부유층들은 당국에서 금지했던 대부업을 발전시켜 사적 자본을 축적하고 있다. 화교와 신흥 부유층들은 대규모 사금융업을 영위하면서 자연스럽게 북한 내 특권 계급의 자금줄 역할을 도맡고 있다. 이들이 실제로 김정은의 통치 자금을 관리하고 있는지도 모른다. 상업 활동을 통해서 부를 이룬 돈주들에게 사금융이라는 부의 축적과 증식 방법이 개발되고 점차 체계화되고 있는 것이다.

돈주들은 커뮤니티 간의 정보 교환으로 부를 일구고 있다. 이들은 멀리 떨어져 있는 커뮤니티들끼리 상품과 환시세의 변동과 같은 정보를 교환한다. 이들은 상품의 장소 이동만으로도 상품 가치가 변한다는 것을 일찌감치 파악하고 상품이 풍족한 곳에서 모자라는 곳으로 옮겨다 주고 돈을 벌었다. 또한 지역 간 환율 차이에 대한 정보를 이용해 차익을 챙겼다. 돈주와 직간접적으로 연결된 환전상은 노련한 전문가가 되어가고 있다. 환전상은 자신들이 돈주로부터 받은 돈을 돈이 필요한 다른 상인에게 빌려주고 이자를 받는 대부업을 하면서 이득을 챙긴다. 시장의 거래 규모가 커지면서 점점 더 많은 돈주가 환전상에게 돈을 맡기게 되었고 환전상은 더 많은 거래를 이어나갔다. 돈을 빌리려는 사람 또한 늘어나고 있다. 일반적인 상업 활동을 하는 사람 외에도 생산 공장이나 새로운 사업을 시작하려는 사람도 자금이 필요한 것이다.

북한 당국은 앞으로 사금융과 돈주가 주도하는 시장화의 진전에 따라 각 단계에 어떤 개혁 과정과 경로를 찾고 좇아야 할 것인지를 고민해야 한다. 북한이 앞으로도 안정적인 성장을 달성하기 위해서는 경제의 혈액이라 할 수 있는 금융의 역할이 매우 중요하다. 시장경제에서 금융은 자원의 효율적인 배분을 돕는다. 북한은 비록 체제 전환은 아닐지라도 사적 경제가 활발해지면서 금융 개혁에 나설 수밖에 없을 것이다. 이때 중요한 과제는 사금융을 공적 금융으로 전환하는 것, 안정적인 신용 제도를 도입하고 정착시키는 것이다. 시장 경제화 과정에서 가장 중요한 문제는 어떻게 거시경제의 안정을 유지하면서 시장 규칙을 만들어나갈 것이냐이며, 이 과정에서 금융은 매우 중요한 역할을 하게 되는 것이다.[3]

시장화가 빠른 속도로 이루어지면서 계획 외 자금 영역이 확대되고, 빠른 속도로 축적되는 금융 자산은 인플레이션 등 거시경제의 안정을 위협할 수 있다. 국가계획 외에 축적된 자금을 어떻게 통제하느냐는 매우 중요한 과제로서 북한 경제개혁의 사활적 문제라고 할 수 있다. 계획의 역할이 축소되고 시장 기제는 아직 잘 작동하지 않는 상황에서 자원 배분을 시장 기제에 맡길 경우 자원 배분이 효율적으로 이루어지지 않을 수 있다. 과도기에는 지령적·명령적 수단과 시장적 수단의 조합 형태 또는 양자의 중간적 수단이 필요하다. 북한은 아직 시장경제와 관련된 법 체계와 거래 관행이 형성되어 있지 않기 때문에 사금융 거래가 혼란스러운 상태이다. 이에 따른 각종 부정적 효과를 억제하기 위해서는 새로운 자금 흐름에 일정한 질서와 형식을 부여해 사금융 시장을 제도화할 필요가 있다.

북한에서는 정권의 의도와 상관없이 명령경제에서 시장경제로의 전환이 점진적으로 이루어지고 있는 듯하다. 다만 궁극적으로 어떤 체제에 안착할지는 아직 알 수 없다. 따라서 당면 과제는 과도기에서 최적 경로를 찾고, 그 경로로부터 크게 벗어나지 않도록 어떻게 단기·중기 정책을 운영해나갈 것이냐에 있어 보인다. 어쨌든 사회주의 체제를 내세워 온 김정은의 입장에서

---

3)   임반석, 『중국경제: 두 가지 기적과 딜레마』(서울: 해남, 1999), 311쪽.

이러한 사경제 현상의 심화는 고민거리가 될 가능성이 크다. 사경제 영역의 확대는 북한 체제를 변화시키는 동인이 될 수 있기 때문이다. 북한 당국은 이와 관련해 사경제 영역을 체계적으로 관리하고자 적정 수준의 제도화를 추진할 가능성도 있다.

참고문헌

김광진. 2007. 「북한의 외화시스템 변화연구」. 북한대학원대학교 석사학위논문.

_____. 2008. 「북한 외화관리시스템의 변화와 외화의존도의 증대」. ≪수은북한 경제≫, 2008 년 봄호.

경연사. 2011. 『경제학사전』. 서울: 경연사.

공용철. 2010. 「북한의 노동시장 형성에 관한 연구」. 북한대학원대학교 석사학위논문.

곽명일. 2012. 「북한 '지역시장'의 형성과 발전에 관한 연구」. 북한대학원대학교 석사학위논문.

곽인옥. 2013. 「북한 시장의 실태 분석 및 변화과정에 관한 연구」. 『2013 북한 및 통일관련 신진연구 논문집』. 서울: 통일부.

권영경. 2014. 「김정은 시대 북한 경제정책의 변화와 전망」. ≪수은북한 경제≫, 2014년 봄호.

_____. 2015. 「김정은 정권의 우리식 경제관리방법에 대한 분석」. 미발표 논문.

금융위원회·KDI 국제정책대학원. 2013. 『2012 경제 발전경험모듈화사업: 한국의 사금융 시 장 양성화 정책과 포용적 금융발전 경험』. 서울: KDI 정책대학원.

김보근. 2008.12.4. 「북한 상인계층과 자본의 형성」. 북한연구학회·통일연구원·고려대학교 북한학연구소 공동학술회의: 한반도, 전환기의 사색.

김석진·양문수. 2014. 『북한의 비공식경제성장요인 연구』. 서울: 통일연구원.

김연호. 2014.9.4. 「북한의 휴대 전화 이용실태: 북한의 통신혁명은 시작되었는가?」. US·KOREA Institute at SAIS, Voice of America.

김영수 외. 2006.11.10. 「최근 북한 주민의 생활상 변화와 체제의 작동원리 분석」. 통일부 용역 보고서.

김영희. 2007.5.23. 「북한 상업은행법 제정의 의미와 평가」. 제117회 북한법연구 월례발표회.

_____. 2015.10.16. 「북한의 체신기관 및 금융서비스 운영현황」. 내부 세미나 발표자료.

김영희·김병욱. 2008. 「사회적 신분에 따른 북한관료들의 사경제 활동 연구: 관계자본의 축 적을 중심으로」. ≪통일문제연구≫, 제20권 2호.

김일성종합대학출판사. 2014. ≪김일성종합대학학보≫, 제60권 제2호.

_____. 2015. ≪김일성종합대학학보≫, 제61권 제1호.

김정숙. 2006. 『오늘의 북한, 북한의 내일』. 서울: 좋은 벗들.

김직수. 2012. 「'돈주'의 형성과정에 대한 연구」. 북한대학원대학교 석사학위논문.

남북교류협력지원협회. 2015a. 「[지금 북한은] 북한에도 남대문 시장만한 도매시장이 여럿 있다」. ≪남북경협뉴스레터≫, vol.33, 2015년 9월호.

_____. 2015b. 「[지금 북한은] 북한의 아파트 생활」. ≪남북경협뉴스레터≫, vol.35, 2015년 11월호.

_____. 2015c. 「[지금 북한은] 북한의 전자결제카드」. ≪남북경협뉴스레터≫, vol.36, 2015년 12월호.

_____. 2016. 「[NK FOCUS] 북한의 환전과 송금」. ≪남북경협뉴스레터≫, vol.38, 2016년 2월호.

박석삼. 2002. 「북한의 사경제부문 연구: 사경제규모, 유통현금 및 민간보유 외화규모 추정」. ≪한은조사연구≫, 2002년 3호.

_____. 2002. 「북한의 화폐금융제도 및 가격관리체계」. 『북한 경제백서』. 서울: 대외경제정책연구원.

박유환. 1997. 『북한의 금융제도와 남북한 금융협력방안 연구』. 서울: 수출입은행.

박인호. 2014.10.31~11.1. 「북한 시장화와 인권문제 함의」. 2014 북한인권평화회의(춘천).

박정원. 2014. 「북한 헌법의 경제조항 변화와 경제통합 앞길」. 이상만 외. 『이제는 통일이다』. 서울: 해럴드경제·한반도개발협력네트워크.

박훤일. 2015.2.5. 「통일 후의 사유화조치가 성공하려면」. ≪남북물류포럼≫, 칼럼 제261호.

북한법률출판사. 2007. 『조선투자법 안내: 310가지 물음과 대답』. 북한법률출판사.

북한사회과학원 언어학연구소. 2006. 『조선말대사전(1)』. 평양: 사회과학출판사.

송현욱. 2013. 「북한의 주택정책과 이용권제도에 대한 고찰」. 『법학 논총』, 제30집 12호.

신현윤. 2007.6.28. 「북한의 최근 금융법 동향: 대외결제은행돈자리 규정을 중심으로」. 제118회 북한법연구 월례발표회.

양문수. 2006. 「북한의 시장화 수준에 관한 연구」. ≪현대북한연구≫, 제9권 3호.

_____. 2010. 『북한 경제의 시장화: 양태·성격·메커니즘·함의』. 한울아카데미.

_____. 2012. 「2000년대 북한의 반시장화 정책 실태와 평가」. ≪현대북한연구≫, 제15권 1호.

유석춘·장미혜. 2002. 「사회자본과 한국사회」. 『사회발전연구』, 제8집.

윤대규 엮음. 2008. 『북한체제전환의 전개과정과 발전조건』. 한울아카데미.

윤덕룡. 2013. 「북한 금융시스템의 구축을 위한 단계적 접근 방안」. ≪금융연구≫, 제13권 12호.

윤덕룡 외. 2002. 『체제전환국 사례를 통해본 북한의 금융개혁 시나리오』. 서울: 대외경제정책연구원.

윤인주. 2012. 「북한내 사적 자본에 의한 기업적 현상 연구」. 『2012 북한 및 통일관련 신진연구 논문집』. 서울: 통일부.

_____. 2013. 「북한의 사유화 현상 및 동학에 관한 연구」. 고려대학교 박사학위논문.

이무철. 2008. 「북한의 경제조정 메커니즘의 변화 경향 분석」. 윤대규 엮음. 『북한체제전환의 전개과정과 발전조건』. 한울아카데미.

이석기 외. 2010. 『2000년대 북한의 산업과 기업: 회복실태와 작동방식』. 서울: 산업연구원.

이제경. 2014. 「금융과 보험 통화과정의 리스크와 보험」. 이상만 외. 『이제는 통일이다』. 서울: 헤럴드경제·한반도개발협력연구네트워크.

이영훈. 2015.10.13. 「최근 북한 화폐금융의 문제점 검토 및 금융조치 평가」. 2015 세계 북한학 학술대회: 오늘의 북한학, 한반도 통일을 말하다.

이종겸. 2008. 「북한 신흥상업자본가의 출현에 관한 연구」. ≪북한학연구≫, 제4권 2호.

_____. 2009. 「북한의 신흥상업자본가에 관한 연구」. 동국대학교 석사학위논문.

이해정. 2015. 「북한 지역의 토지·주택·기업 사유화에 관한 연구」. 이화여자대학교 박사학위논문.

임강택·김성철. 2003. 『북한 재산권의 비공식 이행』. 서울: 통일연구원.

임반석. 1999. 『중국경제: 두 가지 기적과 딜레마』. 서울: 해남.

_____. 2005. 『중국경제의 개혁과 발전』. 서울: 해남.

임수호. 2008. 『계획과 시장의 공존』. 서울: 삼성경제연구소.

장명봉 엮음. 2011. 『최신 북한법령집』. 서울: 북한법연구회.

장용석. 2014.8.24. 「북한사회의 시장화와 소득분화」. 서울대학교 통일평화연구원 주최 설문조사: 북한사회와 주민의식 변화—김정은 집권 2년, 북한의 변화 어떻게 볼 것인가?

정부 내부 분석자료. 2014.6.1. 「북한 경제·사회 변화상」.

정은미. 2007. 「북한 농업정책의 이중궤도: 집단농업과 농민사경제의 상호성을 중심으로」. ≪통일문제연구≫, 제47호.

정은이. 2014.3. 「북한 도시 노동자의 식량조달 메커니즘에 관한 연구: 함경북도 무산지역의 소토지 경작 사례를 중심으로」. ≪동북아경제연구≫, 제26권 1호.

_____. 2014.10.28. 「북한에서 부동산투자현황에 관한 분석」. 북한연구학회 주최 제1회 세계 북한학술대회: 세계속의 북한학: 과거, 현재, 미래(연세대학교 은명대강당).

조선민주주의공화국 투자환경 소개자료. 2012.9.

조선사회과학출판사. 1985. 『경제사전(1)』. 평양: 사회과학출판사.

_____. 1995. 『재정금융사전』. 평양: 사회과학출판사.

조정아 외. 2008. 『북한 주민의 일상생활』. 서울: 통일연구원.

좋은 벗들. 2004.11.16. ≪오늘의 북한소식≫, 창간준비 3호.

_____. 2009.1.27. ≪오늘의 북한소식≫, 제263호.

_____. 2011.12.14. ≪오늘의 북한소식≫, 제433호.

주성하. 2010. 「북한에서 수산물 수출 외화벌이의 역사와 전개에 대하여」. 『북한바로보기』.
    서울: 경천.

_____. 2016. 「광물 수출중단 유엔제재로 투자 돈주들 피해 커져」. ≪자유마당≫, 2016년 4월호.

쩨르치즈스키 표도르(이휘성). 2014. 「북한 화교의 사회적 지위에 관한 연구」. 북한대학원대
    학교 석사학위논문.

최문. 2015. 「최근 북한의 경제·금융개혁: 함의와 과제」. 『북한과의 비즈니스와 금융』. 경남
    대학교 극동문제연구소.

최봉대. 2008. 「1990년대 말 이후 북한 비공식경제 활성화의 이행론적 함의」. 윤대규 엮음.
    『북한체제전환의 전개과정과 발전조건』. 한울아카데미.

_____. 2008.8. 「북한 도시 사적 부문의 시장화와 도시가구의 경제적 계층분화」. ≪현대북한
    연구≫, 제11권 2호.

_____. 2014. 「북한의 국가역량과 시장 활성화의 체제이행론적 의미」. ≪통일문제연구≫, 제
    26권 1호(통권 제61호).

최재영. 2015.10.19. "최재영 목사의 남북사회통합운동 방북기". 통일뉴스.

≪KDB 북한개발≫. 2015. 「북한 남포시 사경제 활동현황」, 통권 제5호.

KOTRA 해외시장진출정보. 2013. "위안화 공식 결제화폐 사용". https://www.exportcenter.go.kr/
    common_board/weeklytrade/(검색일: 2015년 12월 3일).

통일부 통일교육원. 2013. 『북한 지식사전』. 서울: 통일부 통일교육원.

_____. 2014. 『2014 북한이해』. 서울: 통일부 통일교육원.

평화재단. 2006. 『북한사회의 이해와 주민들의 생활』. 서울: 평화재단.

한국은행. 2014.6.28. 「2013년 북한 경제성장률 추정결과」. 보도자료.

현동일 외 편저. 2000. 『중국의 개혁·개방과 동북아 경제연구』. 연변: 연변대학출판사.

홍성원. 2014. 「북한 부동산 개발실태에 관한 연구: 아파트 건설을 중심으로」. 북한대학원대

학교 석사학위논문.

데일리엔케이, ≪디지털타임스≫, ≪로동신문≫, 민족통신, 연합뉴스, 자유북한방송, 자유아
시아방송, ≪조선신보≫, ≪조선일보≫, 조선중앙TV, 조선중앙통신, KBS 9시 뉴스, 통
일뉴스, ≪통일신문≫, ≪파이낸셜 타임스(Financail Times)≫, ≪한국경제≫

Calvo, G. A. 1996. *Money, Exchange Rates, and Output.* MIT Press.

Choudhury, Anis. 2009. Microfinance as a Poverty Reduction Tool: A Critical Assessment. DESA Working Paper No.89.

Djilas, Milovan. 1957. *The New Class: An Analysis of the Communist System.* New York: Praeger.

Kornai, Janos. 1992. *The Socialist System: The Political Economy of Communism.* New York: Princeton University Press.

Lankov, Andrei, Kim, Seok-hyang and Kwak, Inok. 2011. "Relying on One's Own Strength: The Growth of the Private Agriculture in Borderland Areas of North Korea." *Comparative Korean Studies*, Vol.19, No.2.

Lavigne, Marie. 1995. *The Economics of Transition: From Socialist Economy to Market Economy.* New Work: St. Martin's Press.

Ledgerwood, Joanna(ed.). 2013. *The New Microfinance Handbook: A Financial Market System Perspective.* The World Bank.

Schlager, Edella and Ostrom, Elinor. 1992. "Property-Rights Regimes and Natural Resources: A Conceptual Analysis." *Land Economics*, Vol.68, No.39.

Skocpol, Theda. 1985. "Bringing the State Back In: Strategies of Analysis in Current Research." Evans, Peter B., Rueschemeyer, Dietrich and Skocpol, Theda(eds). *Bringing the State Back In.* New York: Cambridge University Press.

Walder, Andrew G. 1999. "Property Rights in the Chinese Economy: Contours of the Process of Change." Oi, Jean C. and Walder, Andrew G. *Property Rights and Economic Reform in China.* Stanford, CA: Stanford University Press.

탈북자 인터뷰 대상자 리스트

이름	연령	탈북 연도	직업	인터뷰 일자
김○○	56	2012	재일 교포, 돈장사	2014년 9월 2일
최○○	50	2012	외화벌이, 돈장사	2014년 9월 4일
강○○	49	2010	외화벌이	2014년 9월 5일
한○○	48	2014	외화벌이	2014년 9월 6일
임○○	56	2013	화교 출신, 돈장사	2014년 11월 20일
김○○	52	2013	농장원	2014년 11월 19일
강○○	45	2013	공장 지배인	2014년 11월 20일
박○○	52	2013	농장원	2014년 11월 21일
박○○	48	2014	장마당 장사	2014년 10월 2일
김○○	47	2014	돈장사	2014년 10월 3일
박○○	56	2014	장마당 장사	2014년 9월 2일
장○○	48	2014	외화벌이	2014년 9월 5일
김○○	49	2013	공장 지배인	2014년 9월 3일
강○○	46	2013	공장 간부	2014년 9워 1일
김○○	51	2012	재일 교포	2014년 9월 2일
최○○	49	2012	외화벌이	2014년 9월 4일
김○○	51	2012	장사	2014년 9월 6일
김○○	39	2013	장사	2014년 9월 6일
최○○	52	2011	외화벌이	2014년 9월 11일
김○○	45	2013	농장원	2014년 9월 12일
강○○	48	2015	당 간부	2015년 11월 30일

찾아보기

㉠

가내 부업반 156

가치저장 기능 27

가치저장 수단 67

개인 기업 103

개인 버스 운송업 171

개인 소유권 97

개인 수공업 141

개인 영업 75

개인 영업행위 102

개인 유통망 91

거래/투자 수단 67

건설업 202

경영 자율권 82, 96

경제 관료 197

경제 자본 182, 196

경제개발구 125

경제관리개선조치 14

계급적 토대 174

고난의 행군 69, 70

고려금융합영회사 46

고려링크 181

고려상업은행 36, 45

고려은행 36, 46, 50

고려카드 46, 224, 225

고리대 22, 61

고리대금업 15, 75, 76, 118, 130, 137, 148, 162, 204

고리대금업자 146, 200

고리대죄 61

고액 과외 190

고위험 고수익(high risk high return) 201

고위험 고수익 원리 110, 113

고정 재산 31

골동품 148

공공재산 임대 197

공민증제도 150

공식 환율 128, 229

공적 금융 212, 217, 244, 249, 254

공채 154

관료주의 198

광의의 사유화 172

교환 수단 67

구글 월렛 44

국가 능력 206

국가 예산 30, 31

국가 재산 이용권 196

국가 지표 86

국가건설 사업 194, 195

국가예산 배분 213

국가예산수입법 56, 242
국가재산횡령죄 196
국내 금융 28
국영 상점 90, 93, 140
국제 금융 28
국제농업개발기금(IFAD) 239
군중 외화 수매소 152
귀국자(재일 교포) 91
금강은행 39
금리 위험 221
금융(finance) 20, 60
금융 개혁 169, 219, 235, 248
금융 기관 35
금융 연수 221
금융 위험 221
금융 자산 254
금융업 161
기업화 168
김일성종합대학 218
김천균 조선중앙은행 총재 44, 230
꾸기(대출) 계약 60

ⓛ

나래카드 42, 128, 224, 225, 229
나선경제특구 48
내각 조치 24호 71
내각중심제 79
내각책임제 79
내부 유보자금 33

내수 시장 88
내자 동원 250
내화 구좌 125
네트워크 165, 166, 178, 186
노점상 72
농촌 금융 59
뇌물 199

ⓓ

단속 199
단순 대부 141
단순 투자 141
단일 은행 제도 37, 38
단천상업은행 50
달러라이제이션(Dollarization) 94, 119, 223
달리기꾼 74
담보 대출 168
대관집 165
대규모 민영화 173
대기숙박업주 171
대동신용은행 36
대리인 145
대부 31, 33
대부 투자 169
대부무역회사 204
대부업 253
대북 제재 전문가 패널 51
대성무역총회사 51

대성은행 50, 227
대외결제은행돈자리규정 54, 243
대외보험총국 40
대출 22, 144
대출 수요 216
대포폰 181
대행업 170
데꼬 74
도매 시장 73
도매상 156
독립채산제 80, 106
독립채산제 기관 66
독립채산제 기업소 31
독자경영 체제 83
돈데꼬 69, 74
돈자리(계좌) 31
돈장사(꾼) 76, 111, 161
돈주 15, 71, 75, 76, 82, 90, 91, 99, 112,
    114, 116, 129, 131, 138, 144, 156,
    175, 186
돈주 환전상 120
돈표(외화 교환권) 40
동북아시아은행 36, 39, 50, 224
되거리꾼 74

ⓔ
루블화 126
류상은행 41
리스크 136

리스크 프리미엄 133

ⓜ
마라나타신탁회사 22
막매대 72
만경대협동농장 108
명의 대여 169
무담보 소액 대출(마이크로 크레딧) 236,
    237
무역업자 159
무역은행 227
무현금 거래 34
문화 자본 182
물권법 244
물자교류 시장 35, 57
미소금융 237
민법 60, 98
민사협조은행 219
밀무역 122

ⓗ
109상무 204
백화점 매대 160
변동환율제 94, 125
병진 노선 213, 250
보증 23
보통예금 47
보통저금 68, 220

보험 218

부동산 98

부동산 투기 204

부동산업 78

부문별 외환전문 은행 39

부실 대출 58

부익부 빈익빈 200

부정부패 193, 198

북창화력발전련합기업소 88

북한돈(내화) 69

분업화 168

붉은 자본가 208

비공식 경제 96

비공식 시장 67

비공식적 네트워크 184

비사회주의 검열 206, 207

비사회주의 현상 101

비즈니스 네트워크 162

비현금 시장 28

빈부 격차 188, 191

Ⓢ

사교육 190

사금융 59, 70, 96, 102, 117

사금융 시장 65

사업 자금 199

사영 기업 170, 173

사영 농업 108

사용료 98

사유 재산권 209

사유화 101, 109

사유화 유형 169

사적 경제활동 212

사적 자본 15, 103, 117, 195, 206

사적 자본가 70, 203, 210

사적자본 축적 201

사채(이자돈) 62, 70

사채업자 59, 61, 130, 148

사회 자본 178, 182, 183

사회주의 금융 25

사회주의 분배 원칙 85

사회주의기업책임관리제 79, 80, 93

살림집법 99, 100

3·26전선공장 81, 84

3·1조치 93, 125

삼지강협동농장 94

상업 202

상업(유통)망 159

상업 유통 90

상업은행 203

상업은행법 21, 54, 56, 61, 221, 242

상업화 173

상연(전자 상거래 서비스) 224

상인 145, 156

상품떼기 156

생산 계획 30

석탄 기지 111

선봉카드 226

세금 71

세도(권세의 부당한 행사) 198

소매 시장 74

소액대출 사업 239

송금 129, 144, 165, 180

송금 대행자 129

수매 상점 90, 92

수산 사업소 140

수수료 68, 129, 165

시장 가격 88

시장 관리세 납부 규칙 71

시장 관리소 71

시장 환율 229

시장경제 메커니즘 248

시장적응 능력 189

시장화 173

신용 68, 130, 183, 232

신용 거래 168

신용 계획 30

신용 대출 22, 66

신용 등급 238

신용 문화 222

신용 제도 254

신용 창출 233

신용 카드 23, 223, 227

신흥 부유층 14, 111, 161, 178

쌀 가격 104, 105

◎

IC 현금카드 224

IC 현금카드 서비스 39

ING-동북아시아은행 45

아파트 시세 143

암달러상 76

액상 지표 34

양극화 현상 188

양식 수매상점 105

연성 예산제약 33

연쇄 상점(체인점) 103

예금 20, 234

예산 제도 31

오라스콤텔레콤 46, 181

오라은행 46

5·30담화 80

옥류(전자 상거래 시스템) 224

와크(무역 허가증) 114, 148, 158, 159,
      187

외국돈 69

외국인투자은행법 221

외화 구매권 통장 153

외화 구좌 84, 93, 125

외화 상점 15, 140, 153, 155, 223

외화 수입 249

외화 저금 서비스 219

외화 정기예금 15, 223

외화 직불카드 226

외화 카드 15, 223, 230

외화관리법 120

외화교환시세 124

외화벌이 158, 159, 165, 185, 207

외화벌이 기지 149

외화벌이 기지장 116, 157

외화벌이 사업 113

외화벌이 상점 146

외화벌이 종사자 145

외화와 바꾼 돈표 39, 155

외화자금과 21

우리식 경제관리방법 42, 78

운수업 172

워터 크레딧 240

원에 의한 통제 29, 32, 34

월세업자 112

위안화(Yuanization) 94, 119, 120

위안화 거래 126

유누스, 무함마드(Muhammad Yunus) 237

유동재산 구입자금 31

유럽부흥개발은행(EBRD) 101

유로화 126

유일적 자금공급 체계 29

유통업 76

유휴 화폐 58, 217

유휴화폐 자금 32

6·28방침 106

6·28조치 78

융자 제도 237

은행 대출 57

은행 신용 33

은행 위험 221

은행저금제도 217

이원적 은행 제도 37, 242

이자놀이 134

이자율 28, 131, 220

인력 시장 73

인민경제 계획 31

인플레이션 58, 86, 235, 254

임가공 137, 141, 156

입사증 98

ㅈ

자금 시장 28

자금세척방지법 54

자릿세 71

자발적 민영화 173

자본 증식 187

자영업 78

자영업자 96

장기 임대 173

장마당 70, 71, 143, 165

장물 204

장세 72

재무부 행정 명령 13551호 51

재산권 96, 101

재산권의 재할당 16

재일 교포 145, 152

재정 26, 30

재정 계획 30, 31

재정 수입 213

재정법 26, 56, 241

재정은행 사업 43

재테크 25

재포(재일 북송교포) 178

저금 20

저금소 21, 39

저당물 163

전국 재정은행 일군대회 40, 42, 230

전당포 135, 144, 162

전당포 관리운영 규정 163

전성카드 224, 227, 228

전자 결제 시스템 44

전자 상거래 15, 227

전자 상거래 도입 223

전자 상거래 서비스 224

전주(錢主) 144

정경 유착 193

정기저금 220

정기적금 47

정당화 능력 206

정보 유통 180

정보력 180, 184

정치 관료 176, 196

제일신용은행 46, 220

제재 결의 2270호 51, 249

조선광선은행 48

조선광업개발무역회사 50

조선국영보험회사 40

조선국제보험회사 45

조선대성은행 36

조선락원금융합영회사 46

조선무역은행 36, 39

조선신용은행 39, 40

조선제일신탁금융합영회사 46

조선중앙은행 29, 236

조선콤퓨터쎈터(KCC) 44

조선통일발전은행 36, 39

조선하나은행 48

조선합영은행 45

조선화교연합회 150

조세제도 개혁 243

조정 능력 206, 207

조합 139

종합 시장 71

주택 거간 113

주택 시장 111

주택 시장화 141

주택 이용권 99

준비저금 68

중간 상인 157

중앙은행 36, 227

중앙은행법 54

중화상업은행 48

지방은행 40

지배인책임경영제 80

지주 146

직매점 88

직불 카드 44, 229

ⓒ

차들이꾼 74

차떼기 장사꾼 157

차별임금제 80

차판 장사(꾼) 91, 132, 160, 171, 204

창광신용은행 36, 50

창업 열풍 96

체제 이행론 16

체제 전환 173

체제 전환국 248

체제 전환국의 사유화 유형 201

체제 전환국의 재산권 변화 201

추출 능력 206

출신 성분 149, 174, 178

7·1경제관리개선조치 21, 34, 58, 70, 75

Ⓔ

터치폰 162

토지 사용료 108

토지이용권제도 98

통제 기능 29

투자금 161, 184, 193

투자성 자금 139

특수 은행 48

Ⓟ

8·3가내반 92

8·3소비품 92

8·3인민소비품운동 34

8·3제품 91

페레그린-대성은행 46

페이팔 44

평양 중국인 중학교 사건 151

포전담당책임제 80, 86, 251

핀테크 45

Ⓗ

한국은행 123, 136

함경북도은행 41

합영 금융기관 45

합영은행 40, 45

행방꾼 74

행정 명령 13722호 249

행정처벌법 203

현금 거래 57

현금 계획 30

현금 시장 28

현금 자동 입출금기(ATM) 41

현금 카드 228

현대식 금융 관리 시스템 232

현대판 지주 140

현물 장사 134

협동농장 140

협동농장신용부 37, 59

협동단체 소유 99

협동화폐제 81, 230

협의의 사유화 172

형법 61

화교(華僑) 67, 75, 91, 143, 145, 146,

149, 178, 211

화려은행 45

화폐 개혁 122, 126, 185, 203

화폐 교환 58

화폐 유통 28

화폐경제 231

화폐화 67

환율 정보 187

환전 144, 165

환전상 128, 146

환차손 128

환차익 128, 180

황금벌상점 86, 104

황금의삼각주은행 37, 47, 124

황금평·위화도경제특구 48

회계법 56

휴대 전화(손전화) 129, 166, 180, 181

지은이

/

임을출

경남대학교 극동문제연구소 교수이며 25년째 북한 연구를 하고 있다. 현재 통일부 대북사업통합
기술관리위원회 위원, 정책실명제 및 정책연구용역 심의위원, 한국동북아경제학회 북한 및 통일
경제분과위원회 위원장을 맡고 있다. 더불어 ≪매일경제신문≫ 객원논설위원, 개성공업지구 지원
재단, 개성공단 기업협회, KOTRA, KORAIL, KDI School, 산업은행, 우체국금융개발원, 부산발전
연구원, 중소기업중앙회 등에서 자문위원으로 활동하고 있다.

이전에 남북관계발전위원회 제1기 민간위원, 국회 외교통상통일위원회, 행정안전부 등에서 정책
자문위원을 수행했으며, 공공기관(남북교류협력지원협회, 북한이탈주민지원재단) 경영평가위원,
통일교육위원, 북한연구학회 경제·경협분과위원장, 경실련 통일협회 정책위원장을 역임했다. 또
한 KOTRA 북한경제·남북경제 분석담당, 미국 조지타운대학 객원연구원, 언론사 북한전문기자
등을 거쳐 북한대학원대학교, 고려대학교, 중앙대학교, 한양대학교 등에서 강의했다.

북한 연구자로서는 처음으로 2013, 2014년 연속 미국 마르퀴즈 후즈 후, 영국 케임브리지 국제인
명센터가 발간하는 세계인명사전에 동시 등재되었다. 대표 도서로는『김정일과 왈츠를: 러시아 여
기자의 김정일 극동방문 동행취재기』(2004, 공역),『웰컴투 개성공단: 역사, 쟁점 및 과제』(2005,
저서),『북한 경제개혁을 위한 새로운 패러다임: 개발협력의 이론과 실제』(2006, 편저),『원조와
개발: 교훈과 미래방향』(2009, 역서),『한반도 전문가 30인에게 김정은 체제의 미래를 묻다』
(2012, 편저),『지속가능한 통일론의 모색: 대북 통일정책에 대한 성찰과 남남갈등의 대안』(2014,
공저),『한반도를 경영하라』(2016, 공저) 등이 있다.

KBS 1 〈명견만리〉
2015년 8월 13일 방송 출연

한울아카데미 1911

김정은 시대의 북한 경제
사금융과 돈주

ⓒ 2016, 임을출

지은이 ┃ 임을출
펴낸이 ┃ 김종수
펴낸곳 ┃ 한울엠플러스(주)
편   집 ┃ 배유진

초판 1쇄 인쇄 ┃ 2016년 7월 25일
초판 1쇄 발행 ┃ 2016년 8월 8일

주소 ┃ 10881 경기도 파주시 광인사길 153 한울시소빌딩 3층
전화 ┃ 031-955-0655
팩스 ┃ 031-955-0656
홈페이지 ┃ www.hanulmplus.kr
등록번호 ┃ 제406-2015-000143호

Printed in Korea
ISBN 978-89-460-5911-5 93340

* 책값은 겉표지에 표시되어 있습니다.